AF568661

Gott ist dabei!

Maike Lauther-Pohl / Jochem Westhof

Gott ist dabei!

60 biblische Geschichten entdecken
und gestalten

Schwabenverlag

VERLAGSGRUPPE PATMOS

PATMOS
ESCHBACH
GRÜNEWALD
THORBECKE
SCHWABEN
VER SACRUM

Die Verlagsgruppe
mit Sinn für das Leben

Die Verlagsgruppe Patmos ist sich ihrer Verantwortung gegenüber unserer Umwelt bewusst. Wir folgen dem Prinzip der Nachhaltigkeit und streben den Einklang von wirtschaftlicher Entwicklung, sozialer Sicherheit und Erhaltung unserer natürlichen Lebensgrundlagen an. Näheres zur Nachhaltigkeitsstrategie der Verlagsgruppe Patmos auf unserer Website www.verlagsgruppe-patmos.de/nachhaltig-gut-leben

2. Auflage 2023

Ein Unternehmen der Verlagsgruppe Patmos
Verlagsgruppe Patmos in der Schwabenverlag AG, Ostfildern
www.schwabenverlag-online.de

Umschlaggestaltung: Finken & Bumiller, Stuttgart
Umschlagabbildung: Elli Bruder
Zeichnungen: Julia Backhaus
Notensatz: Matthias Heid, Rottenburg
Gestaltung, Satz und Repro: Schwabenverlag AG, Ostfildern
Druck: Finidr s.r.o., Český Těšín
Hergestellt in Tschechien
ISBN 978-3-7966-1780-5

Inhalt

Prophetengeschichten

Die Psalmen

Wie Jesus von Gott erzählt – Geschichten aus dem Neuen Testament 145

Die Anfänge

Gleichnisse

Wundergeschichten

Begegnungen

Passion und Ostern

Wie es weitergeht

Wichtig zu wissen

Biblische Geschichten sind heilsame Geschichten.
Sie berichten nicht einfach von einer heilen Welt, sondern von dem Leben in allen seinen Facetten. Sie verschweigen nicht die Schattenseiten des Lebens, bringen sie in Verbindung mit Gott und erzählen letztlich von Erlösung, Versöhnung und Geborgenheit. Es sind großartige Geschichten für Kinder.
Wir haben dieses Buch geschrieben, weil wir in guter Weise dazu beitragen wollen, Kindern biblische Geschichten nahezubringen. Wir wollen Menschen dabei unterstützen, wenn sie *beruflich* mit Kindern arbeiten, aber auch Väter, Mütter und Großeltern können davon profitieren.
Bei den Kindern haben wir an ein Alter ab 4 Jahren bis ins Grundschulalter gedacht. Es ist die Zeit für die großen Fragen des Lebens. Wenn Kinder in dieser Zeit Geschichten von Gott hören, dann bilden sie daraus ihr Gottesbild und ordnen es in ihr Weltverständnis ein. Werte werden übernommen oder auch verworfen. Noch ist vieles im Fluss und kann sich ändern. Unsere Erzählungen und auch unsere Rituale und Gestaltungen helfen zur Orientierung, legen einen Grundstock, aber legen noch nicht fest.
Kinder sind nicht zu klein für die großen Fragen des Lebens, sie verstehen die Geschichten auf einer emotionalen Ebene oftmals besser als wir Erwachsenen.
Geschichten dürfen nicht verzweckt werden. Wer sie nur darbietet, um ein bestimmtes Lernziel zu erreichen, kommt schnell ins Moralisieren und wird Langeweile erzeugen. Wer sie als heilsame Lebensgeschichten erzählt, kann den Kindern Fantasie, Zuversicht und einen eigenen Glauben geben.

Aufbau des Buches

Wir haben 60 Geschichten der Bibel ausgewählt, orientiert an bedeutenden Personen wie Abraham, Mose, Jesus, aber auch an unbekannteren wie Amos, Daniel oder Ester. Einige Geschichten werden in zusammenhängenden Bögen erzählt, sie sind aber auch als Einzelerzählungen verständlich.
Jede Geschichte wird kindgemäß, spannend und theologisch durchdacht erzählt. Daneben finden sich Vorschläge, wie die Geschichten mit Gegenständen sichtbar vor Augen geführt werden können.
Sie können die Gestaltungen der Geschichten direkt übernehmen oder sich von ihnen anregen lassen, ein eigenes Bodenbild, eine eigene kreative Einheit zu entwickeln.
Einige fachliche Gedanken sorgen unter ***Gut zu wissen*** für die wichtigsten Informationen, die den Leserinnen und Lesern helfen, die biblischen Geschichten besser zu verstehen.
Eine Sammlung von ***Möglichen Themen der Kinder,*** die durch die Geschichte berührt werden, verhilft zum Perspektivwechsel: Wie gehen Kinder möglicherweise an die Er-

zählung heran? Was könnte ihnen wichtig sein? Wo treffen Themen aus dem Kinderalltag mit dieser Geschichte zusammen?
Die Themensammlungen verstehen sich nicht als vollständig, sicherlich fallen Ihnen weitere Gedanken der Ihnen anvertrauten Kinder ein.
Und dann finden Sie zu jeder Geschichte ***Praxisideen zur Vertiefung,*** um mit Kindern vertiefend in die Geschichte einzutauchen: entweder in Spielen und Übungen, im kreativen Gestalten oder in Gesprächen auf Augenhöhe.

Frag-würdiges

Wir möchten dazu beitragen, dass Kinder Vertrauen in Gott und in die Welt entwickeln können. Dazu gehört es, Geschichten nicht „weichzuspülen". Wichtig war es uns beim Erzählen der Geschichte, dass Kinder nicht ein geglättetes Bild von Gott vor Augen geführt bekommen. Dort, wo die biblischen Geschichten Anfragen an Gott sichtbar machen, nehmen wir diese in unsere Erzählung mit hinein. Damit nehmen wir Kinder ernst und folgen unserer Überzeugung, dass Unsicherheiten zum Glauben dazugehören und ihn erst alltagstauglich machen. Im Glauben lassen sich nicht alle Fragen beantworten, auch Erwachsene müssen Fragen offenlassen.
Geschichten zum Umgang mit Gewalt oder Erzählungen, in denen es um Angst gehen kann, haben wir nicht ausgeklammert, weil diese Grunderfahrungen von Kindern es wert sind, mit Glaubensaussagen in Berührung gebracht zu werden.
Durch die gewählten Erzählformen, durch Gestaltung, Weglassen oder Ausschmücken, Erklären und Deuten gibt jede Erzählung die Haltung der Erzähler*in wider. Unser Bemühen ist es, die Texte weder dogmatisch eng noch nach allen Richtungen deutungsoffen zu halten, sondern Angebote zum Verstehen zu machen. Damit wollen wir Erwachsenen wie Kindern Anregungen geben, selbst ins Denken, Fragen und Deuten zu kommen.

Gestaltungen

Sie finden rechts neben den Erzählsätzen Gestaltungsvorschläge. Dabei bedienen wir uns einer Darstellung mit Gegenständen und Symbolen, wie sie auch im Ansatz der Hamburger Familienkirche gebraucht wird. Wir nennen sie „Geschichtenbilder". Es geht dabei nicht um ein Bild oder ein Theater, sondern um „innere Bilder", um Gefühle und Gedanken, die wir mit Farben, Symbolen oder auch mit Tönen sichtbar machen wollen.
Es ist so gedacht: Sie erzählen immer zuerst den Satz, der links steht, danach legen Sie die Gegenstände aus, die rechts danebenstehen. Lassen Sie sich Zeit. Die Geschichte entwickelt sich nach und nach. Während Sie legen, sprechen Sie nicht. Während Sie sprechen, legen Sie nicht.
Während des Lesens können die eigenen Gefühle spürbar werden. Lesen Sie auf Ihre Weise, so, wie Sie den Text verstehen! Nutzen Sie gerne Ihre eigene Betonung, Ge-

schwindigkeit, stimmliche Ausgestaltung. Oder nehmen Sie unsere Texte lediglich als Anregung und erzählen Sie frei. Sie werden überrascht sein: Sie können es!

Das Material

Es gibt einige Materialien, die in den Gestaltungen immer wieder auftauchen. Sie sind in den meisten pädagogischen Einrichtungen vorhanden oder lassen sich leicht beschaffen. Wenn Sie sich eine Erzählschatzkiste mit einer Grundausstattung an Materialien zusammenstellen, erleichtert es die Vorbereitung und den Zugang zum Erzählen. Dieser Grundstock kann dann um Gegenstände, die in einzelnen Geschichten zusätzlich gebraucht werden, ergänzt werden. Wenn Sie ästhetisch ansprechende Materialien nutzen, wird auch ohne Worte vermittelt, dass die biblischen Geschichten Ihnen etwas wert sind.

- ***Eine große Kerze*** wird durchgehend genutzt, um an Gottes Gegenwart zu erinnern oder um Jesus darzustellen. Manchmal werden zusätzliche Teelichte benötigt. Natürlich braucht die Arbeit mit einer oder mehreren offenen Flammen Sorgfalt und Vorsicht. Vielleicht stellen Sie sicherheitshalber die Kerze in ein großes Glas.

- ***Farbige Tücher*** dienen oft als Untergrund, können aber auch Gegenstände und Figuren andeuten. Es gibt sie fertig zu kaufen (80 x 80 cm), wer Meterware nimmt, sollte darauf achten, dass sie wirklich einfarbig ist und nicht noch weitere Muster enthält. Ein kräftiger Baumwollstoff (evtl. gestärkt) hat den Vorteil, dass das Tuch auch aufgestellt werden und dann als Busch oder als Feuerflamme stehen kann.

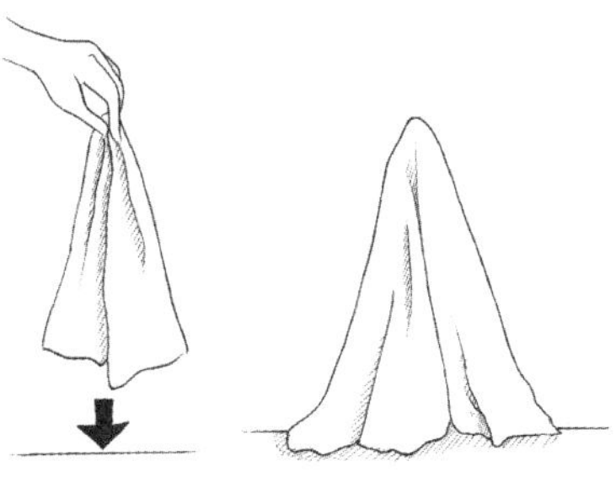

  Als „Erzählboden" bieten sich auch große einfarbige ***Samttücher*** an, auf denen die Gestaltung entwickelt wird.
  In einigen Geschichten werden durchscheinende ***Chiffontücher***, auch in dunklen Farben, verwendet.

- ***Eine Sandkiste*** ist nötig für die Geschichten aus der Wüste, besonders bei Abraham, Jakob und Esau sowie Mose. Für die Sandkiste ist es am einfachsten, aus großen Hölzern (Dachlatten) einen Rahmen in der gewünschten Größe zu bauen. In diesen Rahmen kommt ein großes Tuch (z. B. ein Bettlaken), das mit Reißzwecken am Holz befestigt wird. Das Tuch wird mit trockenem Sand aufgefüllt, eine fingerdicke Schicht. In den Sand werden einige Steine und ein paar trockene Pflanzenteile gebracht. So entsteht eine „Wüste". Etwas Moos, getrocknete Pflanzenteile, Steine und kleine Äste können sparsam als „Verzierung" ergänzt werden.

Alternativ kann man eine fertige große, nicht zu hohe Holzkiste ganz mit Sand füllen.
Auch außerhalb der gemeinsamen Erzählzeiten können die Kinder die Sandkiste zum (Weiter-) Spielen der biblischen Geschichten nutzen.

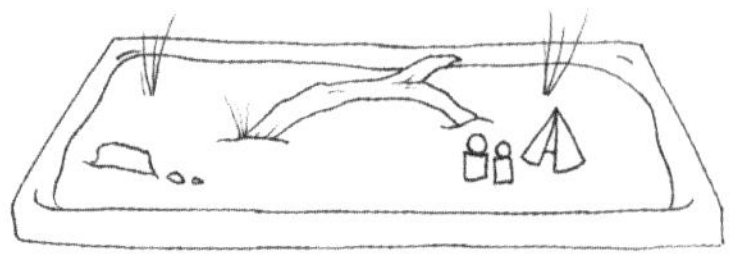

- Als ***Figuren*** eignen sich Kegel- oder Rundstabfiguren, sie lassen sich leicht mit etwas Stoff kleiden. Insgesamt sollte aber auf Einzelheiten verzichtet werden, um der Fantasie viel Raum zu bieten. Bis zu 15 Figuren werden in den Geschichten benötigt.
  Es können auch Biblische Erzählfiguren benutzt werden, wenn sie bei Ihnen vorhanden sind. Sie sind aber in der Regel deutlich größer als die Kegelfiguren, die ungefähr 7 cm hoch sind.

- ***Zelte*** lassen sich leicht aus einem halben Papierkreis formen, der zu einem spitzen Kegel gerollt wird. Die Größe sollte den Figuren angepasst sein.

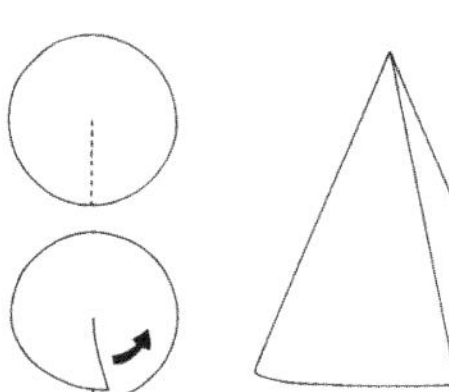

- Eine ***Klangschale*** wird immer ertönen, wenn eine Gottesstimme zu hören ist.

- ***Muggelsteine und goldene Ketten*** finden sich in Bastelläden oder Dekoabteilungen, besonders in der Vorweihnachtszeit. Aber sparsam verwenden, sonst nutzt sich der Effekt ab.

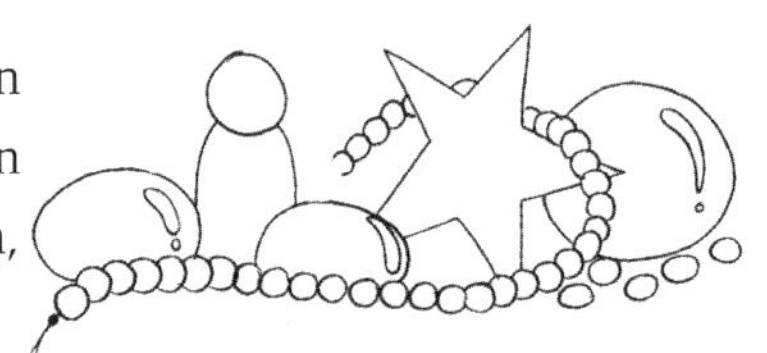

- Manches Mal werden naturfarbene und farbige ***Bauklötze*** gebraucht, um Häuser anzudeuten. Sie lassen sich auch leicht aus gehobelten Kanthölzern sägen.

- Für einige Geschichten werden ***ein langes Seil*** (ca. 3 m) und ***mehrere kürzere*** (ca. 1 m lang, ca. 10 mm dick) benötigt. Seile aus Baumwolle lassen sich besser legen als Kunststoffseile.

Bei der Ausgestaltung mit den Materialien geht es nicht um eine naturgetreue Wiedergabe. Es ist eine Anschauungsfläche für Gedanken und Gefühle, die durch die Geschichte ausgelöst werden können. Wir hoffen, dass damit die heilsamen Aspekte der Geschichten deutlicher werden und die Kinder stärken und zu einem eigenen Glauben führen können.

Und: Nehmen Sie sich selbst mit auf den Weg. Entdecken Sie, welche Gestaltungsweisen Ihnen Freude machen und wertvoll erscheinen. Ändern Sie unsere Vorlagen um, sodass sie zu *Ihren* Geschichten werden.

Wir wünschen Ihnen und den Kindern spannende Entdeckungen!

Wir danken Julia Backhaus für ihre Illustrationen. Sie machen manches deutlich, was nur schwer mit Worten zu beschreiben ist.

Maike Lauther-Pohl und Jochem Westhof

Wie Menschen von Gott erzählen
Geschichten aus
dem Alten Testament

Die Urgeschichte

Die Schöpfung – Gott erschafft die Welt

Genesis / 1. Mose 1,1 – 2,4

Die Geschichte	Zur Gestaltung
Am Anfang ist noch nichts da. Gar nichts.	
Nur Gott ist da.	Kerze hinstellen, anzünden
Da erschafft Gott die Welt.	Großes blaues Tuch in Kreisform ausbreiten, Kerze daraufstellen
Die Erde ist zunächst ganz leer. Es ist dunkel. Und Gottes Geist schwebt über allem.	
Und Gott spricht: „Es werde Licht." Und es wird Licht. Und Gott sieht: Das Licht ist gut. Das Licht nennt Gott Tag und die Dunkelheit Nacht. Es wird Abend und Morgen: der erste Tag.	Klangschale, gelbes Tuch im Halbkreis um das blaue Tuch legen
Dann macht Gott einen Schutz um die Erde. Gott trennt das Chaos des Weltalls ab von der Erde. Es wird Abend und Morgen: der zweite Tag.	Seil außen um das blaue und gelbe Tuch herumlegen
Und Gott sammelt das Wasser auf der Erde an besonderen Orten: Meere entstehen und dazwischen trockenes Land. Und Gott sieht: Es ist gut.	Braunes Tuch als Kreis auf das blaue Tuch legen, kleines blaues Tuch darauf
Und Gott spricht: „Die Erde lasse Gras wachsen und	Klangschale
andere Pflanzen und Bäume mit Früchten." Und Gott sieht: Es ist gut. Es wird Abend und Morgen: der dritte Tag.	Grünes Tuch, Pflanze dazu
Und Gott spricht: „Es sollen Lichter am Himmel sein. Sie unterscheiden die Tage und Zeiten."	Klangschale
Und Gott erschafft zwei große Lichter: die Sonne für den Tag und den Mond für die Nacht. Dazu viele Sterne. Und Gott sieht: Es ist gut. Es wird Abend und Morgen: der vierte Tag.	Zwei gelbe Tücher, dazu kleine gelbe Tücher

Und Gott spricht: „Das ganze Wasser soll voller Tiere sein. Und Vögel sollen über der Erde im Himmel fliegen.“	Klangschale
Und Gott erschafft viele, viele Tiere: große Wale und kleine Fische und alle Tiere im Wasser.	Wassertier dazu
Und Vögel mit Federn, viele, viele verschiedene.	Vogel dazu
Und Gott sieht: Es ist gut.	
Gott segnet alle Tiere, damit es ihnen gut geht und sie sich vermehren.	Erzähler*in hält Hand über die Figuren zum Segen
Es wird Abend und Morgen: der fünfte Tag.	
Und Gott spricht: „Die Erde lasse Tiere entstehen, die auf dem Land leben.“	Klangschale
Und Gott erschafft viele, viele Tiere: Haustiere und wilde Tiere und Tiere unter der Erde. Alle sind sie verschieden.	Landtier dazu
Und Gott sieht: Es ist gut.	
Und Gott spricht: „Nun will ich noch Menschen erschaffen. Sie sollen mir ein Ebenbild sein.“	Klangschale
Und Gott erschafft Menschen, Mann und Frau.	Zwei Menschenfiguren dazu
Und Gott segnet sie, damit sie gut auf der Erde leben können.	Erzähler*in hält Hand über die Menschenfiguren zum Segen
Und Gott sagt: „Verbreitet euch auf der Erde. Sorgt für die Erde und für die Tiere und für die Pflanzen und passt auf sie auf.	Klangschale
Ich gebe euch Freiheit und Verantwortung.“	Beide Handflächen geöffnet nach oben strecken (Freiheit) und beide Hände über das Bodenbild ausbreiten (Verantwortung) (Beim zweiten Durchgang können die Kinder die Bewegungen mitmachen)
Und Gott sieht die ganze Erde an, alles, was Gott geschaffen hatte: Es ist sehr gut.	
Es wird Abend und Morgen: der sechste Tag.	
So macht Gott Himmel und Erde und die ganze Welt.	
Am siebten Tag macht Gott nichts. Gott ruht aus.	
Gott segnet den siebten Tag und gibt ihm damit Lebenskraft, damit alle – Menschen und Tiere – an ihm ausruhen.	Hand zum Segen über das Bodenbild halten

Material

Kerze, Tücher: 2 blaue, mehrere gelbe, braun, grün, Klangschale, Seil, Pflanze im Blumentopf, Wassertier, Vogel, Landtier, 2 Menschenfiguren

Gut zu wissen

Die Schöpfungsgeschichte wurde vor etwa 2500 Jahren aufgeschrieben. Sie antwortet nicht auf die Frage: „Wie ist die Welt entstanden?", sondern auf die Frage: „In welchem Verhältnis stehen die Erde und alle Lebewesen zu Gott?" Menschen, denen sowohl Naturwissenschaft als auch biblische Glaubensgeschichten wichtig sind, fassen den Grundgedanken der Schöpfungsgeschichte so zusammen: Leben hat sich entsprechend den wissenschaftlichen Erkenntnissen entwickelt, und Gottes Wille hat das Leben ermöglicht.

Anders als bei den sie umgebenden Religionen war den jüdischen Menschen damals wichtig: Wir glauben an einen einzigen Gott, der über allem steht und alles allein durch sein Wort geschaffen hat. Auch die Gestirne, die in anderen Religionen als Gottheiten galten. Gott ermöglicht Leben, indem er das Chaos ordnet und eine lebensfeindliche Öde in grüne Idylle verwandelt. Von Anfang an geht es um gute Zukunft für Tiere und Menschen.

Schon damals waren sich die Menschen der Verantwortung für die Schöpfung bewusst. Das, was in der Bibel mit „herrschen" benannt wird, meint in einem alten Bild „für etwas sorgen". Gleichzeitig hat Gott den Menschen die Freiheit der Gedanken und Handlungen gegeben. Hier wird deutlich: Freiheit und Verantwortung gehören zusammen.

Mögliche Themen der Kinder

Wo kommt alles her? – wer hat die Tiere gemacht? – warum bin ich so, wie ich bin? – wer hat Gott gemacht? – warum hat Gott Mücken und Nacktschnecken gemacht? – ist Gott im Himmel? – wo wohnt Gott? – hat Gott mich auch gemacht? – hat Gott mich lieb? – hat Gott auch die gemacht, die böse sind? …

Weitere Gestaltungsideen

GOTT HAT DICH WUNDERBAR GEMACHT

Gott hat jeden Menschen, jedes Kind einmalig und wunderbar geschaffen. Um diesen Gedanken zu vertiefen, können Kinder sich selbst mit Hilfe ihrer Fingerabdrücke gestalten: Der Abdruck des Zeigefingers bildet den Kopf, der des Daumens den Bauch, die Abdrücke der kleinen Finger die Hände und des Mittelfingers die Füße. Die Kinder können Gesicht und weitere Linien eintragen, sodass ein Kind erkennbar wird. Die Bilder können unter einem großen Regenbogen und der Überschrift: „Gott hat dich wunderbar gemacht" aufgehängt werden.

Die Schöpfung als Rückengeschichte

Jeweils zwei Kinder sitzen hintereinander, sodass ein Kind dem anderen den Rücken zukehrt. Die Schöpfungsgeschichte wird erzählt, und das hinten sitzende Kind malt dem vorderen Kind dazu das, was es hört, mit dem Finger auf den Rücken, anschließend wird getauscht. So wird die Schöpfung fühlbar.

Schöpfungsfantasie

Die Kinder sind eingeladen, sich an einem guten Ort im Raum auf eine Decke zu legen und die Augen zu schließen. Der/die Erzähler*in lädt in langsamen Sätzen ein, ruhig zu werden und einige Zeit auf den Atem zu achten. Dann werden die Kinder aufgefordert, zu beobachten, was vor ihren inneren Augen entsteht, wenn sie die Schöpfungsgeschichte langsam mit vielen Pausen erneut hören. Anschließend werden die Kinder sanft in die Gegenwart zurückgeholt. Wer mag, erzählt von den Erlebnissen auf der Fantasiereise.

mlp

Adam und Eva – Raus aus dem Paradies

Genesis / 1. Mose 2,4 – 3,24

Die Geschichte	Zur Gestaltung
Als Gott die Erde geschaffen hat, gibt es zunächst noch nichts Grünes, keine Sträucher und kein Gras.	Braunes großes Tuch ausbreiten, einen Klumpen Modelliermasse dazulegen
Da nimmt Gott Erde vom Acker und formt daraus den Menschen. Und Gott haucht dem Menschen Lebenskraft ein. Als ob Gott in uns Menschen atmet.	Die Modelliermasse in die Hand nehmen und eine Figur formen, die Figur anhauchen und neben sich legen
Gott legt wie ein Gärtner einen Garten an mit allem, was schön ist. Der Garten heißt „Eden" – „Paradies". Hier hinein setzt Gott den Menschen, damit es ihm gut gehe. Der Mensch soll den Garten versorgen und auf ihn aufpassen.	Grünes Tuch auf dem braunen Tuch ausbreiten, die Tonfigur hineinsetzen
In dem Garten gibt es zwei besondere Bäume: den Baum des ewigen Lebens und den Baum, durch den man weiß, was Gut und Böse ist.	Zwei grüne Tücher mittig greifen und aufstellen, sodass sie aufrecht stehen und an Bäume erinnern
Gott spricht zu dem Menschen: „Du darfst von allen Bäumen Früchte essen. Aber von diesen beiden Bäumen darfst du nichts essen. Denke daran!"	Klangschale Um jeden der beiden Bäume einen Kreis aus einem roten Tuch legen
Und Gott sagt: „Es ist nicht gut, dass der Mensch allein ist. Er braucht andere Lebewesen um sich herum! Er braucht Hilfe!"	Klangschale
Und Gott formt aus Erde vom Acker alle möglichen Tiere: Tiere, die auf dem Boden leben, und Tiere, die in der Luft fliegen. Gott bringt alle Tiere zu dem Menschen. Der darf ihnen einen Namen geben.	Tierfiguren aus der Modelliermasse formen und dazustellen
Aber immer noch fehlt dem Menschen jemand, der oder die genauso ist wie er selbst.	
Da lässt Gott den Menschen in einen tiefen Schlaf fallen und nimmt ein Stück von seiner Seite. Aus diesem Stück formt Gott einen zweiten Menschen.	Zweite Menschenfigur aus Modelliermasse formen und dazustellen

Nun sind sie zu zweit, ein Mann und eine Frau. Der Mann heißt Adam, das heißt „Erdmensch", und die Frau heißt Eva, das heißt „Leben". Sie gehören nun zusammen. Sie sind froh, dass sie einander haben.

Die beiden Figuren eng zusammenstellen

Eine Schlange kommt zu Eva: „Guck mal, die leckeren Früchte da an dem Baum! Willst du nicht mal probieren?"

Frucht zeigen, dann zu dem einen Baum legen

Eva wehrt ab: „Nein, das dürfen wir nicht! Sonst müssen wir sterben. Gott hat es verboten."
Die Schlange lässt nicht locker: „Ihr werdet nicht sterben, sondern klug werden, wenn ihr davon esst. Sei klug und iss!"
Klug sein? Ja, das ist gut! Nicht mehr Gott fragen müssen, wie das Leben so geht! Alles selbst entscheiden! Klug sein! Frei sein! Ja!
Schnell pflückt Eva eine Frucht von dem Baum und beißt herein. Dann gibt sie Adam die Frucht.

Erst die eine, dann die andere Figur die rote Linie aus dem Tuch in Kreisform übertreten lassen und dicht an den einen Baum heranstellen

Beide sehen sich an und erkennen plötzlich: „Wir haben gar nichts an! Das mögen wir nicht!" Aus Blättern machen sie sich Kleidung.

Als sie Gott hören, verstecken sich Adam und Eva schnell im Gebüsch.
Gott ruft: „Adam, wo bist du?"

Klangschale

„Ach, Gott, uns ist es unangenehm, dass wir nichts anhaben. Da haben wir uns vor dir versteckt."
„Ihr habt von dem verbotenen Baum gegessen!", sagt Gott.

Klangschale

Adam schaut zu Boden. „Hm. Ja, haben wir. Aber Eva hat mir von der Frucht gegeben, sie hat zuerst gegessen." Da fragt Gott Eva: „Was hast du getan?"

Klangschale

Eva sagt schnell: „Die Schlange hat gesagt, ich soll es tun!"
Da sagt Gott: „Schlange, was hast du getan?

Klangschale

Jetzt müssen die Menschen das Paradies verlassen. Sie sind jetzt verantwortlich für alles, was sie tun. Sie können unterscheiden, was Gut und was Böse ist.

Beide Figuren außerhalb der Tuchlandschaft stellen

Ihr werdet sehen: Das Leben kann sehr anstrengend sein. Es ist nicht nur paradiesisch schön. Manchmal ist es richtig hart. Das gehört dazu, wenn Menschen über das Leben und über Gut und Böse entscheiden. Wenn sie Verantwortung übernehmen."

Adam und Eva schauen sich erschrocken an.
Ein Engel mit einem mächtigen Feuerschwert kommt und bewacht ab jetzt den anderen Baum, den Baum des ewigen Lebens.

Rotes Tuch, das um den anderen Baum herum ist, auseinanderziehen und aufrichten wie einen roten Feuerwall um den Baum

Und Gott sagt: „Aber ich lasse euch nicht allein. Ich sorge für euch. Als Erstes mache ich euch Kleidung."

Klangschale

Den Figuren jeweils ein kleines Stück goldenen Samtstoff umwickeln

So verlassen Adam und Eva den Garten. Sie wissen nicht, was kommt, aber sie wissen: Gott ist dabei.

Die Hand segnend über die Figuren halten, brennende Kerze dazustellen

Material

Ein großes braunes Tuch, selbsttrocknende Modelliermasse als Klumpen, grüne Tücher, zwei davon aus festem Stoff, sodass sie „aufgestellt" werden können, zwei längere rote Tücher oder Seile, eine Frucht, zwei kleine goldene Samtstoffstreifen, Kerze, Klangschale

Gut zu wissen

Es gibt zwei Geschichten in der Bibel, die unabhängig voneinander erzählen, wie sich Menschen damals die Entstehung der Erde und das Verhältnis von Gott und der Schöpfung vorgestellt haben. Diese Schöpfungsgeschichte ist älter als die Erzählung von der Erschaffung der Welt in sieben Tagen.
Gott wird als liebevoller Gärtner verstanden. Alles, was geschaffen wird, ist hier auf den Menschen ausgerichtet. Der Mensch wird aus Erde, wörtlich sogar aus Staub, geformt. Der Name „Adam" hat im Hebräischen Anklang an „Erde", heißt so viel wie „Erdling". Der Mensch lebt nicht aus sich selbst oder ist aus der Natur heraus entstanden, sondern ist von Gott geschaffen und lebt damit in Beziehung und Abhängigkeit zu Gott. Leben erhält der Mensch erst dadurch, dass Gott ihm Atem einhaucht. Wie mit einem Kuss wird der Mensch zum Leben erweckt durch die Lebenskraft Gottes. Die Erzählung weckt Bilder von liebevoller Fürsorge und Elternschaft.
Und schon im Garten Eden gibt es Grenzen gegenüber der offensichtlich immer schon vorhandenen Sehnsucht, so sein zu wollen wie Gott. Die Erzählung sagt: Der Gehorsam der Menschen gegenüber Gott entscheidet über Leben oder Tod. Schützt Gott vor der falschen Nutzung der eigenen Möglichkeiten? Aber was wäre gewesen, wenn die Men-

schen nicht die Verantwortung für Gut und Böse kennengelernt hätten? Macht der Austritt aus dem Paradies uns zu verantwortlichen Menschen? Und die Schlange – ein Bild für Verlockungen, die von Gott wegführen?
Als die Menschen die Grenzen überschreiten, lässt Gott Konsequenzen folgen, gibt die Menschen aber keinesfalls auf, sondern geht trotz ihres Fehlverhaltens ihren Weg mit und schenkt dauerhaft Schutz und Bewahrung.
Übrigens: Dass mit dieser Geschichte über Jahrhunderte lang die Herrschaft und Höherstellung des Mannes über die Frau begründet wurde, liegt nicht in der Erzählung selbst. Im Hebräischen ist bei der Erschaffung nicht vom „Mann" die Rede, sondern vom „Menschen". Erst als ein zweiter Mensch aus dem ersten heraus erschaffen wird – als Bild für Zusammengehörigkeit –, wird der Mensch als Mann und Frau benannt.

Mögliche Themen der Kinder

Wie kam der erste Mensch auf die Welt? – warum ist das Leben manchmal so anstrengend? – warum leben wir nicht ewig? – haben Adam und Eva eigentlich etwas Böses getan oder nicht? – warum ist es böse, wenn ich viel wissen will? – warum verpetzt Adam Eva, warum verpetzt Eva die Schlange? – wie macht man aus Blättern Kleidung? – schön, dass Gott die beiden noch liebhat und sie versorgt – ist es jetzt eigentlich gut, dass sie raus aus dem Paradies sind, oder schlecht?

Praxisideen zur Vertiefung

Einen Garten Eden gestalten

Die Kinder sammeln draußen Naturmaterialien. In einer großen Kiste bauen alle zusammen einen Garten Eden. Er darf so schön sein, wie die Kinder es miteinander entscheiden. Anschließend formen die Kinder aus selbsttrocknender Modelliermasse Menschen und Tiere. Zur erneuten Erzählung der Geschichte gestalten die Kinder den Garten. Am Ende der Geschichte überlegen alle miteinander, wie sie Adam und Eva aufbewahren wollen außerhalb der Gartenkiste. Wo ist man denn, wenn man außerhalb des Paradieses ist? Wie kann erkennbar werden, dass Gott dabei ist, obwohl Adam und Eva den Garten Eden verlassen mussten?

Das Paradies malen

In der Geschichte vom Paradies wird von Gott das Bild eines fürsorglichen Gärtners angeboten, der für uns Menschen einen reichhaltigen Garten anlegt, in dem es sich gut leben lässt. Für den Garten wird der Begriff „Paradies" benutzt. Wie stellen sich die Kinder ihr Paradies vor? Was hat Gott ihnen zum Leben geschenkt, das sie gut und froh leben lässt? Jedes Kind malt mit Tusche auf einem großen Blatt die eigene Vorstellung vom Paradies, vom Garten, den Gott geschenkt hat. Anschließend wird damit ein „Paradiesraum“ in der Kita, in der Schule oder im Gemeindehaus gestaltet. Er kann neben den Bildern außerdem mit schöner Musik, etwas Gutem zu trinken und zu essen, Kuschelecken, „Entdeckungsplätzen“ usw. ausgestattet werden. Alle Kinder – und Erwachsene – können darin zu „Paradieszeiten“ eingeladen werden.

Interview mit Adam und Eva nach drei Wochen

Für größere Kinder:

Stellt euch vor, ihr könntet Adam und Eva Fragen stellen, jetzt, wo sie draußen außerhalb des Paradieses sind. Was würdet ihr sie fragen? Wie ist es jetzt wohl da draußen? Was vermissen sie am meisten? Was ist schön hier draußen? Was hätten sie gerne mitgenommen? Würdet ihr beim nächsten Mal etwas anders machen? Was würden die beiden wohl antworten? Was würde Adam sagen, was Eva? Und was würdet ihr die Schlange fragen? Was würde sie antworten? Und der Engel mit dem Feuerschwert? Welches Lied würdet ihr gerne singen für Adam und Eva?

mlp

Bruderstreit – Kain tötet Abel

Genesis / 1. Mose 4,1–16

Die Geschichte	Zur Gestaltung
„Hm, sieht schön aus." Kain legt noch eine Handvoll Weintrauben hinzu. Die schönsten Früchte vom Feld hat er ausgewählt und auf der großen Schale ausgebreitet. „Das alles schenke ich Gott."	Rotes Tuch auslegen
Sein Blick fällt auf die große Schale neben seiner. Abel, sein Bruder, häuft gerade Fleischstücke von den Tieren seiner Herden an. Auch Abel will Gott etwas schenken, will ein Opfer bringen. Abel ist Hirte, er – Kain – ist Ackerbauer. „Von dem Besten, das wir haben, wollen wir Gott etwas geben und Gott danken", haben sie miteinander verabredet.	Zweites rotes Tuch danebenlegen
Sie zünden ihre Opfergaben an. Ruhig und gerade steigt Abels Rauch noch oben. Kain schaut dem Rauch hinterher. „Guck mal, Abel, Gott scheint sich über dein Opfer zu freuen!"	Beide Tücher aufrichten, sodass sie spitz stehen bleiben
Dann richtet er seinen Blick auf seine eigene Schale. Was ist denn das? Der Rauch steigt überhaupt nicht auf. Er dümpelt schwach über den Boden. „Will Gott mein Opfer nicht haben? Mag Gott *mich* vielleicht gar nicht? Vielleicht hat Gott Abel, meinen Bruder, viel lieber als mich?" Eine Zornesfalte erscheint auf Kains Stirn. Böse, richtig böse wird er. Wütend senkt er seinen Blick auf den Boden.	Das Tuch von Kain flach auf den Boden drücken
Da hört Kain Gottes Stimme. „Kain, warum siehst du so böse aus? Warum hast du deinen Blick gesenkt?" Aber Kains Wut wird nur noch größer. Er antwortet Gott nicht.	Klangschale
Gott sagt: „Kain, wenn du so wütend bist, kannst du dich nicht beherrschen. Sei stärker als deine Wut."	Klangschale

Kain hört nicht auf Gott.
Stattdessen nimmt er Abel grob am Arm. Ohne ihn anzusehen, murmelt er: „Komm mit, Abel, wir gehen aufs Feld." Mit gesenktem Kopf geht Kain voraus. Abel läuft hinterher. Kains Zorn ist riesengroß. So groß, dass er nicht mehr weiß, war er tut. Er nimmt einen dicken Stock und schlägt damit nach Abel.
Kain tötet Abel.

Dünnes schwarzes Chiffontuch über beide roten Tücher legen

Es ist ganz still.
O weh, was ist jetzt passiert?

Kain hört Gottes Stimme: „Kain, wo ist dein Bruder Abel?"

Klangschale

Kain antwortet bockig. „Was weiß ich denn? Soll ich etwa auf meinen Bruder aufpassen?"
Gott spricht: „Kain, was hast du gemacht?"

Klangschale

Kain schweigt.
„Du hast deinen Bruder getötet. Das schreit zum Himmel. Es wird dich nicht mehr loslassen. Das Land wird dir keine Ernte mehr geben. Du musst weg von hier. Du wirst keine Heimat mehr haben und unruhig hin und her ziehen."

Klangschale

Das rote Tuch von Kain unter dem schwarzen Tuch hervorziehen, etwas beiseite ziehen

Kain schweigt noch immer.
Nach einer langen Weile sagt er: „Mit dem, was jetzt passiert, kann ich nicht leben. Du vertreibst mich aus deiner Nähe. Jeder wird mich töten können."
„Nein, denn ich werde dich beschützen", sagt Gott.

Klangschale

„Ich mache dir ein Zeichen auf die Stirn. Dann weiß jeder: Du stehst unter meinem Schutz."

Ein gelbes oder goldenes Tuch wie einen Schutzwall um das rote Tuch von Kain legen

Da hebt Kain zum ersten Mal langsam den Kopf.
Kain zieht weg aus dem Land.

Das rote Tuch von Kain mit dem gelben Tuch zusammen ein großes Stück beiseite ziehen

Material

Zwei rote feste Tücher, Klangschale, schwarzes Chiffontuch, gelbes oder goldenes Tuch

Gut zu wissen

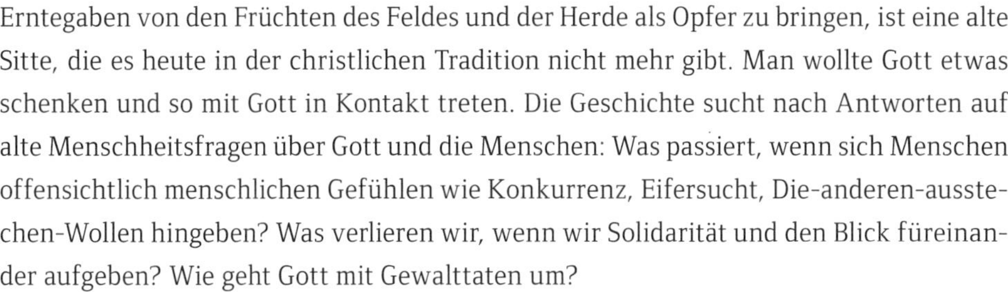

Erntegaben von den Früchten des Feldes und der Herde als Opfer zu bringen, ist eine alte Sitte, die es heute in der christlichen Tradition nicht mehr gibt. Man wollte Gott etwas schenken und so mit Gott in Kontakt treten. Die Geschichte sucht nach Antworten auf alte Menschheitsfragen über Gott und die Menschen: Was passiert, wenn sich Menschen offensichtlich menschlichen Gefühlen wie Konkurrenz, Eifersucht, Die-anderen-ausstechen-Wollen hingeben? Was verlieren wir, wenn wir Solidarität und den Blick füreinander aufgeben? Wie geht Gott mit Gewalttaten um?
Warum Gott Abels Opfer vorzieht und Kains nicht ansieht, bleibt in der Geschichte offen. Das Ereignis wird zum Anlass für Kains Neid. Wird Eifersucht zu Zorn und wird dieser Zorn nicht beherrscht, kommt es zur Gewalttat. Gott setzt Grenzen. Konkurrenz bis aufs Blut ist nicht im Sinne Gottes.
Dabei geht es um das In-die-Augen-sehen-Können, darum, den anderen nicht aus dem Blick zu verlieren. „Soll ich auf meine Menschengeschwister aufpassen?", die Frage stellt sich uns, global vernetzt, heute besonders drängend. Gegen Selbstsucht und Konkurrenz auf Kosten der anderen wird mit dieser Geschichte das Gewissen als Blick für die Mitmenschen wach.
„Beherrsche dich selbst", verlangt Gott, was wie eine Ergänzung zur Schöpfungsgeschichte klingt, nicht nur über die Tiere und Pflanzen zu herrschen, sondern auch über sich selbst.
Es geht schief in der Erzählung. Aber der Mörder soll nicht über das Opfer triumphieren, Abel ist nicht wirklich ausgelöscht, sein Blut schreit zum Himmel. Gott verflucht die Tat und den Täter und stellt sich damit auf die Seite des Opfers.
Die Folgen von gewalttätigem Handeln können erdrückend sein. Damit muss der Täter leben. Und zugleich will Gott das Leben retten, auch das Leben dessen, der falsch handelt. Gott sorgt weiterhin für Schutz und Lebensmöglichkeiten. Aber das ist kein Freibrief für gleichgültiges oder Ich-bezogenes Handeln. Was wir tun, müssen wir selbst verantworten, vor den Menschen und vor Gott.

Mögliche Themen der Kinder

Ich möchte meinen Eltern gefallen – meine Eltern haben meinen Bruder/meine Schwester viel lieber als mich – Konkurrenz stachelt mich an – ich will alle Aufmerksamkeit haben – ich bin eifersüchtig – ich bin wütend, wenn ich nicht das bekomme, was ich will! – wenn ich wütend bin, ist mir egal, was passiert – ich setze mich durch, zur Not auch mit Gewalt – oje, was habe ich denn da getan? – ich habe Angst vor den Großen – er hat selbst Schuld, dass es jetzt so weit gekommen ist! – ich kann meine Schuld gar nicht tragen/ertragen – ich habe etwas Schlimmes getan, wer hat mich jetzt noch lieb? – ich habe Angst vor den Folgen von dem Bösen, das ich getan habe …

Praxisideen zur Vertiefung

Rote Wutbilder

Unter der Überschrift „… wenn ich richtig wütend bin …" spritzen und malen Kinder mit dickem Pinsel, viel Wasser, roter und gelber Wasserfarbe, großen Papieren und guter Schutzabdeckung um die Bildfläche herum ihr Wutbild. Es gibt eine „Wutausstellung", und wer mag, erzählt, was beim Malen schön, anstrengend, traurig oder lustig war.

Auf den Boden schauen – sich in die Augen blicken

Die Kinder probieren aus: Was passiert, wenn alle mit gesenktem Kopf durch den Raum gehen? Wenn sie nicht aufeinander achten? Und was ist anders, wenn alle einander ansehen? Wie fühlt es sich an, die anderen im Blick zu haben?
Ein Spielfeld wird angedeutet, hinter den beiden gegenüberliegenden Außenlinien steht jeweils die Hälfte der Kindergruppe. Jedes Kind hat eine größere Anzahl von Gegenständen hinter sich. Alle haben die Aufgabe, ihre Gegenstände auf die andere Seite des Spielfeldes zu bringen. Dabei schauen alle Kinder nur zu Boden. Wie lief es?
Alle stellen sich in einen Kreis und sehen sich genau an. Jedes Kind ist anders. Die Kinder benennen: Was macht das Besondere von jedem Kind aus?

Gerichtsverhandlung über Kain

Für größere Kinder:
Miteinander wird eine Gerichtsverhandlung vorbereitet. Wer möchte Ankläger sein und beschreiben, was Kain getan hat und was daran beurteilt werden muss? Wer möchte Verteidigerin sein und sagen, was Kain entlasten kann? Wer möchte Kain spielen und aus seiner Sicht erzählen? Und was wird Gott sagen?
Die anderen sind das Gericht und beraten, nachdem sie alles gehört haben, was jetzt mit Kain sein soll.
Nachdem sie miteinander eine Entscheidung ausgehandelt haben, können alle, die möchten, Kain einen Wunsch mit auf den Weg geben.
Wichtig: Anschließend werden alle Kinder ausgiebig aus ihren Rollen entlassen: „Ihr verlasst jetzt eure Rolle, seid nicht mehr Kain oder Verteidiger oder Ankläger oder Gericht. Ihr könnt eure Rolle von eurem Körper abstreifen. Jetzt steigt alle auf einen Stuhl und springt herunter, um die Rolle loszuwerden."

mlp

Arche Noah– Neuanfang für die Schöpfung

Genesis / 1. Mose 6,5 – 9,17

Die Geschichte	Zur Gestaltung
Wie geht Gott damit um, dass Menschen manchmal Böses tun? Viele fragen sich das. Schon immer. Vor langer Zeit haben sich Menschen dazu eine Geschichte erzählt:	Bevor die Geschichte erzählt wird, bekommt jedes Kind zwei Tierfiguren derselben Sorte gereicht
Gott schaut auf die Erde und sagt: „Die ganze Welt habe ich erschaffen. Aber die Menschen können sehr böse sein. Ob ich sie beseitigen soll?“ So denkt Gott? Was ist das für ein Plan?	Klangschale
Gott sagt: „Noah und seine Familie, seine Frau, seine drei Söhne und seine drei Schwiegertöchter, die sind nicht böse. Die will ich retten!“	Klangschale
Noah hat Gott gern. Da hört er, wie Gott zu ihm spricht: „Noah, hör auf mich. Ich will einen Bund mit dir schließen: Ich werde dich und deine Familie retten. Baue aus Holz ein großes Schiff, eine Arche.“	Klangschale
Noah wundert sich. Mitten auf dem Land soll er ein Schiff bauen? Weit und breit gibt es kein Meer.	Grünes Tuch ausbreiten
Und Noah fängt an, Holz zu schlagen und ein großes Schiff zu bauen. Sehr groß wird es. Die Menschen lachen: „Was macht Noah denn da? Wo will er denn sein Schiff schwimmen lassen?“	Aus braunen Tücher den Umriss eines Schiffes legen, einen Eingang offen lassen
Als das Schiff fertig ist, hört Noah Gott sagen: „Noah, jetzt hole zusammen mit deiner Familie Tiere in dein Schiff hinein. Von jeder Tiersorte ein Paar.“	Klangschale
Noah und seine Familie hören auf Gott. Viele Tiere kommen hinein. Es wird voll in der Arche.	Kinder stellen ihre Tiere nacheinander in die Arche
Als alle Tiere auf dem Schiff sind, verschließt Gott den Eingang sorgfältig.	Eingang des Schiffs schließen

Plötzlich wird der Himmel dunkel. Dicke, schwarze Wolken ziehen auf. Dann beginnt es zu regnen. Erst fallen einige Tropfen. Dann mehr. Immer mehr. Es regnet und regnet. Den ganzen Tag. Und den nächsten Tag. Und den nächsten Tag auch. Es hört gar nicht mehr auf. Oje, so ein starker Regen! Was passiert da? Eine richtige Sintflut!

Kinder machen Regengeräusche

Blaue Tücher um die Arche herum über das grüne Tuch legen

Das Wasser sammelt sich auf dem Boden. Es wird immer mehr Wasser. „Müssen wir untergehen?“

Die blauen Tücher zu Wellenbergen aufstellen

Noah und seine Familie merken, wie die Arche sich bewegt. Sie schaukelt. „Da, die Arche schwimmt!“

Bald ist ein Meer um sie herum. Und es regnet und regnet und regnet. Tagelang. Wochenlang.

Schwarze Tücher um die Mitte herum auf den äußeren Rand der blauen Tücher legen

Alles, was lebt, geht unter in den Wassermassen. Ob Gott das vorhatte? Ob Gott jetzt zufrieden ist?

Aber Noahs Familie und die Tiere auf dem Schiff sind erst einmal gerettet. Die Arche schwimmt auf dem Meer. Viele Tage lang.

40 Tage und 40 Nächte. „Wie lange wird es noch dauern?“ „Müssen wir jetzt immer auf dem Schiff bleiben?“

Doch dann hört der Regen auf. Nur noch graue Wolken hängen in der Luft. Dann reißen die Wolken auf. Die Sonne kommt heraus. Endlich Sonnenstrahlen, endlich ist es trocken von oben!

„Schaut mal, das Wasser fällt! Ob wir bald wieder trockenen Boden unter den Füßen haben?“ Nur langsam fließt das Wasser ab.

Blaue Tücher wieder plattdrücken

Da lässt Noah eine Taube fliegen. Sie kommt nicht zurück: „Land! Sie hat Land gefunden!“

Das ganze Wasser ist abgeflossen. Die Erde ist trocken. Die Sonne scheint.

Blaue Tücher entfernen

Noahs Frau öffnet den Eingang. Alle Menschen springen aus der Arche. Und alle Tiere kommen hinterher. Alle gehen an ihre Orte zurück.

Die Kinder nehmen die Tiere, die sie hineingesetzt haben, wieder aus der Arche und stellen sie an einen Ort in der Nähe

Noah und seine Familie bauen einen Altar. Einen Tisch, um Gott zu danken. „Gott, du hast uns gerettet. Und die Tiere! Danke dir dafür!“	Steine wie einen Tisch aufeinanderschichten, Kerze dazu, anzünden
Und Gott sagt: „Das mache ich nie wieder. Menschen machen Fehler, manchmal sind sie auch böse. Fehler gehören zu den Menschen dazu. Ich werde niemals mehr die Menschen vernichten. Solange die Erde steht, wird nicht aufhören Saat und Ernte, Frost und Hitze, Sommer und Winter, Tag und Nacht. Das verspreche ich den Menschen!“	Klangschale
Und Gott setzt einen bunten Bogen an den Himmel. „Das soll das Zeichen sein: der Regenbogen. Er ist das Zeichen für mein Versprechen: Nie mehr schicke ich eine große Flut!“	Einen Regenbogen dazulegen
Seitdem denken Menschen, wenn sie den Regenbogen am Himmel sehen: „Schau – Gott verspricht: Wir können gut auf der Erde leben, und Gott liebt uns, auch wenn wir Fehler begehen.“	

Material

Tierfiguren doppelt in der Anzahl der Kinder, Klangschale, grünes Tuch, braune Tücher, blaue Tücher, schwarze Tücher, drei Steine, Kerze, Tücher in den Farben des Regenbogens oder ein Regenbogen aus Holz oder fester Pappe, von den Kindern vorher gemalt o. Ä.

Gut zu wissen

Die Geschichte beschreibt einen Sinneswandel Gottes: Zunächst enttäuscht, straft Gott autoritär beinahe alle mit Untergang. Nur seinen Liebling Noah samt Familie bewahrt Gott. Und dann erkennt Gott – so haben es sich Menschen damals erzählt –, dass Fehler-Machen und Sündig-Werden nicht außergewöhnlich sind, sondern zum Menschsein gehören. Und Gott kann damit umgehen, so eine Schlussfolgerung der Erzählung. Gott verspricht unverbrüchliche Liebe als Grundlage für alle Zukunft der Menschheitsgeschichte – unabhängig von dem Verhalten der Menschen.
Nicht selten wird diese Zusage heute als Herausforderung im Glauben erlebt, wenn Nachrichten zu Klimaveränderungen, Wirbelstürmen, Überschwemmungen und Kriegen die Bewahrung der Erde in Frage stellen.

Es bleibt wohl eine Herausforderung für glaubende Menschen, sich immer wieder neu Gottes Verheißung von Bewahrung gesagt sein zu lassen und mit Mut auf sie zu vertrauen. Und zugleich alles Mögliche dazu beizutragen, dass diese Verheißung Wirklichkeit bleibt.

Mögliche Themen der Kinder

Gut, dass Gott rettet! – ich mag Tiere – was ist mit den anderen Tieren und Menschen – alle ertrunken? Das ist aber unfair! – warum macht Gott das? – ob die genug zu essen hatten auf dem Schiff? – manchmal wünsch ich mir auch ein Schiff, das mich vor allem Üblen rettet – ein Regenbogen ist schön – ich bin froh, dass Gott keine Sintflut mehr schickt! …

Weitere Gestaltungsideen

ARCHE NOAH ALS RÜCKENGESCHICHTE

Während der Erzählung malt ein Kind einem anderen das, was es hört, auf den Rücken. Dabei werden viele Tiere einzeln aufgezählt: „Dann gehen die Elefanten an Bord … (die Kinder machen das Trampeln der Elefantenfüße auf dem Rücken nach) … und die Kamele kommen hinein … Jetzt kommen die Krokodile … und die Mäuse …" Auch Bauarbeiten und Regen lassen sich auf den Rücken malen.

Bevor die Sonne kommt und die Türen geöffnet werden, tauschen die Kinder ihre Positionen. Die Geschichte wird nun weitererzählt, indem alle Tiere nach und nach in der umgekehrten Reihenfolge wieder die Arche verlassen. Am Ende steht ein großer Regenbogen über allem.

EINEN ALTAR BAUEN

Die Kinder überlegen miteinander, wozu man einen Tisch braucht, um Gott zu danken, und wie der aussehen kann. Was hätten sie gerne auf ihrem Altar? Aus einer Holzplatte und Ziegelsteinen als Beinen konstruieren sie „ihren" Altar und stellen auf ihn, was ihnen wichtig ist und was sie miteinander ausgewählt haben.

Vor jeder biblischen Erzählung, zu Beginn des Kindergottesdienstes oder des Erzählkreises bauen die Kinder zukünftig ihren Altar auf.

Lied: Fehler machen kann passieren

Text und Melodie: © Maike Lauther-Pohl

Unter Gottes Regenbogen

Jedes Kind malt sich selbst auf Pappe oder Holz; wer will, kann die eigene Figur ausschneiden bzw. mit der Laubsäge aussägen. Miteinander wird ein sehr großer, stabiler Regenbogen geschaffen. Jedes Kind kann seine Figur an dem Regenbogen befestigen. Unter dem Titel „Geliebt und gehalten – unter Gottes Regenbogen" wird der Regenbogen aufgehängt. Wenn er groß genug ist, können weiße Pappfiguren und Stifte ausgelegt werden. Eltern und Gäste werden eingeladen, sich selbst zu malen und sich mit unter den Regenbogen zu begeben.

mlp

Gegen zu viel Macht – Das Ende des Turmbaus

Genesis / 1. Mose 11,1–9

Die Geschichte	Zur Gestaltung
„Warum sprechen wir nicht alle die gleiche Sprache?“, fragt Levi seine Mutter. Seine Mutter hört kurz auf mit dem Mahlen des Getreides und schaut Levi an. Dann nimmt sie den runden Stein wieder in beide Hände und quetscht mit ihm die Körner, die in der Mulde eines flachen Steins liegen. „Das ist eine gute Frage, Levi“, sagt seine Mutter. „Die Sprachen haben sich an verschiedenen Orten von verschiedenen Menschengruppen entwickelt.“ Levis Mutter schiebt das gemahlene Mehl zusammen und füllt es in eine Schale aus Ton. Dann nimmt sie neue Körner aus dem Getreidesack und beginnt, von Neuem zu mahlen. „Weißt du, Levi, es gibt eine alte Geschichte. Da haben sich die Menschen damals gedacht, dass es vielleicht mit Gott zu tun hat, dass nicht alle die gleiche Sprache sprechen. Vielleicht wollte Gott nicht, dass sie nur an sich und ihren Ruhm denken. Gott weiß ja, dass die Menschen nicht nur Gutes tun. Und wenn sie sich zu gut verstehen, fühlen sie sich zu mächtig. Dann vergessen sie, auf Gott zu achten. Sie werden dann eitel und machtgierig. So erzählt es die alte Geschichte vom Turm.“ „Erzähl mal!“ Levis Mutter mahlt mit regelmäßigen Bewegungen das Getreide und beginnt:	
„Damals sprechen alle Menschen die gleiche Sprache. Das gefällt ihnen. Gemeinsam fühlen sie sich stark und sie denken: Wir können alles! Wir können sogar eine Stadt mit einem riesigen Turm bauen. Der Turm soll bis in den Himmel reichen! Sie nehmen viele, viele Ziegelsteine und beginnen, sie aufeinanderzuschichten. Hand in Hand bauen sie. Erst den Sockel. Dann wächst der Turm empor. Höher und höher wird er. Schon längst ist er größer als die Bäume. Immer mehr Ziegel tragen sie heran. ‚Wir werden uns einen großen Namen machen.	Ohne Worte beginnen, Bauklötze in einer Farbe langsam aufeinanderzusetzen; dabei ein breites Fundament bauen, damit der Turm hoch werden kann

Wir werden berühmt. Alle werden uns bewundern!', sagen sie. ,Wenn der Turm erst einmal bis in den Himmel reicht ... Dann sind wir wie Gott. Wir können alles!' Da kommt Gott vom Himmel herab, um sich den Turm anzuschauen: Die Menschen wollen alles erreichen. Sie wollen mächtig sein. Das ist nicht gut. Was ihnen wohl noch alles einfällt?

Weiter mit Bauklötzen der gleichen Farbe an dem Turm bauen

Und Gott bringt ihre Wörter durcheinander. Auf einmal verstehen sich die Menschen nicht mehr. Das Bauen gelingt ihnen nicht weiter. Sie zerstreuen sich in alle Richtungen. Die Stadt und den Turm bauen sie nicht weiter. Die Stadt wird ,Babel' genannt, das bedeutet ,Durcheinander'."

Weiter an dem Turm bauen, jetzt mit bunten Bauklötzen, dabei die Bauweise verändern: einen Bauklotz hinsetzen, um ihn dann wieder wegzunehmen und woanders hinzusetzen, so mehrfach verfahren; einige Bauklötze wieder abbauen, den Rest stehen lassen

Levi schaut seine Mutter an. „Meinst du wirklich, Gott will, dass die Menschen sich nicht verstehen?" Levis Mutter hält mit dem Mahlen des Getreides inne. Sie schaut Levi an: „Was meinst *du* denn?" Levi denkt nach: „Hm, das kann ich mir eigentlich nicht so vorstellen. Hat Gott Angst, dass die Menschen zu viel können?" Levis Mutter sagt: „Vielleicht will Gott nicht, dass alle das Gleiche denken und reden? Vielleicht soll es keine starken Menschen geben, die alle anderen Menschen gleichmachen und sie unterdrücken? Dann wäre die ,Sprachverwirrung' doch etwas Gutes."

Material

Sehr viele Bauklötze, sortiert: die Hälfte einfarbig, die andere Hälfte bunt

Gut zu wissen

Die Geschichte vom Turmbau stellt eine alte Frage: Wer setzt der Macht Grenzen? Sie deutet die Wirklichkeit, indem sie sie mit Gott in Verbindung bringt. Sie geht von der Erfahrung aus, dass Menschen sich mit fantastischen Leistungen Denkmäler setzen und einen großen Namen machen wollen. Mit ihrer geballten Macht überschätzen sie ihre Möglichkeiten und achten Gott zu gering.
Die Turmbaugeschichte stellt die Souveränität Gottes allerdings nicht in Frage: Obwohl die Menschen den Turm bis in den Himmel bauen, muss Gott erst von oben herabkommen, um den Turm anzuschauen, so lächerlich klein bleiben die Werke der Menschen.

Der Turm könnte nach modernen Interpretationen auch für militärische Macht und Unterdrückung stehen. Die einheitliche Sprache wäre dann ein Bild für Uniformität und tyrannische Unterdrückung, die Sprachverwirrung ein Bild für Freiheit und Individualität.

Mögliche Themen der Kinder

Ich kann alles – gemeinsam sind wir stark – ich will berühmt sein – es macht Spaß, wenn wir uns gut verstehen – uns kann keiner etwas tun! – wenn man sich nicht versteht, kann man nichts Gemeinsames erreichen – aber es ist doch gut, wenn sich die Menschen gut verstehen? – Warum will Gott das denn nicht? – es ist ganz schön anstrengend, sich gut zu verstehen – ich kann auch mit Kindern spielen, deren Sprache ich nicht verstehe …

Praxisideen zur Vertiefung

Ohne Worte

Jeweils vier Kinder bekommen eine gemeinsame Aufgabe: gemeinsam ein Bild malen oder: zusammen aus Lego ein Bauwerk errichten. Es gibt dabei drei Phasen: zunächst ohne Worte bauen, dann nur in einer selbsterfundenen Sprache sprechen, dann reden, wie sie möchten. Anschließend gibt es einen Austausch: Was haben die Kinder erlebt? Was hat ihnen am besten gefallen? Was war schwierig, lustig, schön, neu?

Die unterschiedlichen Sprachen in der Gruppe nutzen

Die Geschichte kann das Thema „Sprache und Verständigung“ zwischen Kindern unterstützen. Wenn Kinder mit unterschiedlichen Deutschkenntnissen in einer Gruppe zusammenkommen, können die Kinder, die die Geschichte auf Deutsch gut verstehen, die Aufgabe bekommen, die Geschichte ohne Worte zu spielen und sie so darzustellen, dass auch Kinder ohne Deutschkenntnisse sie kennenlernen. Miteinander wird überlegt: Wie kann man sich ohne Worte verstehen? Die Geschichte pantomimisch darstellen oder mit Bauklötzen? Mit Bildkarten oder eine eigene Sprache erfinden? Wenn alle Kinder die Geschichte verstanden haben, kann jedes sie in der eigenen Sprache erzählen.

Turm-Tanz

Zu einem instrumentalen Musikstück der eigenen Wahl überlegen sich die Kinder einen Tanz, der die Geschichte vom Turmbau nachempfindet: Mit welchen Bewegungen stellen sie das Aufeinanderschichten der Ziegel dar? Wie lange dauert diese Phase? Was passiert dann? Wie sieht es aus, wenn sich die Menschen uneinig werden? Und wie, wenn sie unterschiedliche Sprachen sprechen und sich gar nicht mehr verstehen? Wenn sie auseinandergehen? Bleibt der Turm unvollendet oder stürzt er ein? Es ist gut, jeder Phase genug Zeit zu lassen.

mlp

Abraham und Sara

Abrahams Berufung – Die Stimme mit der geheimnisvollen Botschaft

Genesis / 1. Mose 12,1–8

Die Geschichte	Zur Gestaltung
In der Wüste ist es heiß und trocken. Nur wenig Pflanzen wachsen dort. Meistens sind sie voller Dornen. Nur ganz selten findet man eine Wasserstelle, einen Brunnen oder eine kleine Quelle im Fels.	Wir stellen eine Sandkiste in die Mitte (Beschreibung im Kapitel „Wichtig zu wissen“, Seite 11)
Aber es leben auch Menschen in der Wüste. Menschen mit vielen Tieren. Mit vielen Schafen. Sie kennen die Wüste. Sie wissen, wo die Wasserstellen sind. Sie wissen, wo es etwas zu fressen gibt für die Schafe.	Eine Gruppe von Schafen und eine Hirtenfigur in den Sand stellen, am besten zu einigen Moosbüscheln
Abraham ist so einer, der in der Wüste lebt. Abraham und seine Frau Sara.	Eine Abrahamfigur dazustellen
Und Knechte, Mägde, Hirten. Und der Vater von Abraham. Und Onkel und Tanten. Und viele Kinder. Sie ziehen gemeinsam umher durch die Wüste. Sie schlafen in Zelten. Sie können nicht lange an einer Stelle bleiben. Das Wasser wird knapp. Weiter, weiter. Bis zum nächsten Brunnen.	Weitere Figuren dazustellen
Tagsüber ist es sehr heiß, nachts ist es sehr kalt. Im Zelt kriechen die Kinder zusammen. Sie haben Decken aus Schafwolle. Auch die Kinder müssen mithelfen bei der Arbeit. Sie helfen beim Kochen, beim Wasserholen, sie passen auf die Tiere auf. Abends sitzen sie dann mit den „Großen“ zusammen. Ein aufregendes Leben!	

Wie gut, dass Abraham so ein guter Anführer ist. Er weiß den Weg zum nächsten Wasser. Er führt alle zu guten Weideplätzen. Auf ihn kann man sich verlassen.

Jetzt ist Abraham ein wenig von den Zelten weggegangen. Er will alleine sein.
Und da hört er plötzlich eine Stimme: „Abraham!", ruft sie.

Klangschale

Abraham schaut sich um. Er sieht niemanden. Er hört wieder die Stimme: „Abraham, Gott spricht zu dir."

Klangschale

Abraham erschrickt. Gott spricht zu ihm. Was sagt er?
„Abraham, ich sage dir: Geh fort aus dieser Wüste. Geh in ein neues Land, das ich dir zeigen will."

Klangschale

Ein neues Land? Das geht doch nicht. Er weiß doch gar nicht, wo er da hingehen soll.
„Ich kann dich nicht sehen, Gott. Und ich kann nicht woanders hingehen. Wo ist denn Wasser im neuen Land?"

Abraham läuft aufgeregt ein paar Schritte hin und her, dann kommt er wieder zu seinem alten Platz

Gott antwortet: „Ich bin ein Gott, den man nicht sehen kann. Aber hören kannst du mich. Und du wirst merken: Ich gehe mit dir mit in das neue Land. Ich will dich segnen. Deine Nachkommen sollen zahlreich sein. Sage es den anderen. Geht alle los!"

Klangschale

Abraham geht zu den Zelten zurück. Er ruft alle zusammen. „Kommt schnell! Ich will etwas Wichtiges sagen!"
Da kommen sie alle gelaufen. Und Abraham erzählt: „Ich habe Gottes Stimme gehört. Man kann ihn nicht sehen, aber ich habe ihn gehört.
Er hat mir gesagt: Geh fort aus dieser Wüste. Geh in ein neues Land, das ich dir zeigen will."

Abraham zurückgehen lassen zu den Zelten und alle Figuren zu einem großen Kreis ordnen

Da fangen sie alle an zu rufen: „Das geht doch nicht. Nein, nein!"

Einzelne Figuren durcheinanderlaufen lassen

Aber Abraham redet weiter: „Mein Gott hat noch mehr gesagt. Hört zu! Er sagte: Ich bin ein Gott, den man nicht sehen kann. Aber hören kannst du mich. Und du wirst merken: Ich gehe mit dir mit in das neue Land. Du

sollst viele Nachkommen haben. Ich will dich segnen."
Manche rufen: „Das geht doch nicht. Nein, nein!"
Andere rufen: „Ja, wir gehen mit. Wenn der Gott mitkommt, dann gehen wir mit."

Sara fragt ihren Mann: „Wie kann das sein, Abraham? Wir haben kein Kind, keinen Sohn und keine Tochter. Und dann sagt deine Gottesstimme: Wir sollen viele Nachkommen haben. Stimmt das?"
Abraham antwortet: „Ja, so hat es Gott gesagt. Wir werden ein Kind bekommen, obwohl wir schon sehr alt sind."
„Dann will ich auch mitgehen", sagt Sara.

Sara-Figur neben Abraham stellen

Am nächsten Tag brechen sie auf. Mit Zelten, mit Schafen. Nicht alle gehen mit, aber doch viele. Eine weite Reise in ein unbekanntes Land. Sie finden genug Wasserstellen. Sie finden Futter für die Schafe.

Figuren hintereinander als „Karawane" aufstellen

Gott geht mit ihnen mit. Er hat sie nicht verlassen.

Eine brennende Kerze zur Karawane stellen

Material

Sandkiste oder Tuch mit Sand, Moosbüschel oder trockene Pflanzen, verschiedene Figuren, auch Kinder- und Tierfiguren, die Abraham-Figur ist besonders gekennzeichnet, Klangschale, Kerze

Gut zu wissen

Mit unserer Geschichte vom Nomadenleben und ihrem Stammesvater Abraham beginnt der „Monotheismus", die Erkenntnis, dass es nur einen Gott und nicht eine Vielzahl verschiedener Götter gibt.
Diesen Einschnitt kann man sich kaum so radikal vorstellen, wie er wohl tatsächlich gewesen ist. Als Abraham von einer „Stimme" angesprochen wurde und er daran Gottes Anspruch erkannte, geschah etwas fundamental Neues.
Auch der Inhalt dieser ersten Botschaft an Abraham und – später – an Sara erweist sich als un-glaublich: „Ziehe in ein neues Land!", sagt Gott dazu. Das meint viel mehr als nur einen Ortswechsel von Haran nach Palästina. Das ist ein „innerlicher" Ortswechsel in eine neue Gedankenwelt.

Mögliche Themen der Kinder

Wie fing es an mit Gott? – wie lebten Menschen damals? – Gottes Worte sind manchmal schwer zu glauben – es kann gut sein, jemandem zu vertrauen – ich kann Bekanntes verlassen und Neues ausprobieren – ich muss manchmal um die richtige Antwort streiten ...

Praxisideen zur Vertiefung

Die Sandkiste – mit Sand eine Wüste bauen

Eine Sandkiste kann für viele Geschichten in der Wüste als Anschauungsmaterial dienen. Deswegen lohnt sich der etwas größere Vorbereitungsaufwand.
Eine Beschreibung der Sandkiste findet sich in der Einleitung „Wichtig zu wissen", Seite 11.
In der Landschaft werden kleine Zelte aufgebaut, auch kleine Tier- und Menschenfiguren. Größere Kinder können dabei mit Laubsäge und Sperrholz arbeiten oder mit Ton und Knete.
Diese Landschaft übt – auch ohne unsere Geschichte – einen starken Spielreiz aus. Nach der Erzählung werden die Kinder die Geschichten im Sand nachspielen wollen, wortgetreu oder auch mit deutlichen Veränderungen.

Die Geschichte im Zelt nachspielen

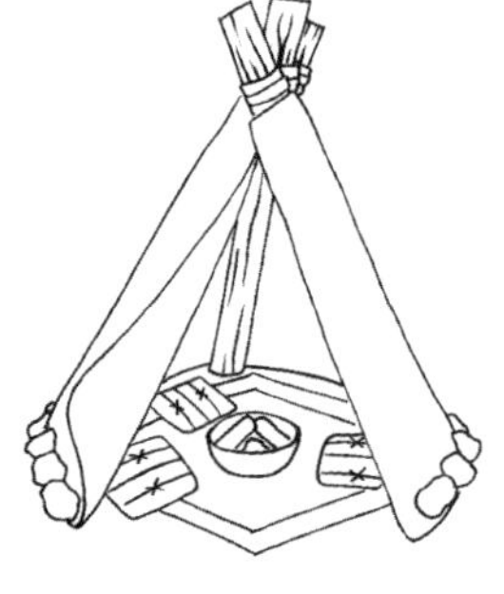

Ein Zelt bauen – das geht natürlich am besten im Freien und bei schönem Wetter:
Drei Holzlatten (etwa 2 Meter lang) zu einem Dreibein zusammenbinden und mit dickem Klebeband zusätzlich sichern. Verschiedene große Tücher darüber ausbreiten, bevorzugt in dunklen Farben. Die Tücher am Boden nach außen ziehen und mit Steinen beschweren. Eine Zeltöffnung lassen, damit die Luft zirkulieren kann.
Wenn das Zelt größer werden soll, zwei solcher Dreibeine bauen und mit einer Holzlatte oben verbinden. Man braucht entsprechend mehr Stoff, aber eine ganze Kindergruppe hat Platz. Den Boden mit alten Teppichen oder Sitzkissen auslegen.

Einen Feuerplatz im Zelt bauen

Richtiges Feuer ist in einem Stoffzelt natürlich tabu, aber es lässt sich leicht ein „fast echtes" Feuer nachbauen: In eine Schale oder auch direkt auf den Boden eine Lichterkette (von einer Weihnachtsdekoration) mit LED-Lichtern auslegen, sodass die Schale ausgefüllt ist. Ein durchsichtiges, rotes Chiffontuch darüberlegen. Ein paar Holzstücke dazu.

Verkleiden als Nomaden

Ein Tuch auf dem Kopf, mit einer Schnur oder einem Gummiband festgehalten, verwandelt die Kinder in eine Nomadengruppe.

Die Geschichte spielen

Auch bei großen Kindern wird anfangs die Rolle von Abraham und/oder Sara von einer erwachsenen Person eingenommen. Sie teilt die Aufgaben ein, lässt Wasser holen, Essen bereiten, die Tiere ausführen, neue Weideplätze erkunden usw. Und dann erzählt diese Abrahamsperson von einer Stimme, die gesprochen hat.
Wie reagieren die Kinder?

jw

Abraham und Lot – Die Sterne und ein Streit

Genesis / 1. Mose 13,1–18

Die Geschichte	Zur Gestaltung
Weiter, immer weiter. Tagelang durch die Wüste. So hatte es Gott zu Abraham gesagt: „Ziehe in ein neues Land!"	Die Sandkiste wird in die Mitte gestellt.
Da sind sie losgegangen, viele Menschen, viele Tiere, und Abraham geht vorweg.	Figuren in einer langen Karawane, Abraham geht vorweg
„Spricht dein Gott noch zu dir? Sind wir auf dem richtigen Weg? Wird das Wasser reichen?" Die Hirten sind unruhig, sie schauen sorgenvoll nach vorne. Die Frauen tuscheln. Das Land ist fremd, sie kennen die Wasserstellen nicht. Sie gehen diesen Weg, weil ein Gott zu Abraham gesprochen hat. „Er spricht immer noch zu mir", sagt Abraham, „manchmal höre ich ihn nachts, wenn ihr alle schlaft." „Was sagt er?" „Was er immer gesagt hat."	
„Möge er recht behalten, dein Gott. Immerhin, bisher haben wir immer rechtzeitig frisches Wasser gefunden."	Figuren bilden einen Kreis, legen sich hin zum Schlafen Einige Zelte dazustellen, Abraham-Figur ist abseits
In dieser Nacht spricht Gott noch einmal zu Abraham, und seine Worte klingen diesmal etwas anders:	Schlafende Figuren liegen, Abraham nicht
„Abraham!" „Ja, mein Gott, ich höre dich."	Klangschale
„Zahlreich sollen deine Nachkommen sein, ein großes Volk!" „Ja, mein Gott, schon oft hast du es mir versprochen. Aber noch immer wächst kein Kind in Saras Bauch heran."	Klangschale
„Abraham, schau nach oben in den Himmel. Siehst du die Sterne? Sage mir, wie viele es sind. Zähle sie." „Mein Gott, ich kann sie nicht zählen. Es sind so, so viele."	Klangschale
„Mehr als Sterne am Himmel sind, so groß wird die Zahl deiner Nachkommen sein. Vertraue mir! Gesegnet sollst du sein."	Klangschale

Auch am nächsten Tag, mitten im heißen Sonnenschein, hört Abraham wieder die Stimme seines Gottes.

Karawane bricht wieder auf, Abraham vorweg

„Abraham!"

Klangschale

„Ja, mein Gott, ich höre dich."

„Abraham, schau nach unten auf die Erde. Siehst du den Sand? Sage mir, wie viele Sandkörner sind in der Wüste?

Klangschale

Eine Handvoll Sand aus der Wüste nehmen und ganz langsam aus den Fingern rieseln lassen, direkt vor Abraham

„Mein Gott, ich kann sie nicht zählen. Es sind so, so viele."

„Mehr als Sandkörner in der Wüste sind, so groß wird die Zahl deiner Nachkommen sein. Vertraue mir! Gesegnet sollst du sein."

Klangschale

„Ja, mein Gott, ich will dir vertrauen. Ich gehe deinen Weg."

Und die Zuversicht wächst in Abrahams Herzen.

Er richtet einen großen Stein auf in der Wüste. Er geht langsam um ihn herum und murmelt immer wieder die Worte, die er von Gott gehört hatte.

Wieder alle Figuren in Kreisform. In der Mitte einen Stein aufstellen. Abraham um den Stein gehen lassen

Dann ruft er sie laut, und alle anderen rufen mit ihm: „Ja, gesegnet wollen wir sein von diesem Gott, der uns in ein neues Land ruft!" Und sie verneigen sich und tanzen um den Stein und nennen ihn den Erinnerungsstein, den Altar Gottes.

Weiter, immer weiter. Tagelang durch die Wüste. Viele Menschen, viele Tiere. Das Land wird karg, nur Sand und Steine, nichts wächst mehr, zu wenig Pflanzen für so viel Tiere.

Weitergehen

„Wir hätten Lot, Abrahams Neffen, nicht mitnehmen sollen." So sagen die Hirten von Abraham. „Er hat so viele Tiere mitgebracht, und seine Hirten zeigen ihnen immer die besten Futterstellen. Unsere Tiere haben das Nachsehen. Sie geben immer weniger Milch."

Karawane in zwei Lager teilen

„Wir hätten nicht mit Abraham mitziehen sollen." So sagen die Hirten von Lot. „Er hat so viele Tiere mitgebracht, und seine Hirten zeigen ihnen immer die besten Futterstellen. Unsere Tiere haben das Nachsehen. Sie geben immer weniger Milch."

Das Land wird karg, es reicht nicht mehr für so viele Menschen und Tiere. Es gibt Streit und Prügelei, die einen Hirten gegen die anderen, die eine Familie gegen die andere. Abraham geht zu Lot. „Hör zu, Lot!“, sagt er, „wir gehören zusammen. Dein Vater ist mein Bruder. Der Streit hilft nicht weiter. Wir müssen einen Weg finden.“ „Du weißt, wie es weitergeht“, sagt Lot, „du hast deinen Gott. Er hat zu dir gesprochen und nicht zu mir.“ Da ist es Abraham, als ob er Gottes Stimme in sich hört:	Einzelne Figuren umstoßen
„Vertraue mir! Du sollst gesegnet sein.“ „Das Land ist groß“, sagt Abraham, „und wir gehören zusammen, aber wir können nicht zusammenbleiben. Aber wenn wir uns aufteilen, reicht es für uns, für unsere Familien und Tiere und auch noch für viele andere. Suche dir aus, wo du hinwillst, ich gehe dann in eine andere Richtung.“	Klangschale
„Du hast recht“, sagt Lot, „wir sollten uns trennen, dann können wir beide in Frieden unseren Weg ziehen.“ Dann schaut er nach Osten. Wasser gibt es dort reichlich, und Pflanzen wachsen in Hülle und Fülle. Er schaut nach Westen, dort bleibt das Land karg, bergig ist es und oben pfeift der Wind. „Ich gehe nach Osten!“, sagt er. „Du hast gut gewählt“, sagt Abraham, „ich werde nach Westen ziehen. Das Land ist karg, aber für meine Leute und Tiere wird es reichen. Und wir können uns in Frieden trennen.“	Auf einer Seite blaues Tuch für Wasser und etwas grünes Moos stellen, auf die andere Seite noch ein paar Steine legen
„Du gehst mit dem Segen deines Gottes!“, sagt Lot. Abraham schüttelt den Kopf: „Du auch, Lot. Der Segen Gottes ist nicht für mich alleine. Er gilt für alle Menschen und alle Völker. Für alle, die ihn haben wollen.“	Eine brennende Kerze dazustellen
So trennen sich Abraham und Lot, der Streit hörte auf und der Frieden blieb erhalten.	Die Lot-Gruppe zum Wasser gehen lassen, Abraham zu den Steinen Eine zweite Kerze dazustellen

Material

Sandkiste (aus der vorherigen Geschichte) mit mindestens 10 Figuren und einigen Tieren, 2 Kerzen, Steine (auch für den Altar), blaues Tuch (für das Wasser), Moos oder Pflanzen, Klangschale

Gut zu wissen

Wie ein roter Faden zieht sich die Verheißung Gottes durch die Geschichten von Abraham. Dreimal wird davon berichtet, dass Abraham einen Altar baut, einen Erinnerungsstein an diesen neuen Gott. Das hat ihm Kraft gegeben, auch schwierige Situationen zu bestehen und durchzuhalten.

Der Entschluss, dem jüngeren Lot das gute wasserreiche Land am Jordan zu überlassen und selber mit den kargen Höhen vorliebzunehmen, hat den Frieden möglich gemacht. Dass Abraham diese „wirtschaftlichen" Einbußen hinnimmt, zeigt viel von seinem Glauben und von der Kraft der Gottesstimme.

Mögliche Themen der Kinder

Sternenhimmel sind toll – sind Sand und Sterne unendlich viel? – ich wünsche mir einen Ort zum Erinnern – ich mag nicht Streit und Prügelei – die Familie gehört zusammen – ist es klug, großzügig zu sein? …

Praxisideen zur Vertiefung

STERNENHIMMEL BAUEN

Über die Sandkiste wird ein blaues Tuch gespannt, hoch und groß genug, dass alle darunter sitzen können. Auf das Tuch wird eine Weihnachtslichterkette mit möglichst vielen LED-Leuchten verteilt.

Der Raum wird abgedunkelt und die Lichterkette eingeschaltet. Der Eindruck eines Sternenhimmels ist verblüffend echt.

ALTAR BAUEN

Wir wissen nicht, wie Abraham einen Altar gebaut hat. Aber wir können überlegen, wie wir heute einen Altar bauen können. In den Kirchen gehört dazu ein meist weißes Tuch, eine Kerze, ein Kreuz, eine Bibel und Blumenschmuck. Das können wir nachbauen. Und wir können Ideen sammeln, was wir ändern oder ergänzen können: Kinderbibel statt Bibel – mehr Schmuck, Glitzersteine, bunte Farben.

Wir zünden die Kerze an, setzen uns um den Altar und singen entsprechende Lieder.

Malen im Sand

Jedes Kind hat ein kleines Tuch vor sich auf dem Boden, auf dem etwas Sand verteilt wird. Während die Geschichte ein zweites Mal erzählt wird, malen die Kinder mit den Fingern im Sand. Wenn ein Abschnitt zu Ende ist, ertönt ein Zeichen, und das Sandbild wird ausgewischt. Dann wird weitererzählt, neue Bilder entstehen usw.
Größere Kinder können auch mit einem Zahnstocher ein Wort der Erzählung in den Sand schreiben.

jw

Ein Versprechen und seine Erfüllung – Der Besuch in Mamre und die Geburt Isaaks

Genesis / 1. Mose 18,1–15; 21,1–7

Die Geschichte	Zur Gestaltung
Nun ziehen sie wieder umher, Abraham und Sara, viele Hirten, Mägde und Knechte und die vielen Schafe. Sie sind mit ihren Zelten unterwegs. Sie ziehen zu den verschiedenen Wasserstellen. Nur Lot und seine Leute sind nicht mehr dabei.	Die Sandkiste aufstellen, eine Karawane durch die Wüste ziehen lassen
Sie kommen zu einer großen Wasserstelle. Es gibt viel frisches Gras für die Schafe und sogar Bäume, die „Eichen von Mamre". Was für ein schöner Platz.	Eine schöne „Oase" bauen, Zelte dazu, Karawane ankommen lassen
Sie bauen ihre Zelte auf. Abraham sitzt vor seinem Zelt.	Abraham steht abseits
Da sieht er Leute kommen. Drei Männer. Er springt auf. Die Männer müssen bewirtet werden, so gehört es sich. Frische Milch anbieten. Einen Kuchen backen. Und dann stehen die Männer auch schon da. Abraham verneigt sich vor ihnen: „Seid willkommen. Nehmt hier im Schatten Platz zu einem guten Mahl."	
Die drei Männer setzen sich. Sie essen und trinken. Die Knechte stehen weit abseits, die Frauen sind in den Zelten, nur Abraham sitzt bei den dreien. So gehörte es sich damals. Und schließlich fängt einer der Männer an zu sprechen: „Eine Stimme hat zu dir gesprochen. Du bist auf dem Weg in ein neues Land, Abraham. Du sollst viele Nachkommen haben, ein großes Volk, und ein Segen werden für die Menschen." Abraham schaut sie verblüfft an: „Ja, so habe ich es gehört. Ihr wisst davon?" Einer der Männer fährt fort: „Manchmal denkst du, das kann doch alles nicht mehr sein. Aber ich sage dir: In	Ein kleines Tuch ausbreiten Abraham und drei weitere Figuren im Kreis um das Tuch, eine Kerze zu den drei Figuren stellen

einem Jahr wird deine Frau Sara einen Sohn geboren haben."

Da kichert jemand.
Aus dem Zelt der Frauen ist ein Lachen zu hören.
Einer der Männer fragt: „Warum lacht Sara?"
„Ich habe nicht gelacht!", klingt es aus dem Zelt der Frauen, „das hat nur so komisch wie Lachen geklungen."
Einer der Männer fährt fort: „Sara hat gelacht! Warum lacht sie? Meint sie etwa, das sei unmöglich in ihrem Alter? Ich sage euch: Bei dem Gott, dessen Stimme ihr gehört habt, ist nichts unmöglich."

Ein kleines, durchsichtiges graues Tuch wird über ein Zelt gelegt

Dann erheben sich die drei Männer und gehen wieder fort, zurück in die Wüste.
Abraham schaut ihnen nach. Auch die anderen kommen und schauen hinterher. Was für ein merkwürdiger Besuch!

Die drei Figuren gehen langsam aus der Wüste und verschwinden aus dem Spiel, die Kerze bleibt stehen

Irgendwann verlässt der Nomadenstamm auch diesen Ort. Er zieht weiter umher, mal nach Norden, mal nach Süden. Abends sitzen sie am Feuer. Am Tage holen die Frauen das Wasser aus den Brunnen und bereiten das Essen, die Männer sind bei den Schafen.

Wieder Karawane bilden, weiterziehen, die Kerze zieht mit, dann neuen Rastplatz bauen

Und dann ist es plötzlich nicht mehr zu übersehen: Saras Bauch rundet sich. Sara ist schwanger! Sara trägt ein Kind in ihrem Leib!
Das kann doch nicht wahr sein. Sie ist doch viel zu alt dazu. Aber es ist wahr, jeden Tag ist es deutlicher zu sehen. Sie lachen wieder, aber es ist ein ganz anderes Lachen als damals.
Tatsächlich, das ist ja unglaublich. Ein Kind wird geboren, ein Junge! Sie haben einen Sohn, einen Nachkommen. Sie lachen und lachen vor Freude, und sie nennen ihren Sohn „Das Lachen", das heißt in ihrer Sprache „Isaak".

Die Kerze zu Sara stellen

Aus dem grauen Tuch ein „Nest" bauen, eine kleine Baby-Figur hineinlegen

Und der ganze Nomadenstamm feiert ein Fest, wie nur selten eins gefeiert wird.

Den Platz schmücken lassen mit Glitzersteinen und anderem Schmuck

Material

Sandkiste mit Material, kleines weißes Tuch als „Tischdecke“, Kerze, kleines graues, durchsichtiges Tuch (Chiffon), Glitzersteine oder Goldketten, Baby-Figur

Gut zu wissen

Es ist eine merkwürdige Begegnung bei den Eichen von Mamre – einer wichtigen Wasserstelle: Drei Männer tauchen auf und Gott spricht durch sie. Es ist nicht klar, ob einer der Männer Gott sein soll und er dann zwei Begleiter hat oder ob alle drei gleichzeitig Gott darstellen (gar als Bild der Dreieinigkeit). Wichtig ist, dass Gott seine Verheißung gegen allen Augenschein erneuert.
Angesichts der Kinderlosigkeit von Abraham und Sara fiel es zunehmend schwerer, an die Verheißung des unsichtbaren Gottes zu glauben, zumal Sara über das Schwangerschaftsalter längst hinaus ist. Gäbe es keinen Nachkommen, dann wäre auch die übrige Zusage Gottes unglaubwürdig, und das Ganze war doch nur eine Einbildung.
Aber innerhalb eines Jahres ist Sara dann tatsächlich schwanger geworden und hat einen Sohn geboren, den Isaak. Das heißt auch: Die Stimme, die Abraham gehört hatte, war doch nicht einfach Lug und Trug.

Mögliche Themen der Kinder

Besuch kann aufregend werden – merkwürdige Sitten waren das damals – woher wussten die Fremden das alles? – wer waren die Fremden? – aufregend: ein Kind wird geboren – aufregend schön: der ganze Nomadenstamm freut sich und feiert …

Praxisideen zur Vertiefung

Ein Zelt bauen und sich verkleiden
(siehe Praxisideen von „Abrahams Berufung“, Seite 40)

Einen Gast besonders empfangen
Eine Person kommt „zu Besuch“ ins Zelt. Er/Sie wird nach orientalischer Sitte gebührend empfangen:
- alle verbeugen sich vor ihr
- alle bereiten einen Sitzplatz – viele Kissen werden auf den Boden gelegt
- der Gast bekommt ein kostbares Tuch um die Schultern gelegt
- man gießt ihm ein Glas Wasser ein und reicht es ihm
- es wird ihm frische Luft zugefächelt usw.

Der Gast erhebt sich und bedankt sich. Er sagt: „Das war ja wie bei Abraham“ oder „Das war ein Stück von Gottes Segen“.
Das Spiel kann mit wechselnden Rollen wiederholt werden.

Ein Fest feiern

Das Zelt schmücken mit bunten Tüchern, ein leckeres Essen bereiten, Lieder singen und tanzen, dazu einen Rhythmus-Sprechgesang:

1. Gruppe:	I -	sa -	ak	–	I -	sa-	ak	–
2. Gruppe:				HaHa	HaHa			
3. Gruppe:	GOTT		HAT	SEIN	WORT	GE-	HAL-	TEN

Die Gruppen sprechen erst einzeln, dann 1 + 2, dann alle drei im Rhythmus.

jw

Ein Engel rettet – Isaak und sein rettender Engel

Genesis / 1. Mose 22,1–19

Die Geschichte	Zur Gestaltung
Jahre sind vergangen. Isaak ist ein großer Junge geworden. Abraham ist alt geworden. Er hört seltsame Stimmen in sich. Was sind das für Stimmen? Sie sagen: „Abraham, alle Nomaden bringen ihrem Gott ein Opfer. Sie töten es am großen Opferstein. Und du?"	Die Sandkiste aufstellen, zwei Figuren für Abraham und Isaak
Abraham sagt: „Komm, Isaak, wir gehen zum Berg Morija."	Ein kleines schwarzes Chiffontuch über Abraham
Der Berg Morija liegt einsam in der Ebene. Oben auf dem Berg ist ein großer, flacher Stein. Manchmal kommen große Volksgruppen auf den Berg zum Stein. Sie wollen ihren Gottheiten ein Opfer bringen. Heute ist es still auf dem Berg Morija. Niemand ist zu sehen.	Im Sand eine Erhöhung mit flachem Stein machen
Und doch schaut jemand von dem Berg herab. Unsichtbar. Ein Engel.	Eine Kerze für den Engel
Der Engel sieht zwei Menschen zum Berg kommen. Sie gehen herauf. Es sind Abraham und sein Sohn Isaak. Isaak bleibt stehen. „Vater, wir gehen auf den Berg, wo den Göttern Opfer gebracht werden. Vater, wir haben gar kein Tier, das wir opfern können." Der Vater schweigt. Abraham, was hast du vor? Willst du Isaak opfern? Wer hat dir das gesagt? Nein, tu es nicht!	Zwei Figuren
Jetzt stehen die beiden oben am Stein. Abraham packt den Isaak und legt ihn auf den Stein.	Isaak auf den Stein legen, Abraham (immer noch mit Tuch) tritt zurück
Da tritt der Engel hervor. Er wird sichtbar. Er steht zwischen Abraham und Isaak. Laut ruft er: „Nein! *Tue es nicht! Niemals!* Niemals darfst du einen Menschen opfern. Niemals einen Menschen töten im Namen Gottes." Abraham starrt auf den Engel. Er wiederholt, was der	Kerze zwischen Abraham und Stein stellen (Vorsicht!), den Engel sehr laut reden lassen

Engel gesagt hat: „Niemals darfst du einen Menschen opfern. Niemals einen Menschen töten im Namen Gottes.“ Der Engel tritt zur Seite und ist nicht mehr zu sehen.	Während Abraham redet, das schwarze Tuch langsam entfernen und wegtun
Abraham tritt zum Stein. Er greift sein Kind, holt es herunter vom Stein, schließt es in die Arme. „Niemals!“, sagt er. „Niemals ein solches Opfer! Komm, Isaak, weg von diesem Ort.“	Beide Figuren gehen zusammen zurück
Sie gehen zusammen den Berg herunter. Der Engel schaut ihnen hinterher. Er lächelt.	Nur die Kerze steht noch am Stein

Material

Sandkiste, flacher Stein, zwei Figuren, kleines schwarzes Chiffontuch, Kerze, Klangschale

Gut zu wissen

Opferhandlungen sind in vielen Religionen übliche Praxis. Umgangssprachlich sind sie bis in unsere Gegenwart mächtig.
Im biblischen Text ist die Stimme, die Abraham gehört hat, als Gottes Stimme beschrieben. Unsere Erzählung lässt die Herkunft der Stimme bewusst im Unklaren.
Es geht in unserer Erzählung nicht um einen lobenswerten Gehorsam von Abraham. Es geht vielmehr um die markante Botschaft des Engels, der Menschenopfer im Namen Gottes vehement zurückweist.

Mögliche Themen der Kinder

Interessant – unheimlich – grausam: die Opferpraxis – warum macht Abraham so etwas? – ob Gott das gut gefunden hat? – wie gut, dass der Engel da war – warum hat Isaak sich nicht gewehrt? – ich wäre weggelaufen – gibt es auch heute noch Opfer von Menschen? …

Praxisideen zur Vertiefung

KRATZBILDER

Mit Wachsmalstiften ein Bild von Abraham malen. Wenn er den Entschluss fasst, nach Morija zu gehen, wird Abraham mit schwarzer Wachskreide vollständig übermalt. Wenn der Engel dazwischentritt, wird die schwarze Farbe von Abraham weggekratzt. Dazu lässt sich ein Holzspachtel oder ein Teelöffel verwenden.

Ich will es nicht und tue es doch

Hierzu brauchen wir eine größere und stabile „Figur".

Sie kann zum Beispiel aus einem Rundholz (Länge ca. 20 cm, Durchmesser ca. 6 cm) sein, das auf ein kleines Holzbrett geschraubt ist. Ein Ball oder eine Styroporkugel kann als Kopf aufgeklebt werden. Das Ganze mit ein paar Stoffresten verkleiden. Das Holzbrett bekommt an zwei gegenüberliegenden Seiten eine Befestigung (z. B. einen nur halb eingeschlagenen Nagel), daran wird eine Schnur geknotet.

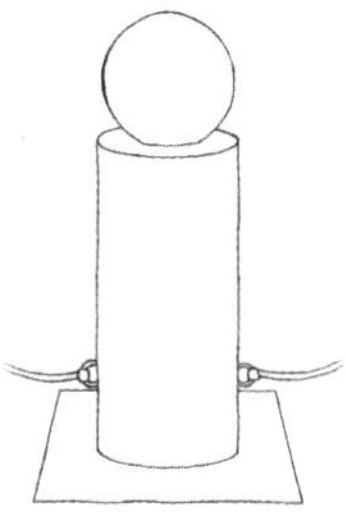

Mit den zwei Schnüren lässt sich die Figur hin und her ziehen. Auf der einen Seite ruft jemand verlockende Dinge: „Los, du kannst das einfach nehmen, stell dich nicht so an, andere machen es doch auch ..." Auf der anderen Seite rufen die „moralischen" Einwände: „Lass das doch sein, das ist ganz gemein, das ist unfair, du bist ein Dieb/Lügner ..." Beide Seiten dürfen nicht gleichzeitig rufen, es gibt kein gleichzeitiges Ziehen oder Kräftemessen. Ein „Engel" (eine große Kerze) bringt die Entscheidung, und beide Seiten ändern die Position und ziehen die Figur auf die Kerze zu. Vielleicht kann man auch die Geschichte von Isaak mit dieser Figur spielen?

Der Engel pustet

Nach der Erzählung malen wir auf ein großes Papier den Umriss eines Menschen. Er soll Abraham darstellen, wie er immer mehr in Konflikt gerät mit dem Auftrag der Stimme.

Auf das Papier werden kleine schwarze Stofffetzen gelegt. Sie zeigen die dunklen Gedanken, die in ihm aufsteigen.

Er fühlt sich wie gefangen in seinem Auftrag, er sieht nicht mehr, wie er davon loskommt.

Es werden ein paar Seile (dünn und später leicht wegzupusten) auf die Figur gelegt.

Er denkt, er ist in einem Käfig. *Ein Gitter (aus Papier) über das Gesicht legen.*

Doch wenn er genau hört, dann merkt er, dass es gar nicht so ist. Ein Engel pustet die Gedanken weg. *Wir helfen ihm dabei. Wie schnell bekommen wir diese schlimmen Sachen von dem Papier weg?*

jw

Die Brautschau – Die Verheißung und die Frau am Brunnen

Genesis / 1. Mose 24

Die Geschichte	Zur Gestaltung
Viele Jahre sind ins Land gegangen. Abraham ist sehr alt geworden. Isaak ist ein erwachsener Mann. „Vor langer Zeit hat Gott zu mir gesprochen“, sagt Abraham zu sich, „ich habe eine Zusage von Gott: Deine Nachkommen sollen zahlreich sein wie die Sandkörner in der Wüste. Ich habe es damals nicht glauben wollen, weil ich selber keinen einzigen Nachkommen hatte. Doch dann kam Isaak auf die Welt, welche Freude. Aber wenn ich zahlreiche Nachkommen haben soll, dann braucht Isaak eine Frau, damit er auch Kinder bekommen kann.“	Die Sandkiste bereitstellen
Abraham weiß, was er tun muss: Er muss eine Frau für Isaak suchen (so war es damals bei den Nomaden üblich). Aber er selbst ist zu alt für eine solche Suche, deshalb schickt er seinen Knecht aus: „Gehe zurück in das Land, aus dem ich gekommen bin, und suche eine Frau für meinen Sohn Isaak, damit sich die Verheißung Gottes erfüllen kann.“	
Da macht der Knecht sich auf mit prächtigen Kamelen und vielen kostbaren Geschenken, zurück in das Land, aus dem er mit Abraham einmal aufgebrochen war. „Ich will Gott um ein Zeichen bitten“, so sagt er sich, „wenn ich an einem Brunnen eine Frau finde, die mir Wasser zu trinken gibt – und den Tieren auch –, dann soll es die Frau für Isaak sein.“	Den Knecht mit einigen Kamelen und Goldschmuck aufbrechen lassen Eine kleine Kerze anzünden und mitziehen lassen
So kommt der Knecht schließlich in das alte Land von Abraham. An einem Brunnen lässt er sich nieder (ohne etwas zu trinken) und wartet.	Am anderen Ende der Sandkiste einen Brunnen aufstellen
Da kommt Rebekka angelaufen. Sie ist eine hübsche junge Frau und sie führt ihre Tiere zum Brunnen.	Rebekka-Figur zum Brunnen stellen

Schnell schöpft sie etwas Wasser aus dem Brunnen und reicht es dem Knecht. „Und Euren Tieren will ich auch gleich zu trinken geben, sie werden Durst haben.“ Wieder schöpft sie Wasser aus dem Brunnen und gießt es in die Tränke-Rinne.

Ein Tongefäß mit Wasser füllen und zum Brunnen stellen

Da steht der Knecht auf und holt die Geschenke und reicht sie Rebekka. „Nimm hin, schöne Tochter. Und ich bitte dich, führe mich zum Haus deiner Eltern, denn ich will bei ihnen zu Gast sein.“

Etwas Goldschmuck um Rebekka legen.

So kommt der Knecht in das Haus der Eltern und wird von ihnen willkommen geheißen.
Bevor sie alle mit dem gemeinsamen Essen beginnen können, erhebt sich der Knecht und erzählt von Abraham, der Gottesstimme und von seinem Auftrag. Er bittet um Rebekka, dass sie mitzieht und Isaak heiratet. Er schaut gespannt auf die Eltern.

Figuren sitzen im Kreis, die kleine Kerze in der Mitte

Goldschmuck zu den Eltern

Die schauen sich lange an und nicken. Dann schauen sie auf ihre Tochter und auch Rebekka nickt. „So soll es sein“, sagen sie.

Kerze zu Rebekka

Schon am nächsten Tag brechen der Knecht und Rebekka auf. Die übrigen Kamele und die Geschenke hat er zurückgelassen.
Sie reiten eine lange Strecke zurück. Schließlich kommen sie zu den Zelten des Abraham-Stammes. Sie sehen einen einzelnen Mann vor den Zelten, der zu ihnen blickt. Es ist Isaak. Da legt sich Rebekka einen Schleier vor das Gesicht (wie es üblich war) und reitet bis zu Isaak. Er nimmt sie bei der Hand und führt sie zu seinen Zelten.

Knecht und Rebekka gehen in der alten Spur zurück

Isaak und Rebekka stehen alleine und dicht beieinander

Der Knecht tritt zu Abraham: „Dein Gott hat mich einen weiten Weg geführt und er hat mir ein Zeichen gegeben, dass ich diese Frau zu Isaak führe. So soll nun alles geschehen, wie er versprochen hat.“
Und es wird ein großes Hochzeitsfest gefeiert.

Die Kerze dazustellen

Material

Sandkiste und Figuren, Goldschmuck, auch für die Kamele, kleiner Brunnen (z. B. aus Holzklötzen), Becher (aus Ton), kleine Kerze

Gut zu wissen

Diese Geschichte lebt von der ausschweifenden Erzählkunst der Nomaden, sie hat nicht die theologische Bedeutungsschwere der anderen Geschichten. Und doch dreht sich alles um die Verheißung Gottes, um die Zusage zahlreicher Nachkommen. Keine Mühe wird gescheut, die Verheißung möglich zu machen. So kommt diese Erzählung zu einem glücklichen Ende und wird weitergehen mit Jakob und Esau, den Kindern von Rebekka und Isaak.

Mögliche Themen der Kinder

Seltsame Bräuche: Brautsuche, Gotteszeichen, Bezahlung, Schleier – ein langer Ritt auf Kamelen – war das alles Gottes Plan? – kann ich von Gott ein Zeichen fordern? – haben sie nun viele Kinder bekommen? …

Praxisideen zur Vertiefung

JEMANDEM DAS WASSER REICHEN

Wir spielen eine Teilszene nach. Ein Kind/eine kleine Kindergruppe schlüpft in die Rolle des Knechtes (oder auch in die Rolle der begleitenden Kamele). Sie sind auf dem Weg durch die Wüste, schließlich kommen sie zu einem Brunnen (ein Eimer, mit einem dunklem Tuch verkleidet). Sie haben großen Durst, aber kein Gefäß, um Wasser zu schöpfen. Da erscheint Rebekka. Sie grüßt mit „Willkommen an meinem Brunnen!" und sie greift in den Brunnen, in dem ein Krug mit Wasser steht. Rebekka reicht jedem Kind einen Becher Wasser, der Durst wird gestillt.
Noch elementarer wird es, wenn das Wasser nicht in Bechern gereicht, sondern in die hohle Hand gegossen und daraus getrunken wird.

HOCHZEITSFEST

Ein leckeres Essen bereiten, es werden „orientalische" Speisen gereicht,
Rezepte aus einem Buch oder aus dem Internet.

Sprechgesang
(siehe auch bei „Die Geburt Isaaks")

1. Gruppe:	I -	sa -	ak	–	Re -	bek -	ka		–
2. Gruppe:			zusammen						zusammen
3. Gruppe:	GOTT	-	HAT	SEIN	WORT	GE-	HAL-	TEN	

Die Gruppen sprechen erst einzeln, dann 1 + 2, dann alle drei im Rhythmus.

jw

Esau und Jakob

Jakob und Esau – Ausgetrickst

Genesis / 1. Mose 25,19–34

Die Geschichte	Zur Gestaltung
„Ein Kind! Ein Kind! Isaak, wir bekommen ein Kind!" Rebekka strahlt vor Glück und läuft auf ihren Mann zu: „Isaak, ich habe es mir so gewünscht, und Gott hat mich erhört!" „Oh Rebekka, was für ein Geschenk! Ich freue mich so sehr!" Auch Isaaks Augen leuchten.	Sandkiste bereitstellen, die Figur von Isaak hineinstellen Figur von Rebekka neben Isaak stellen
Bald merken sie: Es sind zwei Kinder! Rebekka und Isaak bekommen Zwillinge!	
Das erste Baby kommt auf die Welt. Es hat viele rötliche Haare. „Es ist ein Junge! Er soll Esau heißen, weil das ‚rot' bedeutet!" Gleich darauf kommt der zweite kleine Junge auf die Welt. Es sieht aus, als ob er den Fuß seines Bruders in der Hand hält. Rebekka denkt: „Ob die beiden sich gut verstehen werden? Es sieht so aus, als würden sie sich schon bei der Geburt streiten!" Ihren zweiten Sohn nennen sie Jakob.	Kinderfigur von Esau zu den Eltern stellen Kinderfigur von Jakob dazustellen Jakob ganz dicht neben Esau stellen
Die Kinder werden größer. Sie sind sehr verschieden. Jakob kann gut auf die Tiere aufpassen. Er weiß, was zu tun ist, wenn es einem Schaf schlecht geht. Überhaupt ist er viel bei den Zelten. Auf die Jagd geht er nicht gerne mit. Lieber lernt er bei seiner Mutter kochen. Damals kommt es selten vor, dass ein Junge gern am Feuer sitzt und kocht.	Jakob etwas beiseitestellen
Esau dagegen liebt es, mit seinem Vater unterwegs zu sein und Tiere zu jagen. Er ist ein guter Jäger.	Esau etwas beiseitestellen
Eines Tages kommt Esau zu seinem Bruder und haut ihm auf die Schulter: „Los, komm, Jakob, wir gehen auf die Jagd. Oder traust du dich nicht, Kleiner?" Jakob schnauft: „Nenn mich nicht immer ‚Kleiner!'" Wütend ist er. Immer spielt sich Esau als der Große auf, nur weil er ein ganz kleines bisschen früher auf die Welt gekommen ist. Jakob brummt: „Geh allein, ich bleibe bei den Zelten und hüte die Schafe."	Ein kleines Stück goldenes Tuch auf einen Bauklotz legen und Esau daraufstellen, sodass er etwas erhöht ist

Esau zuckt mit den Schultern: „Dann eben nicht, Kleiner.“ Jakob sieht ihm nach und tritt ärgerlich gegen einen Stein. Es ist unfair: Nur der Älteste bekommt später alles vom Vater vererbt. Vor allem den Segen des Erstgeborenen. Damit ist man so etwas wie der Nachfolger des Vaters und besonders dicht an Gott dran. Warum Esau, warum nicht auch Jakob?

Esau mit Bauklotz und goldenem Tuch neben Jakob stellen

Die Sonne steht schon ziemlich tief, als Esau von der Jagd zurückkommt. „Bin ich hungrig. Hm, es riecht gut hier. Jakob, was hast du gekocht?“ „Ich habe ein Linsengericht gekocht.“ „Hm, lecker! Füll mir schnell etwas davon auf, ich habe Hunger!“ Esau hält seine leere Schüssel hin. Jakob grinst ihn an und sagt: „Du musst mir etwas dafür geben.“ Esau ist es egal: „Sag schon, was du willst, Hauptsache, ich bekomme etwas zu essen. Schnell jetzt!“
Jakob denkt: So hungrig, wie der ist, kann ich ihn austricksen. Er merkt nichts! „Du, Esau, bekommst so viel von den roten Linsen, wie du möchtest. Und ich bekomme dafür dein Recht des Erstgeborenen!“ „Ach, ist mir egal, du kannst es bekommen. Und jetzt gib mir zu essen. Ich sterbe vor Hunger!“ Jakob füllt Esaus Schüssel. Randvoll macht er sie.

Das goldene Tuch unter Esau wegnehmen und Jakob daraufstellen

Esau verschlingt sein Essen. Jakob lacht still in sich hinein: „Ha! Jetzt ist es so, als ob ich der Älteste bin!“

Die Sandkiste stehen lassen für die Kinder, die weiter zu der Geschichte spielen wollen

Material

Die Sandkiste, zwei etwas größere Figuren für Isaak und Rebekka, zwei etwas kleinere für Jakob und Esau, einen Bauklotz oder eine andere Erhöhung, ein kleines Stück goldenen Stoff

Gut zu wissen

Im Mittelpunkt steht Gottes Versprechen: Gott verheißt den Menschen seines Volkes eine große Zukunft: viele Nachkommen und Wohlergehen.
Aber die Geschichten haben von Anfang an mit Konflikten zu tun. Jakob wird als listig beschrieben. Hinter dem Streit der beiden Brüder steht die Konkurrenz um die Zuwendung Gottes. Vielleicht spiegeln sich hier historische Streitigkeiten zwischen den Nach-

barvölkern Israel (Jakob) und Edom (Esau) wieder. Oder eine Erinnerung an die wirtschaftliche Besserstellung der Hirten über die Jäger scheint durch.
Was sagt eigentlich Gott zu dem Verhalten von Jakob? Diese Frage beantwortet die Geschichte nicht.

Mögliche Themen der Kinder

Geschwister zu bekommen ist etwas Wunderbares – ich streite mich mit meinen Geschwistern – wer ist das Lieblingskind der Eltern? – meine Eltern scheinen meine Schwester/meinen Bruder mehr zu lieben als mich – ich bin ein Papa-Kind, ich bin ein Mama-Kind – der andere kann mehr als ich – manchmal muss man den anderen austricksen – ich will das Beste für mich bekommen – immer bin ich nur Zweiter/Verlierer/der oder die Kleinere – nachgeben wird oft als Schwäche verstanden – es kann sein, dass Gott etwas mit uns vorhat …

Praxisideen zur Vertiefung

Ein Linsengericht kochen

Zutaten: (4 Pers.) 2 Zwiebeln – 2 Karotten – ¼ Sellerieknolle – 2 EL Olivenöl – ½ TL gemahlener schwarzer Kümmel – ½ TL gemahlener Koriander
250 g rote Linsen – 900 ml kräftige Brühe – Salz – schwarzer Pfeffer – Essig
Petersilie zum Bestreuen
Zubereitung: Zwiebeln hacken, Karotten und Sellerie in feine Würfelchen schneiden, alles im Olivenöl mit Kümmel und Koriander unter Rühren anbraten, bis die Zwiebeln glasig sind. Zwei- oder besser sogar dreimal mit etwas Wasser ablöschen und wieder völlig einkochen lassen, so wird der Fond aromatischer. Die Linsen und die Brühe dazugeben, gut unterrühren und langsam zum Kochen bringen. Zugedeckt auf mittlerer Hitze 25–30 Minuten kochen, bis die Linsen weich sind. Dabei einige Male durchrühren. Mit Salz, Pfeffer und einem Schuss Essig pikant abschmecken, anrichten und mit Petersilie oder Koriander bestreuen.

Was kann ich gut?

Jedes Kind hat andere Stärken – und das ist gut so. Miteinander wird in freundlicher Atmosphäre überlegt, was jedes Kind besonders gut kann. Die Kinder entscheiden selbst, welche Fähigkeit sie an sich besonders schön finden. Aus dieser Fähigkeit wird dann ein Adjektiv gebildet, das mit demselben Buchstaben wie der Name des Kindes beginnt, und jedem Kind als Beinamen gegeben: der sanfte Sascha, die sausende Sarah, der bauende Ben, die balancierende Bianca …

mlp

Jakob und Isaak – Segen für den Falschen?

Genesis / 1. Mose 27,1–45

Die Geschichte	Zur Gestaltung
Isaak, der Vater von Jakob und Esau, ist alt geworden. Er fühlt: „Bald werde ich sterben. Es ist Zeit, den Segen Gottes an meinen ältesten Sohn Esau weiterzugeben." In diesem Segen liegt Kraft für die Zukunft.	Die Sandkiste bereitstellen, Isaak hineinstellen, neben ihn das goldene Tuch legen
„Esau, komm her!" Esau betritt das Zelt seines alten Vaters. Der kann nicht mehr gut sehen, erkennt Esau aber an seiner Stimme. „Esau, gehe auf die Jagd und mache mir einen Wildbraten. Wir beide essen zusammen, dann werde ich dich segnen."	Esau dazustellen, aber neben das goldene Tuch
„Ja, Vater, wie du es willst, werde ich es machen."	Esau an den Rand der Sandkiste stellen
Hinter dem Zelt von Isaak steht Rebekka, die Mutter von Jakob und Esau. Sie hört, was die beiden besprechen. Schnell läuft sie zu Jakob, ihrem Lieblingssohn. „Jakob! Dein Vater hat Esau losgeschickt, um ein Wild zu jagen und es ihm zuzubereiten. Er will Esau den Segen des Erstgeborenen geben. Schnell, hol zwei junge Ziegenböcke von der Weide, die will ich braten. Dann gehst du in das Zelt zu Isaak, bevor Esau zurück ist. Dein Vater soll *dich* segnen, nicht Esau." Jakob bleibt stehen. Soll er solch einen Betrug begehen? „Der Vater wird es merken", wendet Jakob ein. Seine Mutter streicht ihm übers Haar und sagt: „Lass nur, ich kümmere mich darum. Und jetzt schnell!" Jakob bringt Rebekka zwei kleine Ziegenböcke. Ein leckeres Essen entsteht. Rebekka gibt Jakob Esaus Festkleider: „Zieh sie an. Dann riechst du wie Esau!" Sie bindet ihm auch die Felle der beiden Ziegen um seine Arme. „Wenn dein Vater dich berührt und die Felle spürt, wird er denken, dass es Esaus behaarte Arme sind."	Rebekka ebenfalls an den Rand der Sandkiste, aber mit Abstand zu Esau hinstellen Jakob zu Rebekka stellen
Mit Fleisch und Brot geht Jakob zu Isaak ins Zelt. „Mein Vater!"	Jakob zu Isaak auf das goldene Tuch stellen

„Wer bist du, mein Sohn?“
„Ich … ich bin … Esau, dein Ältester!“
„Ja? So schnell bist du zurück? Deine Stimme klingt … nach Jakob.“
Nun kommt´s heraus!, denkt Jakob und bekommt Angst. Er hört Isaak sagen: „Komm her, damit ich dich berühren und fühlen kann.“

Jakob an Isaak heranstellen

Langsam tritt Jakob an Isaak heran. Isaak nimmt Jakobs Arme zwischen seine Hände und betastet sie: fellig-behaart fühlen sie sich an. „Nun spüre ich, dass du Esau bist. Komm her, iss mit mir und lass dir den Segen geben!“ Jakob setzt sich zu seinem Vater. Der isst von dem leckeren Essen.

Jakob ganz dicht neben Isaak stellen

Dann sagt Isaak: „Komm her, Esau. Ich will dir den Segen geben.“ Er erhebt seine Hände und segnet seinen Sohn. „Der Segen Gottes soll dich und deine Familie immer begleiten. Du wirst der Anführer von allen deinen Verwandten werden!“ Ganz schnell verlässt Jakob das Zelt.

Eine Handvoll goldene Sterne über Jakob rieseln lassen

Jakob zusammen mit dem goldenen Tuch zu Rebekka an den Rand der Sandkiste stellen

Esau zu Isaak stellen

Kurz darauf kommt Esau von der Jagd und bereitet das Essen vor. Stolz trägt er es in das Zelt Isaaks. „Mein Vater, hier bringe ich dir leckeres Essen. Iss davon und segne mich dann!“
„Was?“, ruft Isaak aus. „Wer bist du?
„Ich bin Esau, dein Ältester.“ „Wenn du Esau bist, wer war dann vor dir hier? Wen habe ich eben gesegnet?“
Esau schreit auf. „Jakob! Oh, dieser Betrüger! Schon wieder hat er mich überlistet! Wenn ich den erwische … Segne mich auch, Vater!“
„Das geht nicht, mein Sohn. Ich habe Jakob gesegnet, und der Segen bleibt bei ihm. Ich habe ihn sogar zum Anführer über dich gemacht.“
„Oh nein! Ist denn gar kein Segen mehr für mich übrig?“
Isaak antwortet: „Ich kann dir nicht den gleichen Segen geben. Aber auch dich will ich segnen. Du wirst es schwerer haben im Leben als Jakob. Aber eines Tages wirst du frei sein von dem, was dich bedrückt.“

Einen einzelnen goldenen Stern auf Esau fallen lassen

Als Esau das Zelt Isaaks verlässt, ist er schrecklich zornig auf Jakob: „Wenn mein Vater gestorben ist, dann bring ich ihn um!“, stößt er aus. Als Rebekka davon hört, sagt sie zu Jakob: „Schnell, Jakob, du musst fliehen.	Esau wieder an den Sandkistenrand stellen
Dein Bruder ist wütend, er wird dir etwas antun. Flüchte zu meinem Bruder, deinem Onkel Laban. Dort kannst du bleiben, bis Esau sich beruhigt hat und keine Gefahr mehr droht.“	Jakob zusammen mit dem goldenen Tuch aus der Szene wegnehmen
Schnell packt Jakob das Nötigste zusammen. Dann läuft er davon.	Die Sandkiste stehen lassen für die Kinder, die weiter zu der Geschichte spielen wollen

Material

Die Sandkiste, zwei etwas größere Figuren für Isaak und Rebekka, zwei etwas kleinere für Jakob und Esau, ein kleines Stück goldenen Stoff, eine Handvoll goldene Sterne z. B. aus Metallfolie und ein einzelner goldener Stern

Gut zu wissen

Üblicherweise bekam der Erstgeborene mit dem Segen den gesamten Besitz als Erbe. Rebekka, die Mutter, wehrt sich hier gegen die Benachteiligung ihres Lieblingssohnes, indem sie den Segen des Vaters für den Zweitgeborenen erschleicht, was zur Mordabsicht des Hintergangenen führt.

Zur Eigenart dieses Segens gehört es damals, dass er nur einmal gegeben und nicht zurückgenommen werden kann. In ihm wurde die Verheißung, der Bund mit Gott, weitergegeben. Er kann als eine Art Lebenskraft verstanden werden, die von dem, der auf den Tod zugeht, auf den Erben übertragen wird.

Und dennoch erhält auch der andere einen Segen, wenn auch einen „kleineren“. Offensichtlich reicht der Segen über den Kreis des Erwählten hinaus.

Mögliche Themen der Kinder

Ich möchte, dass meine Eltern mich am meisten lieben – ich muss mich um die Liebe der Eltern bemühen – manchmal denke ich nur an mich selbst und bin unfair zu anderen – ich werde betrogen – meine Pläne verlaufen anders, als gedacht – ich bin so wütend! – ich will Rache! – das Leben ist nicht immer fair – kann Gott das wirklich so wollen? – wie fühlt es sich an, Segen zu erhalten? – warum bekommt einer mehr Segen als der andere? …

Praxisideen zur Vertiefung

WENN ICH JAKOB WÄRE, DANN ...

Die Erzählung wird ein weiteres Mal gelesen und an einigen Stellen unterbrochen. In der Pause vervollständigen die Kinder den Satz: „Wenn ich Jakob wäre, dann ...“ bzw. „Wenn ich Esau wäre, dann ...“

Was sagt:

- Jakob, als er hört, dass Esau den Segen bekommen soll?
- Jakob, als er mit dem Essen in das Zelt seines Vaters tritt?
- Esau, als er nach Jakob in das Zelt seines Vaters kommt?
- Esau, als er wieder aus dem Zelt herauskommt?
- Jakob zu Rebekka, als er flieht?

SEGEN GEBEN

Segen meint: Gott wünscht dir alles Gute und begleitet dich. Jeder Mensch kann Gottes Segen weitergeben. Im Gespräch wird darüber nachgedacht, was Segen ist, wie sich Segen anfühlt, woran ich merke, dass ich gesegnet bin.

Mit den Kindern wird überlegt, wie der Segen Gottes weitergegeben werden kann: Hand auflegen – umarmen – Hand auf die Schulter – Hand auf die Rückenmitte legen – im Kreis – im Gegenüber von zwei Personen – durch Drücken der Hände – mit einem in die Hand gezeichneten Kreuz – ...? Was tut gut?

Die Kinder probieren miteinander verschiedene Segensgesten aus und überlegen, welche sie zum Ritual in ihrer Gruppe werden lassen möchten.

mlp

Jakobs Traum – Die Leiter in den Himmel

Genesis / 1. Mose 28,10–22

Die Geschichte	Zur Gestaltung
	Ein großes Tuch in die Mitte legen und es klein zusammenraffen, sodass es keine große Fläche einnimmt, sich aber später zu zwei Seiten hin auseinanderziehen lässt zu einer großen Fläche Die Figur von Jakob auf das Tuch stellen
„Was war das? Ein Traum?“ Jakob richtet sich auf. Er reibt sich die Augen. Gestern Abend hat er hier sein Lager aufgeschlagen. Einen großen Stein hat er zu seinem Kopf gelegt. Jetzt schaut er den Stein an und denkt über das nach, was er im Traum gesehen hat:	Den großen Stein herumgehen lassen, alle nehmen ihn nacheinander in die Hand, anschließend den Stein auf das Tuch legen
Eine Leiter – bis in den Himmel reichte sie! Und viele Engel! Sie stiegen die Leiter herauf und herunter. Eine Verbindung zu Gott! Und das Tollste: Gott hat zu mir gesprochen!	Die Kinder legen alle ein Stück einer Leiter, das sie vorher aus Stöcken gebunden haben, in die Mitte, etwas entfernt von dem Tuch, sodass eine sehr lange Leiter entsteht
„Ich bin der Gott deines Großvaters Abrahams und deines Vaters Isaak.“ So hat Gott sich mir vorgestellt.	Klangschale
„Du wirst eine große Familie bekommen, ihr werdet ein sehr großes Volk werden. So viele Menschen werden zu dir gehören, wie es Staubkörner gibt. Ich gebe euch dieses Land hier. Und ich will dich behüten. Niemals werde ich dich verlassen.“	Das zusammengeschobene Tuch auseinanderziehen, sodass eine große Fläche entsteht
Jakob kann es kaum glauben. Das hat Gott mir versprochen! Dieses ist ein besonderer Ort, an dem ich Gott begegnen darf. Ob ich mich fürchten muss? Ich glaube, es ist ein heiliger Ort. Alle, die hier vorbeikommen, sollen es wissen: Hier ist ein Haus Gottes! Das heißt in der Sprache Jakobs: Beth-el.	Kerze auf das Tuch stellen und anzünden

Jakob nimmt den Stein von seinem Schlafplatz in die Hände und stellt ihn auf. Oben auf den Stein gießt er Öl. Dieses zeigt: Hier ist ein Ort Gottes. „Später", verspricht Jakob, „später, Gott, wenn du mich auf dem ganzen Weg beschützt und mich versorgst, dann komme ich zurück. Und dann baue ich hier ein richtiges Gotteshaus." Jakob zieht weiter. Auf zu seinem Onkel Laban!	Stein aufrecht hinstellen und etwas Öl auf die Oberfläche gießen und mit dem Finger verstreichen

Material

Ein großes Tuch, Jakob-Figur, ein großer Stein, den man aufrichten kann, Klangschale, eine Kerze, etwas Olivenöl, für jedes Kind ein gebasteltes Leiterstück, dazu vorbereiten: Die Kinder sammeln Stöcke und binden oder kleben daraus eine kleines Stück Leiter – drei Sprossen reichen.

Gut zu wissen

Die „Himmelsleiter" kann als Verbindung zu Gott verstanden werden – damals war der Gedanke nicht selbstverständlich, jederzeit und an jedem Ort mit Gott in Kontakt zu kommen. Jakob erfährt in seinem Traum, dass Gott da ist. Nicht nur fern im Himmel, sondern spürbar hier, mitten in der greifbaren Welt. Engel als Hinweisende auf Gott zeigen, dass der Weg zu Gott frei und begehbar ist.
Jakob macht es sichtbar, indem er den Stein, den er am Abend neben seinen Kopf gelegt hatte, aufrichtet.
Der Ort ist heilig im Sinne von „Gott ist anwesend". Mit Öl begossen und mit dem Namen Beth-el, Haus Gottes, versehen, wird dieser Ort der Anwesenheit Gottes kenntlich gemacht. Der Stein ist nicht als Sitz Gottes gedacht, sondern es soll ein Heiligtum entstehen, an dem Gott verehrt wird.

Mögliche Themen der Kinder

Ich habe Gott erlebt – ein Traum fesselt mich – jemand verspricht mir Wunderbares – zu Gott kann ich jederzeit kommen – beten tut gut – wie ich mir einen Ort der Begegnung mit Gott vorstelle – ich will auch gesegnet werden …

Praxisideen zur Vertiefung

Öl auf einen Stein

Jedes Kind erhält einen Stein. In der Mitte steht eine Schale mit Olivenöl. Alle dürfen einen Finger in das Öl tauchen und damit den eigenen Stein ölen. Er sieht schön aus! An welchem guten Ort werden die Steine hingelegt?

Eine Leiter zu Gott

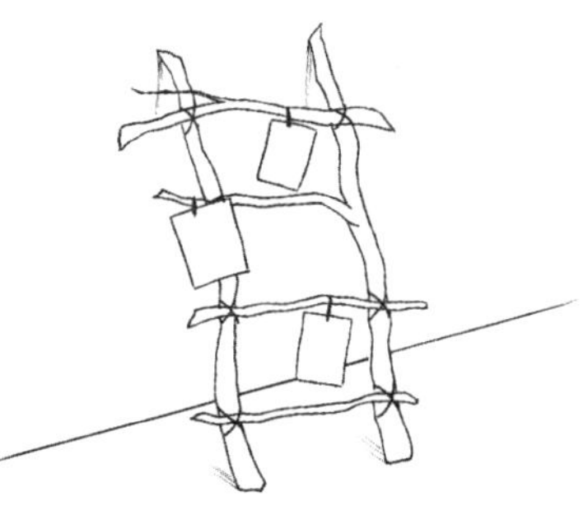

Jakob erlebt im Traum, dass Himmel und Erde durch eine Leiter verbunden sind, auf der Engel unterwegs sind. Manchmal eröffnen Engel einen Weg zu Gott. In einem Gespräch können die Kinder darüber nachdenken, wer Engel eigentlich sind. Manchmal können Menschen zu Engeln werden. Wer wurde für sie schon einmal „zum Engel"?
Die Kinder malen ihre „Engel-Erlebnisse" auf ein Blatt Papier. Aus Ästen wird eine große Leiter gebunden. An die Sprossen werden die Bilder gehängt. Die Leiter wird zum „Ausstellungsort" für die Bilder der Kinder

Einen An-Gott-denken-Tisch bauen

Jakob war so froh darüber, Gott getroffen zu haben, dass er dort einen Altartisch baute. Wie sieht so ein Tisch für die Kinder aus? Die Kinder bauen zusammen einen Altar, einen Gedenkstein oder einen Tisch, der dabei hilft, über Gott nachzudenken und zu Gott zu beten. Sie überlegen und tragen zusammen, was ihnen wichtig ist. Was soll auf dem Tisch liegen? Wie voll soll der Tisch sein? Was gehört unbedingt dazu? Wie einigen wir uns, wenn wir Unterschiedliches wünschen? Dieser Tisch kann immer wieder miteinander aufgebaut werden, wenn eine biblische Geschichte erzählt wird.

mlp

Jakobs Kampf – Segen und Versöhnung mit Esau

Genesis / 1. Mose 29,1–30 + 31,1–21 + 32,2–33,20

Die Geschichte	Zur Gestaltung
	Die Sandkiste bereitstellen Jakob hineinstellen
Jakob kommt zu Laban. Sein Onkel nimmt ihn freundlich auf. Jakob bleibt gerne. Eine lange Zeit lebt er dort. Er arbeitet für seinen Onkel. Tiere hüten kann er schon immer gut.	
Jakob ist verliebt in Rahel, die Tochter von Laban. Aber er muss lange für seinen Onkel arbeiten, damit er sie heiraten darf.	Rahel hochhalten, aber zunächst unsichtbar zur Seite stellen
Und dann trickst ihn sein Onkel aus: Nicht Rahel wird seine Frau, sondern ihre ältere Schwester Lea. Jetzt muss Jakob noch einmal sehr lange für Laban arbeiten.	Figur von Lea dazustellen
Dann erst ist es soweit: Jakob heiratet auch noch Rahel (das gab es damals, dass ein Mann mit mehreren Frauen verheiratet war).	Figur von Rahel dazustellen
Zusammen bekommen sie viele Kinder.	Einige goldenen Sterne streuen
Jakob besitzt inzwischen selbst viele eigene Schafe und Ziegen. Sein Onkel und dessen Söhne vertragen sich nicht mehr gut mit ihm. Eines Tages hört Jakob Gott zu ihm sprechen: „Jakob, zieh wieder zurück nach Hause. Ich werde weiter auf dich aufpassen."	Klangschale
Jakob bespricht es mit Rahel und Lea. „Sollen wir zusammen von hier wegziehen? Dorthin, wo ich herkomme?" Rahel und Lea sagen: „Lass uns tun, was Gott zu dir gesagt hat!"	
Dann geht es los. Schafe blöken, die Hirten treiben die Ziegen voran. Die Kinder steigen auf Kamele, die Frauen auch. Jakob ist aufgeregt: „Jetzt treffe ich meinen Bruder	Die Figuren werden nach und nach ein Stück weiter gesetzt

Esau wieder. Ob er wohl immer noch zornig ist? Ich freue mich auf ihn. Aber ich habe auch Angst."
Jakob läuft mit großen Schritten neben seinen Tieren her. „Was kann ich tun, damit wir Frieden schließen? Ich werde ihm Schafe und Ziegen von meinen Herden abgeben. Dann ist es so, als ob ich ihm etwas von dem Segen von damals zurückgebe, den ich bekommen habe und nicht er."
Jakob schickt einige Menschen mit Tieren zu Esau.

Dann sucht er einen Rastplatz für alle. Sie machen ein Lager an einem Fluss, der Jabbok heißt. Hier bleiben sie über Nacht.

Ein schmales blaues Tuch als Fluss in die Sandkiste legen

In aller Frühe brechen sie wieder auf. Es ist noch dunkel. Alle ziehen durch den Fluss hindurch. Nur Jakob bleibt noch auf der anderen Seite.

Alle Figuren bis auf Jakob langsam und nacheinander über den Fluss setzen

Da – was ist das? Da ist einer! Groß und dunkel steht jemand vor ihm! Wer kann das sein? Jakob bekommt Angst.

Ein graues Chiffontuch zusammengeknüllt vor Jakob legen

Da – der Fremde greift ihn an. Sie kämpfen.
Jakob keucht. „Wer bist du? Bist du ein Mensch? Oder kämpfe ich mit Gott?"
Keine Antwort.

Das Tuch über Jakob legen

Sie ringen. Lange. Jakob spürt einen Schlag auf seine Hüfte.
Aber auch nach langem Kampf kann der Fremde Jakob nicht besiegen.
Es wird schon hell. Jakob ruft: „Ich lass dich erst los, wenn du mich segnest!" Segen? Hier, mitten im Kampf? Und doch: Der Fremde segnet ihn. Jakob hört: „Ab heute heißt du Israel!" Das bedeutet Gottesstreiter.
Dann ist der Fremde verschwunden.

Das graue Tuch wegnehmen, das goldene Tuch um Jakob legen

„Also war es doch Gott, mit dem ich gekämpft habe?"

Als er nun über den Fluss geht, tut ihm die Hüfte weh. Er hinkt. Sie ziehen weiter. Gleich wird Jakob seinen Bruder treffen. Was wird passieren? Auf einmal weiß Jakob: „Ich muss keine Angst haben vor meinem Bruder. Heute Nacht im Kampf, da habe ich etwas besiegt. Gott hat mir geholfen. Etwas von meiner Angst ist kleiner geworden. Ich will Frieden mit Esau. Egal, was Esau vorhat."	Jakob zu den anderen stellen
Da – Esau kommt auf ihn zu. Mit ihm sind sehr viele Menschen, alle gehören zu ihm. Und ganz vorne steht Esau, sein Zwillingsbruder.	Esau in einiger Entfernung von Jakob und den anderen Figuren hinstellen
Jakob hört Esau laut rufen: „Mein Bruder!" Esau läuft Jakob entgegen und nimmt ihn in die Arme. Und auch Jakob umarmt Esau.	Die beiden Figuren aufeinander zubewegen und dicht nebeneinanderstellen
„Esau, sei mir nicht mehr böse!" Aber Esau lacht und drückt seinen Bruder ganz fest.	Das goldene Tuch von Jakob um beide Figuren legen
Eine Weile bleiben sie zusammen. Esau sagt: „Ab jetzt wohnst du bei mir, Jakob! Wo wir uns gerade versöhnt haben."	
„Ach, Esau, das wird nicht gut gehen mit uns beiden." Jakob zieht mit seiner großen Familie und vielen Tieren weiter.	Esau bleibt stehen, Jakob zusammen mit dem goldenen Tuch und die anderen Figuren ziehen weiter

Material

Die Sandkiste, Figuren für Jakob, Rahel, Lea, andere Personen aus der Familie, Esau, goldene Sterne z. B. aus Metallfolie, Klangschale, ein schmales blaues Tuch, ein graues Chiffontuch, ein kleines goldenes Tuch

Gut zu wissen

Vor der Begegnung der Zwillingsbrüder ereignet sich eine unheimliche Szene: ein Kampf mit einem Fremden. Es bleibt offen, wer der Fremde ist. Ein Flussdämon, dessen Macht in der Helligkeit abnimmt? Oder trifft Jakob hier auf die dunkle Seite Gottes? Steckt in der Geschichte das Wissen, dass Gott immer größer, anders, fremder ist, als wir es uns vorstellen können? Dass Gott nicht „harmlos" ist?
Jakob kommt nicht unverletzt aus diesem Kampf, geht aber mit der Erfahrung heraus, gesegnet zu sein. Kann Segen eingefordert werden?

Mit der Verleihung des neuen Namens Israel wird Jakob zum Stammvater des Volkes Israel, das in besonderer Nähe zu Gott steht.
Mit dem Segen versehen, kann sich Jakob den Anforderungen des Lebens stellen: der Begegnung mit dem erzürnten Bruder, Versöhnung der Zwillingsbrüder wird möglich. Interessanterweise wird jetzt der eigentlich Gesegnete zum Bittsteller des damals Übergangenen – die Verhältnisse lösen sich auf, das Privileg des Erstgeborenensegens hat seine Wirkung verloren.

Mögliche Themen der Kinder

Manchmal begegnet mir etwas, das ich nicht verstehe, und plötzlich bin ich mitten drin – ich kämpfe, ohne es zu wollen – ich weiß hier echt nicht, worum es gerade geht – manchmal macht Kämpfen Spaß – ich möchte, dass Gott etwas für mich macht – mir gelingt etwas, und plötzlich wird die Angst weniger – Versöhnung ist schön …

Praxisideen zur Vertiefung

Luftballon-Kampf

Jeweils zwei Kinder kämpfen mit aufgeblasenen Luftballons gegeneinander – oder miteinander. Im anschließenden Gespräch kann besprochen werden: Wie hat es sich angefühlt? Wie ging es mir dabei? Was hätte ich mir gewünscht? Was würde ich beim nächsten Mal anders machen?

Müllskulptur „Am Jabbok“

Kinder bauen aus überflüssigen Gegenständen, Verpackungsmaterialien, Pappen usw. eine Skulptur: der Fremde, der sich Jakob in den Weg stellt und mit ihm kämpft. Wie sieht er aus? Wie groß? Wie bedrohlich?
Wenn die Skulptur fertig ist, wird noch einmal die Erzählung von Jakobs Kampf gelesen. Wie könnte anschließend an der Skulptur sichtbar gemacht werden, dass Jakob als Sieger hervorging? Wie möchten die Kinder die Skulptur verändern? (z. B. mit einem Tuch verhüllen? Oder etwas von der Skulptur wegnehmen, das an alle Kinder weitergegeben wird? Der Skulptur eine andere Farbe geben? Oder …?)

Begegnung zwischen Jakob und Esau auf dem Papier

Zwei Kinder teilen sich ein großes Blatt Papier. Das eine ist Esau und erhält große rote Seidenpapierbögen, das andere ist Jakob und erhält blaue. Beide haben je einen Klebestift. Jakob ist zuerst dran: er reißt ein Stück von dem blauen Seidenpapier ab und klebt es in eine Ecke des Papierbogens. Dann ist Esau an der Reihe, reißt ein Stück rotes Seidenpapier ab und klebt es in die gegenüberliegende Ecke. Dann wieder reißt Jakob ein blaues Stück ab und klebt es an das erste blaue Stück an. Dann Esau ein rotes. Schweigend bewegen sich die Kinder auf dem Papier mit unterschiedlich großen Schnipseln aufeinander zu. Die Begegnung zwischen den Brüdern entsteht sichtbar auf dem Papier. Wie sieht es aus, wenn die beiden Farben aufeinandertreffen? Anschließend erzählen die Kinder, was sie gut, was sie anstrengend, was sie neu fanden.

mlp

Geschichten von Mose

Mose im Binsenkorb – Rettung am Wasser

Exodus / 2. Mose 1,22 – 2,10

Die Geschichte	Zur Gestaltung
Das Land Ägypten – trockenes Land, viel Wüste, Sand und Steine.	Sandkiste in die Mitte stellen (Beschreibung bei „Abraham")
Und mittendrin ein großer Fluss. Wasser, Wasser! Am Flussufer wachsen Schilf und Binsen. Auch Getreide und Gemüse. Wie gut, dass der Fluss da ist.	Ein schmales blaues Tuch quer über die Sandfläche legen, am Rand des blauen Tuches wird mit grünen Tüchern das Schilf angedeutet
Es könnte den Menschen doch so gut gehen in Ägypten. Doch da war das Gottesvolk, das „Volk der Hebräer". Sie waren Sklaven, für sie war das Leben hart und grausam.	Ein paar Steine in den Fluss legen
Denn der Pharao, der König von Ägypten, hatte ein Gesetz befohlen: „In meinem Land leben viele Ägypter – das ist gut so. Aber es leben auch viele vom Volk der Hebräer. Sie sind unsere Sklaven, sie arbeiten für uns. Doch es werden immer mehr. Zu viele Kinder. Deswegen befehle ich: Alle neugeborenen Jungen sollen getötet werden." Ein schlimmes Gesetz!	Weitere Steine in den Fluss legen
In einer Hütte im Sklavendorf sitzt eine Frau. Vor ihr liegt ein neugeborenes Baby, ein Junge. Die Frau weint: „Bald kommen die Soldaten des Pharao und töten mein Kind. Nein, nein! Das darf doch nicht geschehen."	Mit einem Seil einen Kreis in den Sand legen und damit die Sklavenhütte andeuten Eine Figur in den Kreis stellen, eine ganz kleine Babyfigur dazulegen
Die Frau geht zum Fluss. Sie pflückt Schilf und Binsen. In ihrer Hütte baut sie daraus ein kleines Körbchen. Sie taucht das Körbchen in heißes Pech – dadurch wird es wasserfest und kann schwimmen.	Ein oder zwei grüne Tücher nehmen und daraus einen „Korb" bauen,
Sie legt ihr Baby hinein.	die Babyfigur hineinlegen
Dann ruft die Frau ihre Tochter, sie heißt Mirjam. „Lauf zum Fluss und verstecke den Korb im Schilf! Dort wer-	Den Korb in die Tücher am Fluss stellen, leicht „versteckt"

den die Soldaten nicht suchen. Gott möge unser kleines Baby beschützen."
Und das Mädchen Mirjam läuft los und versteckt den Korb mit ihrem kleinen Bruder im Schilf am Fluss.
„Gott möge dich beschützen, kleiner Bruder!

Eine Segensgeste über dem Korb machen

Auch Mirjam versteckt sich in der Nähe. Sie will aufpassen. Hoffentlich kommt keiner der Leute des Pharao und findet das Baby. Hoffentlich kommt kein Krokodil und frisst es.
Doch – da kommen Leute. Eine Gruppe vornehmer junger Frauen. Die Tochter des Pharao ist dabei. Sie lachen und kichern.

Weitere Figuren an anderer Stelle am Fluss aufstellen

Genau in diesem Augenblick wacht das Baby auf. Es fängt an zu weinen, bald schreit es ganz laut. Mirjam schlägt die Hände vor ihr Gesicht.
Die Frauen hören das Geschrei. Eine holt den Korb aus dem Schilf. Und dann stehen alle um das weinende Baby herum:

Den Korb zu den anderen Figuren stellen

„Schau nur, wie es weint. Es hat Hunger."
„Es ist eins von den Leuten der Hebräer."
„Es ist so süß! Kann ihm denn niemand Milch zu trinken geben?"
Da springt Mirjam auf aus ihrem Versteck und läuft zu den Frauen. Sie verbeugt sich tief: „Ich weiß von einer Frau, die dem Kind zu trinken geben kann. Soll ich sie holen?"

Mirjam-Figur läuft durch den Sand (und hinterlässt Spuren)

– zu den Frauen

Die anderen Frauen nicken.
Mirjam läuft und holt ihre Mutter. Beide kommen zurück zum Fluss. Die Mutter sieht ihr weinendes Baby und nimmt es auf den Arm und legt es an ihre Brust. Da kann das Baby Milch trinken. Es schreit nicht mehr. Es trinkt ganz zufrieden.

– zur Sklavenhütte

– wieder zum Fluss (zusammen mit der Mutter)

Die anderen Frauen lächeln: „Wie schön! Wie süß! So ein liebes Kind!"
Da sagt die Tochter des Pharao: „Das Kind soll am Leben bleiben. Ich will es aufnehmen und im Königspalast erziehen wie ein eigenes Kind."

Alle Figuren im Kreis um das Baby

Jetzt rufen alle: „Ja, ja, so soll es sein. Das Baby soll leben!“ So wird das kleine Kind gerettet vom grausamen Befehl des Pharao. Es wächst auf am Königspalast und wird „Mose“ genannt, das heißt „Er ist aus dem Wasser gezogen“.	
Später wird Mose ein berühmter Mann. Doch das steht in den nächsten Geschichten.	Eine brennende Kerze dazustellen

Material

Sandkiste und Figuren (es können die gleiche Kiste und auch ähnliche Figuren genommen werden wie zu den Geschichten von Abraham oder von Jakob und Esau), Steine, ein schmales blaues und mehrere grüne Tücher, auch eine Kind- und eine Baby-Figur, kurzes Seil, Kerze

Gut zu wissen

Das ehemals freie Volk der Hebräer war aus eigenen Stücken nach Ägypten gekommen, aber im Laufe der Zeit immer stärker unterdrückt und zu Sklavendiensten gezwungen worden. Der Befehl des Pharao ist der vorläufige Höhepunkt der Unterdrückung. Mit ihm setzt aber auch der Widerstand und die Befreiungsgeschichte des Mose ein.

Viele Kindheitsgeschichten der Bibel sprechen von großer Gefahr, aus der Kinder errettet werden. Das Leben ist nicht selbstverständlich.

Das hebräische Wort für das „Körbchen“ ist dasselbe wie für die große Arche, die Noah baute. Auch dort geht es um Rettung aus großer Gefahr.

Das Gesetz des Pharao wurde befolgt, solange es abstrakt war: „Alle neugeborenen Jungen“ sind solch eine abstrakte Größe. Sobald es konkret wird und ein reales Baby zu sehen und zu hören ist, setzen sich die Frauen über den Befehl hinweg.

Mögliche Themen der Kinder

Der doofe Pharao – kann bei uns auch so etwas Schlimmes geschehen? – manchmal ist das Leben gar nicht so leicht – die Mutter ist schlau und Mirjam ist mutig – so will ich auch mal werden – man muss auch mal listig sein, damit alles klappt – wie schön, wenn jemand gerettet wird …

Praxisideen zur Vertiefung

Überlebenskörbchen

Aus einer Zeitungspapierrolle eine ovale Form legen und fixieren. Mit Tapetenkleister einstreichen. Aus einer zweiten Rolle einen etwas kleineren Kreis legen, ebenfalls mit

Tapetenkleister einstreichen und auf den größeren Kreis legen. Ebenso mit weiteren Kreisen verfahren. Schließlich mit einer runden Pappscheibe den „Turmbau" abschließen. Umdrehen und trocknen lassen. Nach Belieben anmalen.

Überlebenskörbchen füllen

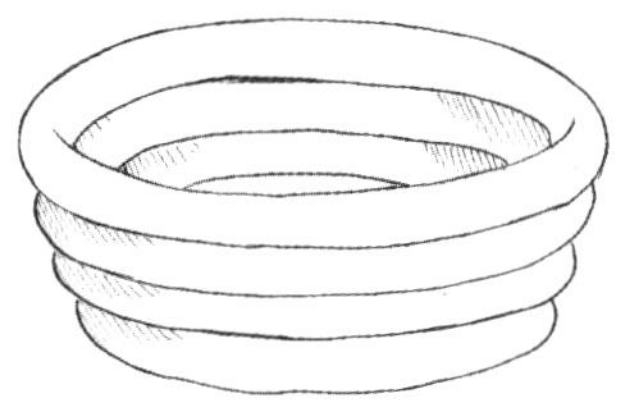

Wir malen Bilder von Personen und Dingen, die uns sehr lieb sind. Größere Kinder können eher schreiben statt malen.

Manche dieser Personen oder Dinge sind in Gefahr und brauchen Schutz. Tiere und Pflanzen sind durch Umweltverschmutzung gefährdet, Flüchtlinge durch Krieg und Verfolgung. Ihre Bilder werden in das Körbchen gelegt.

Wir gruppieren alle Körbchen zu einem Kreis mit einer Kerze in der Mitte. Wir singen und bitten Gott um Schutz.

Liedvorschläge

Lied: „Das wünsch ich sehr"

Aus: »Detlev Jöckers 40 schönste religiöse Kinderlieder«
Text: Kurt Rose/Musik: Detlev Jöcker

Lied: „So viel Kummer“

1. So viel Kum - mer, so viel Dun - kel, gu - ter
2. Gib uns Trost und schenk uns Hoff - nung, gu - ter
3. Aus dem Dun - kel bricht ein Licht auf, gu - ter

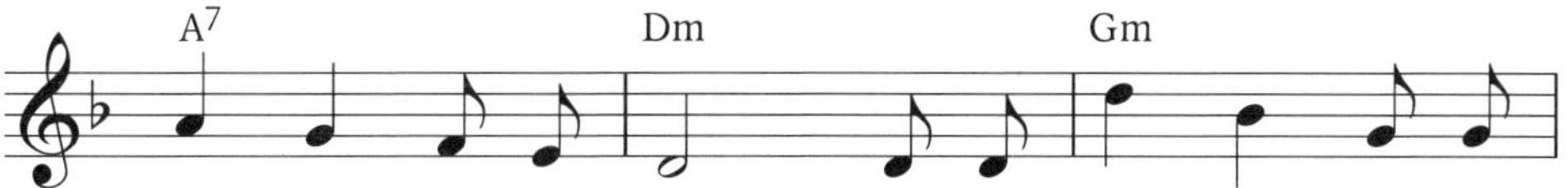

1. Gott, er - bar - me dich. So viel Trä - nen, so viel
2. Gott, er - bar - me dich. Blei - be bei uns, sei uns
3. Gott, er - bar - me dich. So viel Freu - de, so viel

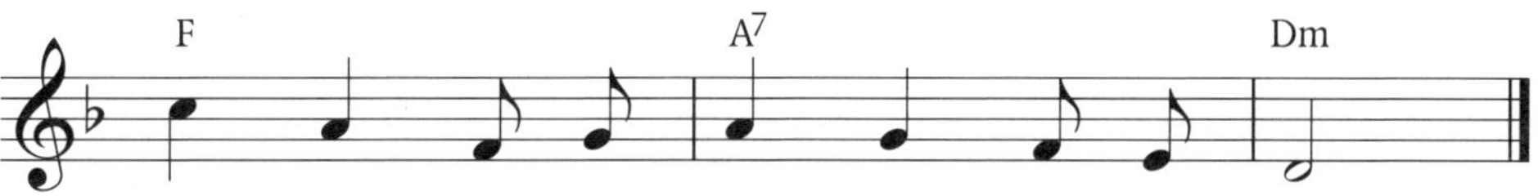

1. Trau - er, gu - ter Gott, er - bar - me dich.
2. na - he, gu - ter Gott, er - bar - me dich.
3. La - chen, gu - ter Gott, er - bar - me dich.

Text: Adelheid Schnelle; 3. Str. Jochem Westhof.
Musik: Aus Lettland

jw

Der brennende Dornbusch – Die Feuer-Rede

Exodus / 2. Mose 2,11 – 4,17

Die Geschichte	Zur Gestaltung
Mose ist am Königshof aufgewachsen. Er ist zur Schule gegangen (das konnten nur wenige Kinder) und hat das Land Ägypten kennengelernt. Er ist groß geworden. Nun ist er ein erwachsener Mann.	In einer Ecke der Sandkiste mit ein paar Bauklötzen, goldenen Kugeln und glitzernden Steinen einen Königspalast andeuten
Eigentlich ist Mose ein Sklavenkind vom Volk der Hebräer. Doch daran denkt er nicht mehr. An seine Eltern und Geschwister hat er keine Erinnerung. Er ist ein Königssohn, kein Sklave.	In der Nähe des Königspalastes, aber auch deutlich getrennt davon einige Seile als „Hütten" hinlegen
Und doch ist er eines Tages zum Volk der Hebräer gegangen. Er will sehen, wie das Sklavenvolk lebt. Und er sieht so viel Unglück: so harte Arbeit. Kein Lohn. Kein Dank.	Eine Mose-Figur vom Palast zu den Hütten führen, Spuren bleiben im Sand zurück
Ein Aufseher schlägt einen Sklaven mit einer Peitsche, sehr stark und gemein. Da entbrennt die Wut in Mose, er springt zu dem Aufseher und schlägt ihn tot.	
Mose, was hast du getan? Auch ein Königssohn darf das nicht. Mose muss fliehen. Fort, weit weg in die Wüste.	Mose-Figur quer durch die Sandkiste gehen lassen, Spuren bleiben im Sand zurück
Er hat gelernt, in der Wüste zu leben. Er findet Wasser. Er kommt zu einem Nomadenstamm. Sie leben dort in Zelten. Sie haben viele Tiere. Sie nehmen ihn auf. Mose kann bleiben. Er wird Schafhirte.	Am Zielpunkt drei Zelte aufstellen
Er verliebt sich in die Schafhirtin Zipporra und heiratet sie. Sie bekommen ein Kind und werden eine Familie.	Ein weiteres Zelt aufstellen
Als Mose mit seinen Schafen weit weg ist von den Zelten, da sieht er in der Wüste etwas Seltsames: ein Feuer. Ein Dornbusch brennt, aber er verbrennt nicht.	Ein rotes Tuch aufrecht stellen, die Mose-Figur dazu
Mose tritt näher und hört eine Stimme: „Mose, ziehe deine Schuhe aus, denn hier ist heiliges Land." Da zieht Mose die Schuhe aus. „Wer spricht da?", fragt er dann.	Klangschale
„Gott spricht. Der Gott, der schon zu deinem Vater und	Klangschale

deiner Mutter gesprochen hat und zu allen deinen Vorfahren."
Das Feuer lodert.
Da nimmt Mose sein Tuch, das er über den Kopf trägt, und verhüllt sein Gesicht, als ob er sich verstecken will.

Als Erzähler*in die Hände vor das eigene Gesicht halten

Er fühlt sich ganz klein gegenüber Gott.
Und Gott spricht weiter: „Mose, ich habe gesehen, dass das Volk der Hebräer in großer Not ist. Sie rufen zu mir und wollen gerettet werden.

Klangschale

Deswegen will ich dich zurückschicken nach Ägypten. Du sollst das Volk aus der Sklaverei herausholen."
Das Feuer lodert.

Das Feuertuch anfassen, hochheben und wieder hinstellen

„Nein!", ruft Mose, „das kann ich doch nicht. Ich bin geflohen aus Ägypten und jetzt bin ich ein Schafhirte. Ich kenne dich doch gar nicht, du Gott. Wer bist du? Wie heißt du?"
Da antwortet Gott: „Ich bin, der ich bin. Das ist mein Name. Du wirst mich erkennen, wie ich bin. Gehe jetzt nach Ägypten und sage dort, der *Ich bin, der ich bin* hat mich hierhergeschickt, um das Sklavenvolk zu befreien. Und denke daran: Ich werde mit dir gehen. Und dein Bruder Aaron soll dich auch begleiten."

Klangschale

Das Feuer lodert.

Das Feuertuch anfassen, hochheben und wieder hinstellen

Da dreht sich Mose um, er zieht seine Schuhe wieder an und geht zurück. Erst zu den Zelten der Nomaden – da lässt er die Schafe zurück und verabschiedet sich von Zipporra – dann geht er weiter bis nach Ägypten.

Den ganzen Weg mit der Mose-Figur zurückgehen, Spuren zurücklassen

Unterwegs trifft er tatsächlich seinen Bruder Aaron, gemeinsam gehen sie weiter.

Eine zweite Figur dazu

Und schließlich stehen sie vor dem Palast des Pharao.

Dieses Bild kann mit der nächsten Geschichte fortgesetzt werden

Material

Sandkiste, Bauklötze für Palast, glitzernde Steine und goldene Kugeln, Mosefigur (evtl. mit einigen Schafen), zweite Figur, Steine, Zelte, rotes Tuch, Klangschale

Gut zu wissen

Die Rede Gottes am Dornbusch gilt als eine der markantesten Geschichten der Bibel, denn hier offenbart Gott seinen Namen und damit sein Wesen. Der Name *Ich bin, der ich bin* ist nicht eine Definition, fest gegründet für alle Zeiten, sondern ein sich wandelnder: Wie ich mich zeige, so bin ich.

Und hier zeigt sich Gott als ein Gegner der Sklaverei und ein Freund der Freiheit. Eine Herrschaft des Menschen über andere Menschen ist mit Gott nicht zu rechtfertigen.

Mögliche Themen der Kinder

Die armen Sklaven, denen geht es schlecht – ein Königskind muss fliehen – Feuer im Busch, wie spannend – wieso verbrennt der Busch nicht? – warum die Schuhe ausziehen? – ich will auch mal Gott reden hören – er will das Sklavenvolk befreien, wie schön – ich will auch manchmal nicht, was andere wollen – ich schaffe das auch nicht – komischer Name von Gott – Mose geht wirklich, der traut sich was …

Praxisideen zur Vertiefung

DAS FEUER SPRICHT

Riesige Feuerflammen bauen, zu einem gemeinsamen Feuer zusammenstellen, dabei den Namen Gottes in immer neuen Arten sprechen lassen, zum Beispiel: *ich werde sein, du wirst sehen, ich verlasse dich nicht …*

DORNBUSCH MIT ZUCKERFARBE MALEN

In drei Bechern mit je ¼ Liter Wasser werden jeweils 2 Esslöffel Zucker vollständig aufgelöst. Dann werden drei Malkreiden (grün, rot und gelb) in die Becher gelegt, nach etwa zehn Minuten hat sich die Kreide zu einem dicken Farbbrei aufgelöst. Mit einem Flachpinsel können die Kinder auf schwarzem Tonpapier ihren Dornbusch malen. Anders als bei den meisten Farben leuchtet die Zuckerkreide nach dem Trocknen intensiv, weil die Zuckerkristalle das einfallende Licht reflektieren.

FEUERSCHALE

Im Freien ein Feuer entzünden (z. B. in einer Feuerschale) und eine Zeit lang nichts anderes tun, als das Feuer anzuschauen.

Erfahrung mit einer „Heiligen Ecke" in der Kita

Unsere Kita hat eine *Heilige Ecke.*

Gleich im großen Eingangsraum, in einer kleinen Nische. Sie ist – je nach Jahreszeit – anders geschmückt. Im Advent mit Tannengrün, in der Passionszeit mit schwarzen Tüchern, zu Erntedank mit Früchten.

Immer mit einer großen Kerze im Glas. Wenn der Morgenkreis beginnt, wird die Kerze angezündet und „besungen". Wenn ein Geschwisterkind geboren ist, wird ein Bild von dem Baby hineingelegt und ein Segensspruch dazu. Wenn eine Gruppe mit einer biblischen Geschichte beschäftigt war, dann werden hier die Ergebnisse präsentiert. Oder es steht eine aufgeschlagene Kinderbibel dort. Und manchmal einfach ein schöner Blumenstrauß.

Für Kinder ist es ein wichtiger Ort geworden.

Manchmal kommen sie im Laufe des Tages, sitzen ganz still davor und betrachten alles.

jw

Der Zug durch das Schilfmeer – Aufbruch und Hindernis

Exodus / 2. Mose 5,1 – 15,21 (in Auswahl)

Die Geschichte	Zur Gestaltung
	Die Wüstenkiste der letzten Geschichte wird wieder aufgestellt, mit Feuer-Busch, Zelten und Königspalast
Zurück in Ägypten. Mose hat unterwegs seinen Bruder Aaron getroffen, der geht mit ihm mit. Zurück zum Königspalast. Ein neuer Pharao sitzt auf dem Thron. Er lässt das Volk der Hebräer weiter als Sklaven arbeiten. Schwere Arbeit. Steine schleppen. Aufseher mit Peitschen treiben die Menschen an.	Steine legen in die Nähe des Palastes
Das soll nun zu Ende sein. Mose steht (mit Aaron) vor dem Pharao. Er ist sehr aufgeregt: „Pharao, ich habe eine Botschaft für dich. Eine Botschaft direkt vom Gott des Hebräervolkes. Er sagt: Lass das Volk der Hebräer in die Freiheit ziehen. Sie sollen nicht länger deine Sklaven sein!" Da lacht der Pharao. Er begreift überhaupt nicht, was Mose will. Er denkt, Sklaven sind zum Arbeiten da, die kann man doch nicht freilassen. Er denkt, er ist der größte Herrscher, kein Gott hat ihm etwas zu sagen.	Mose-Figur tritt in den Palast (Aaron ist immer dabei)
Er lacht: „Hahaha! Niemals werde ich Sklaven freilassen! Verschwinde, du kleiner Schafhirte, verschwinde mit deinem Gott!" Da gehen Mose und Aaron.	Zu den Worten des Pharao ein schwarzes Tuch in den Palast legen Mose vor den Palast stellen (und im Weiteren dort stehen lassen)
Am nächsten Tag stehen sie beide wieder vor dem Pharao: „Lass das Volk der Hebräer in die Freiheit ziehen. Sie sollen nicht länger deine Sklaven sein!" Und wieder lacht der Pharao und schüttelt den Kopf. „Verschwinde, du kleiner Schafhirte, verschwinde mit deinem Gott!"	
Da passieren merkwürdige Dinge in Ägypten. Es wird finster am helllichten Tage. Es kommen Scharen von Fröschen aus dem Fluss und sie hüpfen überallhin. Das	Mit den Fingern durch den Sand fahren, ihn verschieben und zerwühlen

Wasser im Nil wird rot wie Blut und stinkt. Millionen von Mücken kommen und stechen Menschen und Tiere. Hagel und Heuschrecken zerstören die Ernte auf den Feldern.
Und immer wieder kommen Mose und Aaron zum Pharao und sagen: „Lass das Volk der Hebräer in die Freiheit ziehen. Sie sollen nicht länger deine Sklaven sein!"
Und immer wieder lacht der Pharao und schüttelt den Kopf. „Verschwinde, du kleiner Schafhirte, verschwinde mit deinem Gott!"

Mose spricht zu Aaron: „Gott hat mir gesagt, dass er dem Pharao ein letztes Unglück schicken wird, danach wird er endlich einsichtig sein. Er will den Todesengel durch Ägypten schicken. Und er will, dass wir beide das Volk der Hebräer vorbereiten, dass sie schnell aufbrechen können. Sie sollen ihre Haustüren rot anstreichen mit Tierblut, dort wird der Todesengel dann vorbeigehen."

In dieser Nacht geht der Todesengel durch Ägypten und es stirbt in jeder Familie das älteste Kind. Nur beim Volk der Hebräer geht er vorbei.
Da gibt es ein großes Jammern und Wehklagen in ganz Ägypten.
Der Pharao lässt Mose und Aaron holen und sagt ihnen: „Das Sklavenvolk soll wegziehen. Geht mir aus den Augen! Euer Gott ist zu stark für mich."

Einen Stein durch „Ägypten" schieben, dabei um die Zelte einen deutlichen Bogen machen

Ein großer Jubel bricht aus in den Sklavenhütten. „Wir sind frei! Wir sind frei!" Schnell haben die Hebräer ihre wenigen Sachen zusammengepackt, dann brechen sie auf. Mose geht voran, sein Bruder und auch seine Schwester Mirjam gehen mit.
„Gott hat uns herausgeholt aus den Sklavenhütten. Jetzt müssen wir heil herauskommen aus Ägypten."

Einzelne Figuren vor die Zelte stellen, sich sammeln lassen, mit Mose losziehen zu einer (noch unbenutzten) Stelle der Sandkiste

Eine riesige Wolke erscheint am Himmel. Als es dunkel wird, leuchtet die Wolke wie Feuer. Gott geht mit.

Das rote Tuch vom Dornbusch-Feuer zum ziehenden Volk stellen

Sie kommen schließlich zu einem großen Gewässer, keiner kann auf die andere Seite. Die Wolke bleibt stehen. Da lassen sie sich nieder, warten auf die Letzten, sie alle machen eine Pause.

Ein blaues Tuch quer über den Weg legen

Plötzlich hören sie es! Schreckensrufe! „Die Äpypter kommen. Sie haben Soldaten und Kriegswagen. Wir sind verloren!"

Das schwarze Tuch aus dem Palast nehmen, es kommt auf die Hebräer am Wasser zu

In der Ferne erkennt man das Heer der Ägypter. Sie kommen näher.
„Mose, hilf uns!" „Sie nehmen uns wieder gefangen!"
„Sie schlagen uns tot!"

Die Wolke schiebt sich zwischen die Hebräer und die Ägypter.

Das rote Feuertuch zwischen schwarzes Tuch und Figuren stellen

Mose steht am Wasser. Der Wind bläst ihm ins Gesicht. Er hört Gottes Worte in sich: „Ich werde mit dir gehen."

Der Wind wird immer stärker. Er bläst das ganze Wasser zur Seite.

Das rote Wolkentuch „fliegt" über das Wasser, das blaue Tuch zusammenschieben

Mose geht als Erster hindurch. Dann folgen die anderen. Manche ängstlich, manche fassen sich an den Händen, manche laufen ganz schnell.

Die Figuren zur anderen Seite gehen lassen

Der Wind lässt nach. Als alle Hebräer auf der anderen Seite sind, kommt das Wasser zurück. Die Ägypter wollen hinterher, aber das Wasser ist stärker. Viele Ägypter ertrinken.

Das schwarze Tuch wird auf das blaue zubewegt und wird dann vom blauen bedeckt

Im Lager der Hebräer ertönt eine Trommel. Mirjam schlägt sie in lautem Rhythmus. Sie tanzt einen wilden, fröhlichen Tanz, andere Frauen tanzen mit. Sie singen: „Gott hat uns gerettet, der Herr hat uns gerettet."

Trommeln und Liedruf „Gott hat uns gerettet" (siehe unten)

Gott hat sie alle gerettet.

Eine brennende Kerze zum Volk der Hebräer stellen

Material

Sandkiste mit Aufbau der letzten Erzählung, zusätzlich schwarzes und blaues Tuch, mehrere Steine, einen Einzelstein als „Todesengel", Trommel, Kerze

Gut zu wissen

Die Rettung am Schilfmeer zählt zu den zentralen Wundern des Volkes Israel, jedes Jahr erinnert das Paschafest an diesen Auszug.
Trotzdem kann die Geschichte auch Unbehagen bereiten: Dass Gottes Engel alle Erstgeborenen in Ägypten tötet, ist mit unserer Gottesvorstellung schwer zu vereinbaren und wird als ungerecht empfunden. Auch viele Erklärungen können über dieses Unbehagen nicht hinweggehen. Auch das Ertrinken der ägyptischen Soldaten (und ihrer Tiere) kann erschrecken. Die Frage nach Gottes Gerechtigkeit bleibt hier offen und gleichzeitig ist es ein großes Ereignis der Befreiung.
In der Überlieferung ist diese Geschichte immer wieder ausgeschmückt worden, zuletzt steht das Wasser beim Durchzug „wie eine Mauer zur Rechten und zur Linken" (Exodus / 2. Mose 14,22). Unsere Erzählung gibt die ältere Fassung wieder, nach der Gott „durch eine starken Ostwind" das Wasser zurückweichen ließ (Exodus / 2. Mose 14,21).

Mögliche Themen der Kinder

Ganz schön blöd, der Pharao – weiß er nicht, wie stark Gott ist? – unheimlich: der Todesengel – wie gemein von den Ägyptern, sie wieder einzuholen – tolle Rettung mit der Wolke und dem Wind …

Praxisideen zur Vertiefung

Wunderbare Errettung

Wir spielen in vier Gruppen:
1. das Sklavenvolk, 2. Soldaten der Ägypter, 3. das Wasser, 4. das Feuer
Die Wassergruppe bekommt blaue Tücher, die Feuergruppe rote.
Ungefährer Ablauf: Das Sklavenvolk geht durch den Raum.
Die Wassergruppe versperrt den Weg.
Die Soldatengruppe kommt mit Geschrei näher, aber das Feuer stellt sich dazwischen.
Einer aus der Feuergruppe läuft zum Wasser und schiebt es beiseite.
Sklavenvolk und Feuergruppe gehen durch die entstandene Lücke, die Soldatengruppe will hinterher, wird aber von der Wassergruppe mit blauen Tüchern bedeckt.
Freudentanz der Sklavengruppe.

„Sei kein Pharao!"

Wir „bauen" uns einen kleinen Pharao, wir kneten dazu ein Figur aus Ton und schmücken sie mit wertvollem Stoff und Glitzerkram.
Wir geben ihr eine Stimme: „Ich bin groß, ich bin mächtig, mir hat keiner was zu sagen."
Wir rufen dem Pharao zu: „Sei kein Pharao, der hart und starr ist. Lass das Sklavenvolk ziehen."

Die Antwort des Pharao ist stereotyp: „Ich bin groß, ich bin mächtig, mir hat keiner was zu sagen."

Dann kommen die „Plagen". Wir übergießen die Figur mit roter Farbe (Wasser im Nil wird zu Blut), wir picken mit Stecknadeln in die Tonfigur (die Mücken kommen), wir bewerfen sie mit grünen Papierkugeln (die Frösche kommen) usw.

Wir rufen jedes Mal: „Sei kein Pharao, der hart und starr ist. Lass das Sklavenvolk ziehen."

Die Antwort des Pharao ist weiterhin immer wieder stereotyp.

Aber vielleicht zeigt sich unser Pharao auch irgendwann einsichtig und gibt nach. Dann darf er heil bleiben. Oder er bleibt unnachgiebig und wird am Schluss zerstört.

Mirjams Tanz

Liedruf: Gott hat uns gerettet

Text und Melodie: © Jochem Westhof

Das Lied wird mit vielen Schlaginstrumenten begleitet. Dazu kann wild getanzt werden.

jw

Die Zehn Gebote – Die Regeln vom Gottesberg

Exodus / 2. Mose 20,1–17; 31,18–32.14; 33,1–10

Die Geschichte	Zur Gestaltung
	Die Wüstenkiste – dieses Mal nur mit Sand gefüllt – in die Mitte stellen
Das ganze Volk zieht durch die Wüste. Tagelang. Wochenlang. Hinter ihnen liegt das Land Ägypten, das Land der Sklaverei. Vor ihnen liegt das Land der Träume. Dort wollen sie hin. Der Weg ist weit.	Mose-Figur und einige Figuren als Volk durch den Sand bewegen, dabei eine Spur hinterlassen
Sie kommen zu einem großen Gebirge. Ein Berg überragt alles. Er heißt Sinai. „Hier machen wir eine Rast", sagt Mose, „hier bleiben wir ein paar Tage."	Aus einigen Steinen einen Berg bauen
Doch das wird nicht einfach. Die Menschen streiten sich. Sie stehlen sich das wenige, was sie noch haben. Sie schlagen sich.	
Sie sagen: „Wir sind keine Sklaven mehr, wir sind frei. Wir können tun, was wir wollen!" Andere kommen zu Mose und rufen: „Mose, hilf uns. Wir gehen zugrunde, wenn alle nur tun, was sie gerade wollen. Was sagt Gott dazu?"	Etwas Sand zerwühlen, hin und her werfen
Da macht sich Mose auf den Weg zu Gott. Hinauf auf den hohen Berg, den Sinai. Dort will er hören, ob Gott zu ihm redet. Ganz alleine geht er den Weg bergauf. Er sieht die Felsen, fest und unverrückbar. Er sieht den Sand, der Wind treibt ihn hin und her. Dunkler Rauch ist an der Bergspitze. Ein Ton wie von einer Posaune. Die Erde zittert. Mose geht in das Dunkel. Er schließt die Augen und lauscht.	Sand über den „Berg" hin und her werfen

In eigenartiger Weise, tief in sich drin, hört Mose die Stimme Gottes. Sie spricht zu ihm:
„Die Menschen sollen nicht haltlos sein wie der Sand. Darum will ich ihnen Regeln geben:

Klangschale

Ich bin dein Gott, der aus der Sklaverei befreit. Der Einzige.
Meinen Namen sollst du in Ehren halten,
aber mache dir nicht ein festes Bild von mir.
Einen Tag in der Woche halte heilig.
Ehre Vater und Mutter, wenn sie alt und schwach sind.
Bewahre das Leben.
Bewahre die Ehe.
Nimm kein fremdes Eigentum.
Sprich die Wahrheit.
Schau nicht voll Neid auf andere.

Für jede Aussage die Klangschale einmal anschlagen

Geh zurück zu den Menschen, Mose. Sag ihnen diese Worte. Und wenn sie diese Worte einhalten wollen, dann sollen sie mein Volk sein. Das Gottesvolk, das unter meinem Schutz steht."
Mose öffnet die Augen. Vor ihm im Sand liegen Steintafeln, darauf stehen die Gebote aufgeschrieben.
Mose geht zurück zum Volk. Die Steintafeln nimmt er mit. Das sollen die neuen Regeln sein, damit alle friedlich zusammenleben können.

Zehn Steine (oder Tafeln, siehe unten) neben den Berg legen

➔ *Der folgende Einschub ist für große Kinder gedacht, bei kleinen Kindern kann man ihn problemlos weglassen.*

Das Volk hat lange auf Mose gewartet. Nun wollen sie nicht länger warten:
„Der Mose kommt bestimmt nicht zurück." –
„Und seinen Gott hat er auch verloren." –
„Besser wäre ein Gott, den man sehen und anfassen kann." –
„Ja, wir bauen uns selber einen Gott! Einen ganz schönen – aus Gold!"
Aaron sammelt goldene Schmuckstücke ein. Er schmilzt sie im Feuer. Er baut damit eine Tierstatue. Einen goldenen Stier.

Aus Goldfolie ein „Tier" bauen und in den Sand stellen

Er stellt ihn in die Mitte. Das Volk sammelt sich und beginnt zu rufen: „Ja, was für ein schöner Gott. Den wollen wir mitnehmen auf unsere Reise!" – „Ja, das ist unser neuer Gott!"

Sie beginnen einen wilden Tanz zur Ehre des neuen Gottes. Wild und ungestüm.

Das Volk im Kreis herum

Da kommt Mose zurück vom Berg. In seinen Händen hält er die Tafeln mit den Geboten.

Mose sieht die Tierstatue. Er schreit auf vor Wut. Er schmeißt die Tafeln hin, dass sie zerbrechen. „Was habt ihr getan? Ihr habt unseren Gott verraten, der euch doch aus der Sklaverei geführt hat. Jetzt wird Gott euch verlassen."

Und er greift sich die goldene Statue und schmeißt sie kaputt, zermahlt sie zu Staub.

Die goldene Statue nehmen, zerdrücken, wegschmeißen

Da steht das ganze Volk betroffen herum. Was haben sie da nur gemacht?

„Ich will noch einmal zu Gott gehen. Ich will sehen, ob er euch verzeihen kann. Wartet auf mich. Macht solchen Unsinn nie wieder."

Wieder geht Mose auf den Berg Sinai. Dunkler Rauch ist an der Bergspitze. Ein Ton wie von einer Posaune. Die Erde zittert. Mose geht in das Dunkel. Er schließt die Augen ruft: „Gott, dein Volk hat einen schlimmen Fehler gemacht. Verzeih ihm doch!"

Tief in sich hört Mose Gottes Stimme: „Ich will ihnen verzeihen. Nimm noch einmal die Tafeln und gehe zurück zum Volk!"

Klangschale

Mose öffnet die Augen. Vor ihm liegen wieder die Steintafeln mit den Geboten.

Er nimmt die Tafeln und geht zurück zu den Menschen, die unten am Berg auf ihn warten.

Er zeigt sie ihnen. Alle sollen zustimmen.

Er liest sie ihnen vor:

Ich bin dein Gott, der aus der Sklaverei befreit.
Der Einzige.
Meinen Namen sollst du in Ehren halten,
aber mache dir nicht ein festes Bild von mir.

Beim Vorlesen der Gebote wird jedes Mal ein kleiner Stein gelegt
Die Steine bilden einen Kreis

Einen Tag in der Woche halte heilig.
Ehre Vater und Mutter, wenn sie alt und schwach sind.
Bewahre das Leben.
Bewahre die Ehe.
Nimm kein fremdes Eigentum.
Sprich die Wahrheit.
Schau nicht voll Neid auf andere.

Wenn die Kinder lesen können, lassen sich alternativ auch kleine graue Pappstücke beschriften und als Gesetzestafeln hinstellen

„Ja!", rufen sie alle, „ja, das ist gut. Zehn gute Worte von unserem Gott. Wir wollen sie halten. Und Gott soll unser Gott sein. Der Einzige."
Da gab es ein großes Fest. Und Gott war bei ihnen.

Eine große Kerze wird in die Mitte der Steine gestellt

Für die Steintafeln haben sie noch einen großen Kasten gebaut und reich geschmückt. Er heißt „die Bundeslade".

In einer schönen Schachtel werden die Steine bzw. die Gebotstafeln eingepackt
Die Schachtel steht neben der Kerze

Material

Wüstenkiste (dieses Mal nur mit Sand gefüllt), Figuren für Mose und Volk, einige Steine, Klangschale, zehn kleine Steine oder mit Geboten beschriftete „Tafeln" (etwa so groß wie eine Streichholzschachtel), evtl. Goldfolie (gibt es in Bastelgeschäften), zu einer Figur geformt, etwas größer als eine Tafel, große Kerze, schöne Schachtel

Gut zu wissen

Eine eigene Geschichte und auch eine eigene Thematik haben die Ereignisse am Sinai, dem Gottesberg. Hier geht es um Regeln und Gesetze, die eine Grenze der Freiheit und des menschlichen Handelns kennzeichnen. Sie sind nicht auf die Situation der Wüstenwanderung begrenzt, sondern gelten universell.
In der Bibel stehen die Zehn Gebote nicht allein, sondern sie eröffnen einen Kanon an Einzelgesetzen über Kult, Finanzwesen, Kleidung, Reinheitsgesetzen usw. Aber sie ste-

hen als eine Art „Grundgesetz" am Anfang und tauchen auch später – leicht abgewandelt – wieder auf.
Die ersten Gebote behandeln das Verhältnis von Mensch und Gott. In unserer säkularen Welt treten sie häufig in den Hintergrund. Die weiteren Gebote dagegen behandeln das Verhalten der Menschen untereinander und gelten auch heute als Grundpfeiler menschlichen Zusammenlebens. (Das heißt nicht, dass sie immer eingehalten werden.)
Manche Gebote sind unmittelbar einsichtig, manche erscheinen auch frag- oder ergänzungswürdig: Wenn wir Eltern so ausdrücklich ehren sollen, sollen wir nicht auch die Kinder ehren? Wenn wir nicht stehlen sollen und nicht neidvoll schauen, heißt das auch, dass wir Reichtum teilen sollen?
Die Zählweise der Gebote wird zwischen der jüdischen Theologie und den verschiedenen christlichen Konfessionen unterschiedlich gehandhabt.

Mögliche Themen der Kinder

Das ist doof, wenn alle machen können, was sie wollen – die Großen und Starken nehmen sich alles – die Gebote finde ich gut, aber was heißt denn ...? – man kann doch keinen Gott bauen – da hätte ich nicht mitgetanzt – Mose ist ganz schön wütend ...

Praxisideen zur Vertiefung

Die Bundeslade bauen

Wir bauen ein schönes Kästchen (eine „Bundeslade"!) und verzieren es.
Wir füllen das Kästchen mit „Steintafeln" und stellen es in die Mitte.
Wir erzählen die Geschichte aus dem Rückblick:
Was für kostbare Tafeln. Wir haben einen ganz besonderen Kasten dafür (nach)gebaut, eine Bundeslade ... Gott hat den Auftrag dazu gegeben – und eine genaue Bauanleitung (Exodus / 2. Mose 25,1–22)
Es sind Tafeln wie vom Berg Sinai. Wir haben die Zehn Gebote auf diese Tafeln geschrieben. Das war so ...
Und das steht auf diesen Tafeln ... (hier kann auch der „Originaltext" gelesen werden)

Das elfte Gebot

Besonders für größere Kinder ab 8 Jahren:
Hier geht es um ein offenes Gespräch, um ein Theologisieren mit Kindern:
- Lege die Gebote in eine neue Reihenfolge, das wichtigste zuerst, das unwichtigste zuletzt.
- Gibt es ein Gebot, das du überflüssig findest, das du am liebsten weglassen möchtest?
- Gibt es Gebote, die du ergänzen möchtest?

Bedürfnisse, Beschwerden, Regeln

Bereits für kleinere Kinder:

Im Gespräch wird miteinander besprochen: Was ist uns in unserer Gruppe wichtig? Welche Regeln möchten wir haben? Für jede Regel wird ein Gegenstand ausgewählt und auf ein Regel-Regal gelegt.

Was können wir tun, wenn jemand eine Regel nicht einhält, die anderen wichtig ist? Wie kann jede und jeder deutlich machen, was es braucht?

Die Mose-Geschichten können Einführungen oder Überarbeitungen von Beschwerdeverfahren in Kitas begleiten.

jw

Manna und Wasser – Unterwegs ins Gelobte Land

Exodus / 2. Mose 16,1 – 17,7

Die Geschichte	Zur Gestaltung
Nun sind sie schon wochenlang unterwegs. Immer durch die heiße, staubige Wüste. Nur fort aus Ägypten, wo sie als Sklaven gearbeitet hatten, Männer und Frauen und Kinder. Doch das ist nun vorbei. Sie sind frei!	Die Sandkiste wird aufgestellt
Gott zeigt ihnen den Weg. Gott hatte den Wind geschickt und hatte sie durch das Schilfmeer geführt. Ein gewaltiger Gott, der sie beschützt. „Gut, dass wir zusammen aus Ägypten fortkonnten. Wir haben unsere Freiheiten und wir haben unsere Gebote. Wir haben, was wir brauchen. Was brauchen wir mehr?" Doch nun gibt es Widerspruch: „Wir haben Hunger und brauchen Brot. Hier gibt es Sand und Steine, aber es gibt nichts mehr zu essen. Da nützt uns die ganze Freiheit nichts. Da hätten wir auch gleich in Ägypten bleiben können." Mose schweigt. Er geht ein Stück fort und bleibt dort alleine. Er spricht mit Gott: „Ach Gott, sie sind so undankbar. Sie vertrauen dir nicht mehr."	In den Sand wird eine große Kerze gestellt
„Ich will für sie sorgen", spricht Gott, „es soll Brot vom Himmel fallen." Da stellt sich Mose vor das ganze Volk hin und sagt: „Hört zu! Ihr werdet Brot bekommen, so viel ihr braucht. Es wird ein besonderes Wüstenbrot sein, es wird nachts vom Himmel regnen. Morgen werdet ihr es finden."	Klangschale
In der Nacht fällt der Tau vom Himmel, und da liegt etwas wie Raureif, klein und rund auf der Erde. „Was ist das?", rufen die Menschen, „schau nur, klein und rund, was ist das?" Sie rufen es in ihrer Mutter-	Auf die Sandfläche werden kleine, vorbereitete und in Papier gewickelte Brotstückchen gelegt, möglichst von süßem Brot, oder kleine Milchbrötchen, es sollen mehr Stücke sein als Kinder

sprache, auf Hebräisch, da klingt diese Frage wie „ManHa?"
„Das ist Himmelsbrot!", sagt Mose zu ihnen, „ManHa, das ist das Brot, das Gott euch zu essen gibt."
„Es ist so viel da, wie ihr braucht", ruft Mose. „Jede und jeder bekommt ein Stück. Kommt, nehmt ein Stück. Wartet aber mit dem Essen."

Manche haben sich mehr genommen, als sie brauchen. Doch am nächsten Tag ist das ManHa schlecht geworden und die Würmer kriechen heraus.
Jeden Morgen gibt es wieder den Tau und dann liegt wieder das ManHa auf dem Boden. So wird das Volk gerettet vor dem Verhungern in der Wüste.

Die Kinder nehmen ein Stück ManHa aus der Wüste und gehen zurück auf ihren Platz. Überzählige Brotstücke bleiben in der Wüste liegen

Doch auch das Wasser wird knapp und sie finden kaum noch etwas in der Wüste.

Da schreien sie zu Mose: „Wir kommen um vor Durst. Unsere Becher sind leer. Auch die Tiere haben nichts zu trinken. Da wäre es doch besser, wenn wir in Ägypten geblieben wären. Schaffe uns Wasser herbei!"
Mose schweigt. Er geht ein Stück fort und bleibt dort alleine.
Er spricht mit Gott: „Ach Gott, das Volk ist so undankbar. Es vertraut dir nicht mehr."

Kleine leere Tonbecher in die Wüste stellen

„Ich will für sie sorgen", spricht Gott, „gehe voraus zu den Felsen."

Klangschale

Da geht Mose voraus zu den Felsen, und alle laufen hinterher. Am Felsen nimmt Mose seinen Stock und schlägt dagegen, wieder und wieder. Aus dem Riss sickert Wasser, mehr und mehr, schließlich ein ganzer Strahl.
Da springen sie vor Freude umher, sie jauchzen und schreien: „Gelobt sei Gott!"

Die große Kerze wird in die Mitte der Becher gestellt

Sie trinken und trinken, Menschen und Tiere. Sie füllen ihre Wassersäcke. Ohne Murren gehen sie weiter.

Aus dem Krug Wasser in die Becher gießen
Einiges kann auch danebengehen, nur die Kerze darf nicht ausgehen

Es gibt noch viele andere Erlebnisse in der Wüste. Der Weg ist so lang, sie gehen so oft im Kreis, sie wissen oft nicht weiter. Es dauert 40 Jahre, bis sie an ihr Ziel kommen.	Mit der Kerze einen langen Weg durch die Wüste gehen
Aber sie sind angekommen in dem Land, in dem sie dann viele hundert Jahre wohnen.	
Gott begleitet sie die ganze Zeit.	Dann Kerze abstellen

Material

Wüstenkiste, große Kerze, kleine Stücke von süßem Brot (Milchbrötchen), in Papier gewickelt, Tonbecher zum Trinken und Krug mit Wasser, Klangschale

Gut zu wissen

Es finden sich zahlreiche Geschichten von wundersamen Erlebnissen der Wüstenwanderung in der Bibel. Sie sind für Kenner von Wüstenlandschaften nicht völlig aus der Luft gegriffen, tatsächlich kann ManHa als Frucht einer Wüstenpflanze gesehen werden, die sich über Nacht im Sand verteilt. Auch ist es möglich, dass sich Wasser in Felsenformationen findet. Die Geschichten beschreiben auf ihre Weise, wie Gott sein Volk durch die Wüste begleitet und ihnen gibt, was sie brauchen.

Mögliche Themen der Kinder

Wenn ich Hunger habe, will ich auch schnell etwas essen – ich hätte so viel genommen, wie ich finden kann – igitt, dann ist alles voller Würmer – woher wusste Mose das mit dem Wasser? – hat er den Felsen kaputt gehauen? – das will ich auch mal, wenn ich Durst habe – toll, dass Gott für Essen und Trinken sorgt …

Praxisideen zur Vertiefung

Essen und Trinken, ManHa und Wasser

Nach der Erzählung sitzen wir um die Wüstenkiste.

Jedes Kind stellt eine brennende Kerze in die Wüste (Vorsicht! Hier ist Hilfe von Erwachsenen nötig!) als Dank an Gott, der das Volk begleitet hat und auch uns zu essen gibt. Wir wickeln unser ManHa aus und essen es genüsslich. Wir nehmen die Becher mit Wasser und trinken. Wir hören schöne Musik und träumen der Geschichte nach. Wir singen gemeinsam.

So viel du brauchst …

… sollte jeder von ManHa nehmen. Es gehört manchmal eine Bereitschaft zum Verzicht dazu, die ein kleines Spiel üben kann:

Wir sitzen im Kreis, in der Mitte eine Schale mit Gummibärchen (oder Erdnüssen oder Ähnlichem, was sich leicht teilen lässt). Alle können sich aus der Mitte nehmen, aber nur ein Stück, auch wenn viele übrigbleiben. Langsam und genüsslich aufessen. Morgen gibt es wieder ein Stück.

Rückengeschichte

Zwei Personen stehen hintereinander, die hintere begleitet die Erzählung mit Bewegungen ihrer Finger auf dem Rücken der Vorderperson. Bei dieser Geschichte finden sich schnell markante Bewegungen für sich wiederholende Ereignisse:

- der Gang des Volkes durch die Wüste
- Mose und Volk: eine Hand mit allen Fingern, die andere nur mit einem
- viel ManHa, eins für mich: erst alle Finger, dann nur einen stehen lassen
- Wasser fließt: mit Händen über den Rücken streichen usw.

jw

Geschichten von David

David wird gesalbt – Gott sieht ins Herz

1 Samuel 16,1–13

Die Geschichte	Zur Gestaltung
	Ein kleines Gefäß mit Öl hinstellen
Wenn in Israel ein König eingesetzt wurde, dann wurde er mit Öl „gesalbt“. Das Öl wurde über die Arme und besonders über den Kopf gegossen. Damit wurde gezeigt, dass nun ein Mensch mit einer besonderen Aufgabe geehrt wurde – eben ein König. Und wenn dann ein Priester mit Gebeten diese Handlung vollzog, dann war es so, als ob Gott selber diesen König salbt.	Etwas Öl auf die Hand verteilen, daran riechen, auf dem Arm leicht einreiben
Ein Bauernhaus. Hier wohnt der Bauer Isai. Zusammen mit seiner Frau und seinen 7 Kindern, alles Jungen.	Das Ölgefäß beiseitestellen Ein grünes Tuch ausbreiten, darauf einen Bauklotz als Haus stellen
Da kommt Samuel, der Prophet und Priester, zu dem Haus von Isai. Isai steht schon vor dem Haus. Er begrüßt Samuel: „Sei gegrüßt, du Gottesmann. Ich hoffe, du bringst mir keine schlechten Nachrichten.“	Erzähler*in bewegt eine Hand (die „Samuelhand“) vom Rande des Tuches bis zum Bauklotz
„Nein“, sagt Samuel, „meine Nachricht wird dich freuen. Ich bin gekommen, um einen deiner Söhne zum König über Israel zu salben.“	Die „Samuelhand“ stellt ein Ölgefäß (wie oben, aber leer) neben den Bauklotz
Zum König salben? Aber wieso denn das? Es gibt doch einen König in Israel! „Gott will es so!“, sagt Samuel.	
Isai holt seine Söhne. Sechs Jungen kommen zu Samuel.	Mit dem Zeigefinger der anderen Hand sechsmal auf das Tuch tippen
Nur der Kleinste, der David, kann nicht kommen. Er ist ja auch noch ein Kind, der wird doch nicht König. Er ist weit draußen auf der Weide und hütet die Schafe. Da tritt der älteste und größte Sohn vor. Er heißt Eliab.	

So groß! Bestimmt wird das der neue König. Schon will Samuel zu dem Salbungsöl greifen …

Die Größe mit der Hand anzeigen, ungefähr so groß wie Unterarm und ausgestreckte Hand zusammen

da hört er Gottes Stimme: „Nein, der ist es nicht. Schau nicht nur auf die Größe, schau auf das Herz."
Und Samuel schüttelt den Kopf.
Enttäuscht tritt Eliab zurück.

„Samuelhand" greift zum Ölgefäß, fasst es aber noch nicht an, die Bewegung verwandelt sich in eine verneinende Gebärde

Da tritt der Zweitälteste und Zweitgrößte vor.

Erneut die Größe anzeigen, etwas kleiner als Eliab

So groß! Bestimmt wird das der neue König. Schon will Samuel zu dem Salbungsöl greifen …

„Samuelhand" greift zum Ölgefäß, fasst es aber noch nicht an, die Bewegung verwandelt sich in eine verneinende Gebärde

da hört er Gottes Stimme: „Nein, der ist es nicht. Schau nicht nur auf die Größe, schau auf das Herz."
Und Samuel schüttelt den Kopf.

Nacheinander treten alle sechs Söhne vor,
aber keiner kann vor Gottes Stimme bestehen. Enttäuscht stehen sie herum.

Wie absteigende Stufen nacheinander die Größe anzeigen

Was nun?

Mit beiden Händen eine fragende Geste machen, Schultern zucken

Da fragt Samuel: „Hast du nicht noch einen Sohn?"
„Ja!", sagt Isai, „aber das ist noch ein Kind. Er hütet die Schafe."
„Hole ihn!", sagt Samuel.

Da wird David geholt.
Er ist der Kleinste von allen.

Mit dem Zeigefinger noch einmal auf das Tuch tippen

Er ist auch nicht stark. Er ist ein Kind und er ist schmutzig und riecht nach Schaf.

Größe mit der Hand anzeigen (sehr klein)

„Der ist es!", sagt Gott …

und David wird zum König gesalbt.

„Samuelhand" zeigt mit Zeigefinger auf den kleinen „Davidpunkt", dann greift sie das Ölgefäß und „leert" es über dem Davidpunkt

Pst!
Das soll noch keiner wissen.
Denn noch ist Saul der König von Israel.

Finger auf die Lippen

David geht wieder zu seinen Schafen.
Seine Zeit wird kommen.

Material

Ein Gefäß mit Öl, ein ähnliches leeres Gefäß, ein grünes Tuch, ein Bauklotz

Gut zu wissen

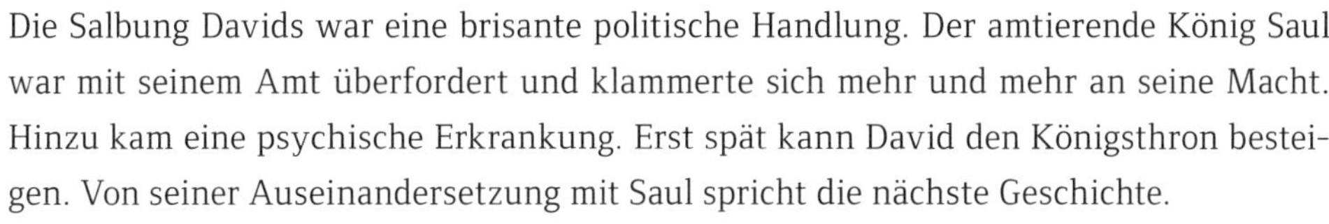

Die Salbung Davids war eine brisante politische Handlung. Der amtierende König Saul war mit seinem Amt überfordert und klammerte sich mehr und mehr an seine Macht. Hinzu kam eine psychische Erkrankung. Erst spät kann David den Königsthron besteigen. Von seiner Auseinandersetzung mit Saul spricht die nächste Geschichte.

Die sparsame Darstellung ganz ohne Figuren erzeugt eine hohe Konzentration und Spannung.

Mögliche Themen der Kinder

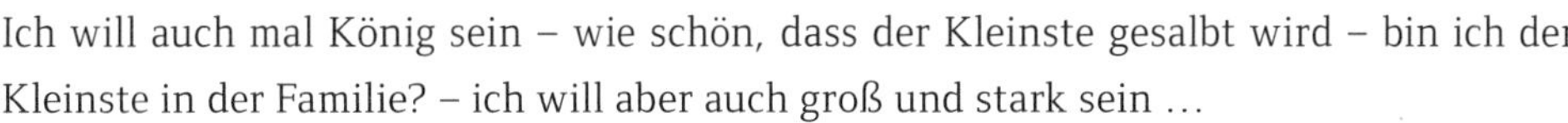

Ich will auch mal König sein – wie schön, dass der Kleinste gesalbt wird – bin ich der Kleinste in der Familie? – ich will aber auch groß und stark sein …

Praxisideen zur Vertiefung

SALBUNG

Nicht jeder Mensch kann König sein. Aber in jedem Menschen steckt etwas „Königliches", er/sie ist ein Ebenbild Gottes. Dieses „Königliche" kann größer und kleiner sein, aber es verschwindet nicht.
Wir können uns darum auch königlich salben lassen, in dem wir etwas Öl auf die Hand oder auf die Stirn bekommen und ein geheimnisvolles Wort dazu hören: „Du bist Gottes Ebenbild" oder auch: „Ich salbe den König in dir!"
Diese Zusage kann man nur geschenkt bekommen, niemand kann sie sich selber zusprechen.

„UND GOTT SCHAUT IN DAS HERZ"

Für größere Kinder ab 8 Jahren:

Es werden verschiedene Bilder von bekannten und unbekannten Persönlichkeiten aus Zeitschriften ausgeschnitten und mit erfundenen oder bekannten Geschichten ergänzt. Zum Schluss wird jedes Mal der Satz hinzugefügt „und Gott schaut in das Herz" (kann auch als Textzeile dazugeklebt werden). Wie klingt dieser Satz bei Fußballstars und Pop-Idolen, bei reichen Menschen und bei Flüchtlingen?

jw

Kampf gegen Saul – Der hilflose König

1 Samuel 16,14–23; 18,10–16; 24,1–23

Die Geschichte	Zur Gestaltung
	Auf ein rotes Tuch eine kleine goldene Krone stellen
König Saul ist krank. Schwere Kopfschmerzen. Schwindelanfälle und große Traurigkeit. Und am schlimmsten: Manchmal meint	Mit einem schwarzen Tuch langsam das rote Tuch und auch die Krone bedecken
König Saul, dass er Stimmen in sich hört: „Du bist ein schlechter König. Andere sind viel besser." Dann schreit und tobt der König, und niemand kann ihn beruhigen.	Das schwarze Tuch zusammenschieben, knüllen
„Was sollen wir tun"?, fragen die Diener am Königshof, „wie können wir ihn beruhigen? Er muss doch wieder richtig regieren und kann nicht immer nur toben."	
„Ich weiß!", sagt jemand, „schöne Musik wird ihn beruhigen. Ich kenne jemanden, der schön auf der Harfe spielen kann. Es ist ein Hirtenjunge aus Betlehem, er heißt David, der Sohn von Isai." David wird zum Königshof geholt. Ausgerechnet David, der von Samuel gesalbt worden ist. Aber das weiß ja niemand. David tritt in den Königspalast. Er geht in den Thronsaal. Er verbeugt sich tief vor König Saul. Der guckt finster. „Herr König, ich will euch schöne Musik machen, das	Eine kleine „Harfe" nehmen, zeigen …
wird euch guttun." Und David beginnt, auf seiner Harfe zu spielen. Was für eine schöne Musik. Der König lächelt. „Das tut gut. Die Traurigkeit und die Kopfschmerzen gehen weg. Ich danke dir, David. Du sollst an meinem Königshof bleiben und immer wieder auf deiner Harfe spielen."	… und neben das geknüllte schwarze Tuch legen
Es wird eine schöne Zeit. David ist beliebt am Königshof und Jonathan, Sauls Sohn, wird sein bester Freund. König Saul kann in Ruhe regieren.	Das schwarze Tuch erst glattziehen, dann langsam zusammenrollen. Das rote Tuch mit Krone ist wieder sichtbar, das schwarze liegt am Rande

Doch die Ruhe hält nicht lange an. Die Krankheit von Saul wird wieder stärker. Die Musik hilft immer weniger. Die Traurigkeit des Königs wird wieder größer und eine große Wut auf David kommt dazu.	Das schwarze Tuch langsam wieder ausrollen … … und knüllen
Und dann passiert das Unglück. Als David Harfe spielt, wird die Wut übergroß. Saul ergreift einen Speer, der neben seinem Thron steht, und schleudert ihn auf David. Gott ist mit David. Der Speer geht daneben. Er bohrt sich in die Wand.	Auf den Boden schlagen, dass es knallt
David springt auf. Der König wollte ihn ermorden! David läuft weg, schnell, schnell.	Den ganzen Tücherhaufen beiseiteschieben
David läuft in die Wüste. Er sammelt ein paar Freunde um sich.	Ein ockerfarbenes Tuch legen, dazu ein paar Steine
König Saul kommt in die Wüste. Seine Wut ist noch größer geworden. Er will David gefangen nehmen. Saul kommt nicht alleine. Es kommen dreitausend Soldaten mit ihm mit.	Ein rotes Tuch von der Seite her auf das ockerfarbene schieben, bis es fast die Hälfte bedeckt. Die Krone daraufstellen
In der Wüste, bei den Steinen und Felsen gibt es viele Höhlen. David versteckt sich in den Höhlen.	In der Nähe zum roten Tuch einige Steine zusammenlegen
Bei David sind nur ein paar Freunde.	Bei den Steinen mit einem Finger einige Male langsam auf den Boden tippen
Bei Saul – so viele Soldaten.	Dann auf dem roten Tuch mit beiden Zeigefingern ganz schnell ganz oft tippen
Es ist heiß. König Saul will ein Mittagsschläfchen machen. Er geht alleine weg von seinen Soldaten. So viele Höhlen gibt es in der Wüste. Aber Saul geht ausgerechnet in die Höhle, in der David mit seinen Freunden ist. Zum Glück bleibt er gleich am Eingang stehen und legt sich auf den Boden. Schnell ist er eingeschlafen. Da schleicht sich David an Saul heran. Ganz leise!	Die Krone an den Eingang der Höhle legen

Als er ganz dicht bei Saul ist, zieht er ein Messer. Und damit – schneidet er ein Stückchen Stoff aus dem Königsmantel. Dann schleicht David zurück zu seinen Freunden. „Warum hast du ihn nicht umgebracht?“, fragen sie ihn, „dann hätten wir jetzt Ruhe.“ „Er ist ein Mensch. Ein König, vom Gottesmann Samuel gesalbt wie ich. Ich kann ihn doch nicht einfach töten.“	Mit einer Schere ein kleines Stoffstück aus dem roten Tuch schneiden und nach hinten in die Höhle legen
Saul erwacht. Er steht auf, reckt sich, geht langsam zurück zu seinen Soldaten.	Krone wieder zum roten Tuch
Da ruft David ihn: „Mein König! Warum verfolgst du mich? Ich will dir nichts Böses. Ich hätte dich töten können und habe es nicht getan.“ Saul dreht sich um. Er sieht David, der den kleinen Stofffetzen in der Hand hält. Er erkennt das Loch in seinem Königsmantel. Er erkennt seine Wut, seine Dummheit, seinen großen Fehler. „David!“, ruft er, „du bist ein guter Mensch. Ich habe so viel falsch gemacht.“ Saul weint. Er geht zurück zu seinen Soldaten und sie ziehen ab.	Den Stofffetzen auf eine Fingerkuppe legen und vor die Krone halten
Später wird Saul im Krieg gegen die Philister getötet. David wird König, so wie Samuel es von Gott zugesagt hat.	Das rote Tuch ganz wegnehmen Stofffetzen und Krone zusammenlegen
Er wurde ein guter König und hat das Land lange Zeit mit Weisheit regiert.	Eine Kerze dazustellen

Material

Kleine goldene Krone, rotes Tuch, möglichst aus Pannesamt (von dem Tuch wird später ein Stück abgeschnitten), eine kleine „Harfe“ (gibt es manchmal in Souvenirläden, notfalls geht auch ein kleines Bild einer Harfe), schwarzes Tuch, ockerfarbenes Tuch, einige Steine, eine Schere, Kerze

Gut zu wissen

Lang und blutig war der Kampf zwischen David und Saul und die Bibel berichtet ausführlich mit vielen Geschichten davon. Doch eine Begebenheit sticht heraus: Die Großzügigkeit Davids, eine Friedensgeschichte. Sie wird in zwei Variationen erzählt, als Höhlengeschichte oder als heimlicher Besuch im feindlichen Lager. Wir haben hier nur die Höhlengeschichte verwendet.

Mögliche Themen der Kinder

Komisch: ein König, der krank ist und herumtobt – erschreckend: ein König, der einen Hirtenjungen ermorden will – manchmal bin ich auch so wütend – wie gut, dass David fliehen konnte – ob ich auch so mutig und großzügig wäre wie David? …

Praxisideen zur Vertiefung

Wutbremse

Wir erzählen uns Situationen, die uns ganz wütend gemacht haben. Wir wollen uns rächen! Wir wollen den Schuldigen so lange schlagen, bis er grün und blau ist. – Wenn die Schilderung an einen solchen Punkt kommt, rufen alle verabredet:
„Halt! Lass dich nicht von deiner Wut besiegen!"
Wir überlegen Alternativen zur gewaltsamen Auseinandersetzung.

Roter Stoff der Erinnerung

Jedes Kind bekommt ein Stück Stoff von Sauls rotem Mantel.
Anschließend malen die Kinder das Bild eines Königs, den sie mit allen negativen Eigenschaften beschreiben: ungerecht, gemein, gewalttätig usw.
Anschließend schneiden die Kinder aus dem roten Stoff ein kleines Stück aus und kleben es auf das Bild. Das ausgeschnittene Stück hilft, sich daran zu erinnern und wie David friedlich zu reagieren. Ob es den König überzeugt?
Es kann eine Ausstellung der Bilder geben.

jw

Ester – Rettung für das Volk

Das Buch Ester

Die Geschichte	Zur Gestaltung
Ester ist eine junge Frau. Sie ist klug. Und schön. Der König hatte sie unter allen jungen Frauen als seine Königin ausgewählt. Mit sieben Dienerinnen bewohnt sie einen besonders edlen Teil des Palastes. Ester hat ein Geheimnis: Sie ist Jüdin, sie glaubt an Gott. Die meisten anderen Menschen in dem Land des Königs glauben nicht an Gott, auch der König nicht.	Ein gelbes Tuch für den Palast ausbreiten, Figur für Ester daraufstellen König-Figur dazustellen Ester einen goldenen Samtschal umbinden
Der König hat einen Minister, der sehr eingebildet ist. Er heißt Haman. Er hält sich für viel wichtiger als alle anderen in der Stadt. Er schreit: „Alle müssen sich vor mir verneigen! Ich bin der Wichtigste!“ Alle, die vorbeigehen, verneigen sich vor Haman. Sie haben Angst vor ihm.	Haman-Figur neben das gelbe Tuch stellen
Mordechai ist ein Onkel von Ester. Er sagt: „Ich werde mich nicht vor ihm verbeugen. Ich verneige mich nur vor Gott.“	Figur für Mordechai – auch mit goldenem Samtschal – neben das gelbe Tuch stellen
Als Haman entdeckt, dass Mordechai vor ihm stehen bleibt, ohne sich zu verneigen, wird er zornig. Er schmiedet einen bösen Plan:	
„Ich weiß, dass dieser Mordechai Jude ist. Weil er sich so frech verhalten hat, sollen alle Juden bestraft werden. Ich will, dass alle Jüdinnen und Juden in unserem Land getötet werden!“ Mit einem Los wird der Tag bestimmt, an dem alle Jüdinnen und Juden getötet werden sollen. Der Tag wird in allen Teilen des Landes angekündigt.	Drei graue Tücher aufrecht um den gelben Palast „drohend“ herumstellen
Als Mordechai davon hört, ist er zutiefst erschrocken. Er zieht seine Kleider aus und trägt nur einen alten Sack. Alles, was Freude macht und bunt ist, legt er ab.	Mordechai-Figur einen Jute-Umhang über den goldenen Schal hängen

Nur mit dem Sack angezogen, geht er bis zu dem Königspalast und klagt laut über das, was geplant ist.

Mordechai direkt neben das gelbe Tuch stellen, Ester auf dem gelben Tuch danebenstellen

Auch Ester bekommt mit, welche gemeinen Pläne geschmiedet werden. „Oh nein!“ Auch Ester ist erschrocken. „Was kann ich tun?“ Von ihrem Onkel hört sie: „Geh du zum König und bitte ihn darum, die Juden zu verschonen.“

„Ich? Zum König gehen? Aber das darf man nur, wenn man gerufen wird. Der König will nicht, dass man einfach so zu ihm kommt!“ „Aber es ist die einzige Möglichkeit, unser Volk zu retten, und dich auch“, sagt ihr Onkel.

Da nimmt Ester all ihren Mut zusammen. „Alle Jüdinnen und Juden sollen mich unterstützen, indem sie an mich denken. Zum Zeichen dafür sollen sie drei Tage und Nächte nichts essen.“

Ester zum König stellen

Drei Tage später fasst sich Ester ein Herz. Sie zieht sich die schönsten Kleider an, die sie hat. Dann tritt sie vor den König. Der streckt ihr sein goldenes Zepter entgegen zum Zeichen dafür, dass er nicht böse ist über ihren Besuch.

„Was wünscht du, meine liebe Königin? Alles bis zur Hälfte meines Königreiches will ich dir schenken, wenn du es möchtest.“ Der König liebt Ester sehr.

„Ich möchte dich und deinen Minister Haman zu einem Festessen einladen. Ich würde mich freuen, euch morgen empfangen zu dürfen.“

Haman dazustellen

Der König willigt gerne ein. Als Haman davon erfährt, ist er mächtig stolz: Die Königin lädt nur ihn zum Festmahl mit dem König ein! Das bedeutet sicher, dass er ein beliebter Minister sei, denkt er.

Beim Festessen schaut Ester dem König in die Augen und sagt: „Mein Volk und ich, wir sollen getötet werden. Dieser Mann hier, Haman, will dafür sorgen, dass keine Jüdinnen und Juden mehr am Leben bleiben. Du bist der König. Wenn es in deinem Sinn ist, lass uns alle am Leben bleiben!“

„Was?", der König ist empört. „Ich wusste ja gar nicht ... Das soll so nicht passieren! Nehmt Haman fest!" Die Wachen nehmen Haman gefangen.

Haman-Figur in eines der grauen Tücher legen, Tuch und Haman zurückziehen

Überall im Land wird verkündet: „Den Jüdinnen und Juden soll nichts passieren!"

Zweites graues Tuch wegziehen

Auf einmal beginnen alle jüdischen Menschen, sich gegen die zu wehren, die ihnen Böses tun wollen. Dafür gibt es extra eine königliche Erlaubnis.

Drittes graues Tuch wegziehen

Seit dieser Geschichte feiert das jüdische Volk jedes Jahr an dem Tag, an dem ihr Volk gerettet wurde, und am Tag danach ein großes Fest, das Purimfest. Der Name kommt von dem Los (in der Sprache der Juden „Pur"), das Haman warf, um den Tag zu bestimmen.

Luftschlangen dazulegen

Material

Gelbes Tuch, Holzfiguren für Ester mit goldenem Samtstreifen, König mit Krone, Mordechai mit goldenem Samtstreifen, Haman, drei graue feste Tücher, Jute-Umhang für Mordechai-Figur, Luftschlangen

Gut zu wissen

Der Geschichte um Ester ist ein eigenes Buch im Alten Testament gewidmet. Gott kommt nur zwischen den Zeilen vor. Es erzählt davon, wie Jüdinnen und Juden versuchen, sich als kleines Volk im Zusammenleben mit einem anderen Volk zu behaupten. Schon hier zeigt sich – wie später immer wieder in der Geschichte des jüdischen Volkes –, dass sie angefeindet und aufs Ärgste bedroht werden.

Die Erzählung von Ester zeigt: Organisierte Bedrohung kann mit List und Mut überwunden werden. In der Geschichte werden die gesellschaftlich verankerten Machtverhältnisse der Männer über die Frauen benannt. In der hier nicht miterzählten Vorgeschichte über die erste Frau des Königs, Waschti, die sich dem despotischen Verhalten des Königs widersetzt (auch lesenswert: Ester 1), scheint die Möglichkeit durch, dass weiblicher Widerstand das gesamte Machtgefüge ins Wanken bringen kann.

Es ist zu vermuten, dass die Erzählung einerseits Jüdinnen und Juden, die sich in ähnlicher Bedrängnis erleben, Mut machen will. Andererseits begründet sie das wichtige Fest „Purim", mit dem bis heute Jüdinnen und Juden jedes Jahr einen Monat vor dem Paschafest an die Rettung erinnern und es mit Elementen, die an Karneval denken lassen, feiern.

Mögliche Themen der Kinder

Ich lasse nicht alles mit mir machen – ich habe Angst vor denen, die stärker sind – ich bin der Mehrheit ausgeliefert – jetzt trau ich mich etwas, auch wenn ich nicht weiß, wie es ausgeht – so viel Mut möchte ich auch haben – gut, dass die Juden zusammenhalten – die sind gemein – Dienerinnen, schöne Gewänder, im Palast wohnen, das möchte ich auch mal – ich sage auch, was ich denke – gut, dass sie gerettet werden ...

Praxisideen zur Vertiefung

Beschweren üben

Im Rahmen von (durch das Bundeskinderschutzgesetz seit 2012 für Kitas gesetzlich vorgeschriebenen) Beschwerdeverfahren nutzen viele Kitas die Chance, Kindern das Entdecken der eigenen Bedürfnisse, einer eigenen Haltung und das Äußern von Beschwerden zu ermöglichen. Die Geschichte von Esther kann zu einer Anregung werden, um das Beschweren zu üben:
Im Raum wird aus einem Podest aus Bänken oder Tischen und einer schönen Decke ein „Palast" angedeutet. Ein Kind darf sich in den „Palast" begeben und eine andere Person – Kind oder Erwachsene – zu sich einladen, um ihr zu sagen, was es gerne einmal loswerden möchte oder welche Verhaltensänderung es sich wünscht. Über einen längeren Zeitraum kann dabei eingeübt werden, dass dazu ein Dreischritt hilfreich ist:

1. Ich sage, was ich fühle oder wie es mir geht (z. B. „Ich bin geschubst worden, das mag ich nicht").
2. Ich überlege, was ich brauchen könnte, damit es sich ändert (z. B. „Ich möchte im Gedrängel gut durchkommen!").
3. Ich äußere einen Wunsch, ein Veränderungsbedürfnis, eine Bitte an mein Gegenüber („Ich möchte, dass du ... mich nicht mehr schubst!").

Im Anschluss kann die eingeladene Person darauf reagieren, möglicherweise in der gleichen Abfolge.
Jedes Kind, das möchte, kann in den „Palast" gehen und jemanden zu sich einladen, um ein Bedürfnis zu äußern und sich damit zu beschweren. Möglicherweise kann so ein „Palast" in den Alltag integriert werden, um bei Bedarf von Kindern genutzt zu werden.

Widerstand durch Lärm

Im Judentum wird die Estergeschichte zum Purimfest erzählt. Mit Ausgelassenheit und Verkleidung hat das Fest einen karnevalähnlichen Charakter. Üblicherweise folgen Groß und Klein der Erzählung von Ester, indem sie immer dann, wenn der Name „Haman" fällt, einen großen Lärm anstimmen.

Auch Kinder aus dem christlichen Kontext können sich diese Form aus dem Judentum „ausleihen". Die Kinder sitzen auf dem Fußboden und dürfen jeweils, wenn der Name „Haman" fällt, mit den Händen auf den Boden trommeln, so laut sie können. Es wird ein akustisches Zeichen der Erzählerin verabredet, auf das hin das Händetrommeln aufhört, um dem Fortgang der Geschichte weiter zu folgen.

Glanz und Sackleinen begegnen sich

In der Geschichte treffen die schöne Königin Ester und ihr Onkel aufeinander, der seine Verzweiflung zeigt, indem er alle Kleidung, die ihn ansonsten ausmacht, ablegt und nur in einem Sack gekleidet umhergeht. Reich und arm, organisierte Macht und Widerstand von unten, das Prunkvolle und das Ablegen von allem Schönen treffen aufeinander.
Die Kinder werden eingeladen, dem etwas nachzuspüren, indem sie ein Bild mit zwei Teilen gestalten: auf der einen Seite malen oder kleben sie Ester mit Glitzer und bunten Farben, auf der anderen Seite Mordechai im Sackgewand gekleidet.
Die Kinder stellen ihre Bilder vor, es kann sich ein Gespräch in der Gruppe anschließen.

mlp

Rut – Zusammenhalten!

Das Buch Rut

Die Geschichte	Zur Gestaltung
	In die Sandkiste drei Figuren stellen
Drei Frauen wandern den sandigen Weg entlang. Eine ist älter, die beiden anderen sind jung. Die Sonne brennt heiß vom Himmel. Mit jedem Schritt wirbeln sie Staub auf, so müde sind ihre Füße. Beinahe alles Wasser haben sie schon ausgetrunken.	Langsam die drei Figuren vorangehen lassen, eine nach der anderen
Noomi, die Ältere, bleibt stehen und reicht den beiden anderen den Rest des Wassers.	
„Hier, trinkt noch einmal. Aber dann solltet ihr umkehren, Rut und Orpa. Es ist nicht richtig, dass ihr den langen Weg mit mir geht. Dort, wo ich herkomme, kennt euch kein Mensch. Ihr werdet dort nicht glücklich werden. Keiner wird euch dort helfen. Ich rate euch: Kehrt um!“	
Rut und Orpa sehen Noomi, ihre Schwiegermutter, an.	
Rut sagt: „So lange leben wir jetzt mit dir zusammen. Wir haben alles zusammen durchgestanden, vor allem, als unsere Männer, deine beiden Söhne, starben, Noomi. Wir wollen weiterhin zu dir halten.	Alle drei zusammenstellen
Deshalb gehen wir mit dir zurück in deine Heimat, auch wenn wir von woanders herkommen.“ Orpa nickt.	Alle drei noch enger zusammenstellen
„Aber es wird schwer für euch in meiner Heimat. Ihr glaubt etwas anderes, als es bei uns üblich ist. Da ist keiner, der euch ein gutes Leben bieten kann. Sucht euch da, wo ihr euch auskennt, eine neue Familie!“	
Da fällt Orpa Noomi um den Hals. Mit Tränen in der Stimme sagt sie: „Es fällt mir nicht leicht, dich gehen zu lassen. Aber du hast recht. Ich kehre um in mein Land, in dem ich mich auskenne. Kommst du mit, Rut?“	
Rut zögert. Dann stellt sie sich mit einem Ruck gerade hin und sagt: „Nein, Noomi, ich bleibe bei dir. Wo du hingehst, da gehe ich auch hin. Ich will weiter zu dir gehören.“	

Sie umarmen einander, dann kehrt Orpa um. Noomi und Rut setzen ihren Weg fort. Einige anstrengende Tage der Wanderung haben sie noch vor sich.

Orpa den Weg zurückführen
Noomi und Rut voranführen

Dann, eines Tages, kommen sie in Betlehem an. Von dort war Noomi vor vielen, vielen Jahren weggezogen, als es hier zu wenig zu essen gab. Hier in Betlehem wohnen Verwandte von ihr. Vielleicht können sie helfen?

Ein grünes Tuch außerhalb der Sandkiste ausbreiten, darauf Bauklötze als Häuser legen, Noomi und Rut dazustellen

Gerade wird auf den Feldern das Getreide geerntet. „Ich habe eine Idee", sagt Rut. „Ich gehe auf das Feld und sammle vom Korn auf, das die Erntearbeiter liegen lassen. Das ist ja erlaubt. So können wir uns wenigstens ein wenig zu essen zubereiten." „Das ist gut, so mach es." Noomi legt Rut die Hand auf die Schulter, bevor sie losgeht.

Auf das grüne Tuch einige Körner streuen
Rut zu den Körnern stellen

Viel ist es nicht, was die Erntearbeiter übriggelassen haben. Aber nach und nach findet Rut genug liegengebliebene Kornähren. Sie hebt sie auf und sammelt sie in ein Tuch, das sie umgebunden hat. Den ganzen Tag ist sie auf den Beinen und geht hinter den Ernteleuten her.

Irgendwann kommt der Besitzer des Feldes. Es ist Boas, ein reicher Mann. Ein Verwandter von Noomi. Boas fragt seine Leute: „Wer ist die, die hier Ähren einsammelt? Kennt ihr sie?" Die Arbeiter berichten ihm, was sie von Rut wissen. Da geht Boas zu ihr: „Junge Frau, es ist gut, dass du auf meinem Feld Getreide einsammelst. Ich habe meinen Leuten gesagt, dass sie dir genug übriglassen sollen. Und niemand wird dich bedrängen. Ich habe gehört, dass du zu Noomi gehalten hast, obwohl du ganz woanders zu Hause bist. Bleib auch in den nächsten Tagen auf einem von meinen Feldern. Du hast unter Gottes Flügeln Schutz gesucht."

Boas-Figur dazustellen

Um Rut ein rotes Tuch aufstellen wie eine Schutzwand

Als die Arbeiter eine Essenspause machen, lädt Boas Rut dazu ein. Sie bekommt so viel, dass sie noch einiges für Noomi aufbewahren kann. Am Abend kommt sie mit einem reich gefüllten Tuch nach Hause.

Noomi freut sich über das, was Rut erlebt hat. „Weißt du, Rut, Boas ist ja ein Verwandter von mir. Eigentlich müsste er für uns sorgen, wie es bei uns üblich ist. Es sieht ja so aus, als ob er dich sehr nett findet." Rut lächelt. „Ja, das könnte sein."

Rut zu Noomi stellen

Noomi schmiedet einen Plan. „Es wäre doch gut, wenn er dich heiraten würde. Würde es dir gefallen?" Rut erinnert sich, wie freundlich Boas zu ihr gewesen ist. „Ja, ich glaube, das würde mir gefallen."

Und tatsächlich, es dauert gar nicht lange, da heiraten Boas und Rut. Sie wohnen zusammen, und Noomi wohnt bei ihnen.

Boas zu Rut stellen, etwas Glitzer über beide Figuren streuen

Einige Zeit danach bekommt Rut ein Kind.

Später, viel später wird der Urenkel von Rut der berühmte König David werden.

Material

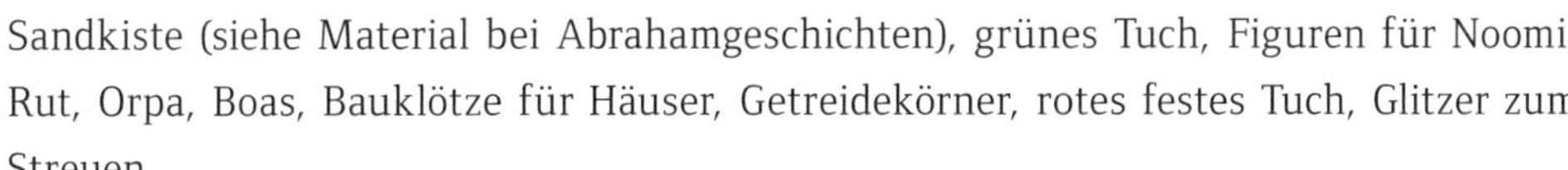
Sandkiste (siehe Material bei Abrahamgeschichten), grünes Tuch, Figuren für Noomi, Rut, Orpa, Boas, Bauklötze für Häuser, Getreidekörner, rotes festes Tuch, Glitzer zum Streuen

Gut zu wissen

Ein Buch mit Frauen als Hauptpersonen ist in der Bibel eine Seltenheit. Sozialgeschichtlich werden die Frauen hier in unterschiedlicher Sichtweise dargestellt: Einerseits sind sie Opfer und Verhandlungsgegenstand, haben kaum eigene Rechte und müssen versorgt werden, weil sie nicht selbstständig einem Erwerb nachgehen dürfen. Andererseits sind sie aktiv, schmieden Pläne und entscheiden listig und mutig, sind solidarisch und verlässlich.

Zusammenhalt im Familiengefüge wird als notwendig zum Überleben beschrieben.

In der Geschichte Israels ist wichtig geworden, dass Rut, die nicht Jüdin ist, sondern zum Volk der Moabiter gehört, die Urgroßmutter Davids wird, der später der größte König über das jüdische Volk werden wird. Im Neuen Testament wird schließlich die Ahnenreihe Jesu bis auf David, den König mit „Migrationshintergrund", zurückgeführt werden.

Mögliche Themen der Kinder

Zusammenhalten tut gut – ich will nicht allein sein – manchmal ist es schwer im Leben – man braucht gute Ideen, damit es weitergeht – ich trau mich etwas Neues – ich verlass mich auf mich selbst – ich nehme gerne auch mal Hilfe an – Gott meint es gut mit mir …

Praxisideen zur Vertiefung

VERTRAUT UND FREMD – WEN BRAUCHE ICH?

Die Kinder gestalten aus Gegenständen miteinander ein Bodenbild aus zwei Hälften: die eine Seite wird mit Gegenständen, Tüchern, Farben belegt, die für ein „Zu-Hause-Gefühl" stehen, das sich gut und sicher anfühlt. Die andere Seite wird gestaltet aus Materialien, die für ein Gefühl von Fremdsein und Unsicherheit stehen.

Nacheinander werden die Kinder eingeladen, allein oder zu zweit in das Bodenbild hineinzugehen. Erst in die eine Hälfte, dann in die andere. Wer mag, erzählt, wie es ihm dabei geht. Dann dürfen die Kinder sagen, wen sie gerne bei sich hätten – jeweils auf der einen oder anderen Seite.

MIT FREMDSEIN UMGEHEN

Daran kann sich ein Gespräch anschließen:

Wo bin ich am liebsten? Wen habe ich am liebsten bei mir? Was mache ich, wenn ich nicht weiterweiß? Wo habe ich mich einmal fremd gefühlt? Wie war es? Was hat geholfen, dass ich mich gut fühlen konnte? Wer gehört alles zu mir? Wie fühlt es sich an, wenn ich glaube, dass Gott mich begleitet? Woran merke ich das? ...

SPIEL: HINDERNISSE MIT GUTEN IDEEN ÜBERWINDEN

Auf einer großen Pappe wird ein einfaches Spielbrett aufgemalt: ein Weg, der aus etwa 20 einzelnen Feldern besteht. 8 Steine werden auf die Felder verteilt.

Jedes Kind hat eine Spielfigur. Wer dran ist, darf ein Feld vorsetzen. Liegt ein Stein im Weg, muss die Spielerin auf eine Frage mit einer guten Idee reagieren. Die Gruppe kann beraten und entscheidet miteinander, ob die genannte Idee hilfreich ist. Wenn ja, wird der Stein weggeräumt und auf ein anderes Feld gelegt. Das nächste Kind ist dran. Am Anfang können vorbereitete Fragen genutzt werden, im Laufe des Spiels fallen den Kindern sicher eigene Situationen ein, die nach einer Lösung suchen lassen. Das Spiel ist zu Ende, wenn alle Kinder den Weg geschafft haben.

Was machst du, ...

- ... wenn du dich verlaufen hast?
- ... wenn du nicht allein sein möchtest?
- ... wenn du dein Frühstück vergessen hast?
- ... wenn du dich nicht traust, jemanden etwas zu fragen?
- ... wenn

mlp

Elija und die Dürre – Baal oder Gott

1 Könige 16,31–33; 17,1; 18,1–41

Die Geschichte	Zur Gestaltung
Schön ist es im Land Israel. Die Sonne scheint viel, es ist warm. Es wachsen Gras, Blumen und Getreide.	Grüne Tücher legen, darauf mit Steinen, Moos und Naturmaterial eine Landschaft gestalten
Wenn es genug regnet, dann sind die Bäche und Brunnen voller Wasser.	Mit einem blauen Tuch einen Bach gestalten
Die Menschen haben dort Häuser gebaut. Sie pflanzen Getreide und Gemüse und haben genug zu essen.	Aus Bauklötzen kleine Häuser bauen und Figuren dazustellen
In ihrer Stadt steht auch ein Altar, dort beten sie zu Gott und feiern Gottesdienste. Sie danken Gott für das schöne Land und das viele Wasser.	Auf einen Bauklotz ein Teelicht stellen und entzünden
„Neulich war das Wasser etwas knapp!", sagt jemand. „Ich habe gehört, dass der Gott Baal auch für Regen sorgen kann. Wir sollten auch einen Altar für den Baal-Gott aufbauen, schön groß und prächtig!"	
Und sie bauen einen Baal-Altar, schön groß und prächtig.	Einen zweiten Bauklotz mit Teelicht stellen, größer und schöner
Dann tanzen sie alle um den neuen Altar und rufen: „Baal, Baal!"	Figuren um den zweiten Altar
Den Altar für Gott haben sie dabei ganz vergessen.	Kerze am ersten Altar aus
Da kommt Elija. Er ruft: „Haltet ein! Ihr könnt doch Gott nicht einfach verlassen und zu Baal beten. Dann wird der Regen ganz wegbleiben und eine schlimme Zeit der Dürre wird kommen." Die Menschen lachen.	Eine markante Figur an den kleinen Altar
Da bleibt der Regen aus und im Bach und im Brunnen ist kaum noch Wasser.	Blaues Tuch ganz klein falten

Das grüne Land vertrocknet.	Braun und Gelb auf die grünen Tücher
Die Menschen wollen immer noch nicht auf Elija hören. „Dann rufen wir eben lauter zu Baal. Ba-al, Ba-al!"	
Da trocknen Bach und Brunnen ganz aus und das Getreide vertrocknet auf den Feldern. Das Essen wird knapp.	Kerze am zweiten Altar aus
Elija geht weg. Er hört Gottes Stimme: „Geh zu dem Bach Krit, auf der anderen Seite des Jordan. Da ist Wasser für dich und die Vögel bringen dir zu essen."	Nur ein kleiner blauer Fleck bleibt am Rande der Landschaft Singen: Regen, Regen (s. u.)
Die Not im Land ist groß. Immer weniger wird das Wasser, immer knapper das Essen. Lange Zeit bleibt es so. Drei Jahre lang. Dann bricht Elija wieder auf. Er ruft: „Kommt alle mit! Auch der König Ahab soll kommen. Kommt mit auf den Berg Karmel."	
Da kommen die Menschen auf dem Berg zusammen. Auch der König. Und Elija.	Mehrere Figuren an anderer Stelle in einem Kreis aufstellen
„Ihr Baalspriester, baut einen Altar für euren Gott. Ich baue hier einen Altar für meinen Gott. Wir legen Holz dazu. Und wo der wahre Gott ist, da wird der Altar anfangen zu brennen."	Die zwei Altäre dazustellen Einzelne Figuren am großen Altar tanzen lassen
Da tanzen die Baalspriester einen wilden Tanz. „BA-AL! BA-AL!",	Rufen: BA-AL, BA-AL!
bis alle ganz erschöpft aufhören.	Tanz-Figuren hinlegen
Da geht Elija zu seinem Altar und faltet die Hände: „Gott, zeige uns, dass du der wahre Gott bist."	Elija zum kleinen Altar
Und plötzlich ist Feuer am Altar. Da schreien die Leute vor Begeisterung, und tatsächlich: Eine Regenwolke erscheint und es prasselt und gießt in Strömen.	Ein brennendes Teelicht am kleinen Altar aufstellen Den großen Altar umstoßen und auch einige Figuren Etwas Wasser über die Landschaft (und die Kinder) spritzen Die Landschaft wieder aufbauen, gelbe/braune Tücher weg, blaues Tuch für den Bach, Baal-Altar umgekippt lassen

Material

Tücher in Grün, Gelb oder Braun, ein blaues Tuch, Bauklötze und etwa 10 Figuren, eine markante Figur für Elija, Teelichte, Steine, Moos und andere Naturmaterialien

Gut zu wissen

Der Kampf gegen den Baal-Gott und gegen andere Götter der Nachbarvölker zieht sich durch lange Zeiten der Geschichte Israels. Dabei sind diese Götter keineswegs harmlos, sie stellen den Kult und die soziale Gesetzgebung auf den Kopf und machen den König zum absoluten Herrscher. Ein friedliches Nebeneinander der Religionen, wie wir es heutzutage anstreben, scheint nicht möglich. Und so ruft Elija zur Entscheidung zwischen Baal und Gott auf.

Im biblischen Text endet die Entscheidung am Berg Karmel mit einem blutigen Gemetzel. Dies ist in der Logik eines Gottesurteils unabdingbar, für uns heute aber unverständlich und abstoßend. Dieser Teil ist in unserer Erzählung bewusst ausgelassen und nur in der Gestaltung zu erkennen.

Die Dürre, die Elija angekündigt hatte, ist nicht nur ein Wetterphänomen. Es ist auch ein Bild für den „Seelenzustand". Es ist auch die „Dürre des Herzens", die entsteht, wenn wir Gott verlassen.

Elija hat im jüdischen Glauben eine hohe Verehrung, seine Tat gilt als Rettung des Gottesglaubens. Umso erstaunlicher sein Wandel auf dem Weg nach Süden, der im nächsten Kapitel beschrieben wird.

Mögliche Themen der Kinder

Wieso denn zwei Götter? – ich fand den Baal und seinen Tanz aber auch ganz gut – warum hören die Menschen nicht auf Elija? – die Dürre muss ganz schön schlimm sein – ich wäre schnell wieder zum Gottesaltar gegangen ...

Praxisideen zur Vertiefung

Ein Psalm für das Wasser

Aus dem Schöpfungspsalm 104 werden Beschreibungen des Wassers herausgenommen:

(1) Mein Gott, wie bist du groß.

(10) Du lässt die Quellen aus der Erde sprudeln.
Das Wasser rinnt in kleinen Bächen zwischen den Bergen
und in großen Flüssen zum Meer.

(11) Tiere können daraus trinken,

(12) Vögel wohnen am Ufer und singen,
schön ist es dort.

(13) *Und immer wieder schenkst du neues Wasser,*
aus den Wolken wird die Erde nass,
(14) *und alles kann wachsen.*
(1) *Mein Gott, wie bist du groß.*

- Den Psalm lesen, mit Geräuschen untermalen, flüstern, auf zwei Tönen singen.
- Jedem Kind ein paar Tropfen Wasser in die Hand geben und dazu den Psalm lesen. Das Wasser muss in der Hand bleiben, bis der Psalm fertig ist. Bei der Wiederholung von Vers 1 wird es in die Luft geworfen.

Sprechgesang
in zwei Gruppen rhythmisch sprechen,
Begleitung durch ein Schlaginstrument möglich

Die Dürre kommt	kein Wasser mehr
die Dürre kommt	vertrocknet
die Dürre kommt	in unser Land
	und in unsre Herzen

Die Dürre kommt	drei Jahre schon
das ganze Volk	vertrocknet.

BAAL! Bring Regen!	Erlöse uns!
GOTT! Bring Regen!	Erlöse uns!
Gott, mach Ende	diesem Chaos!
Gott, mach Ende	der schlimmen Zeit.

Der Regen kommt –	Himmelswasser.
Der Regen kommt –	wir leben.
Der Regen kommt –	in unser Land
	und in unsre Herzen.

Lied: Regen, Regen

Aus Israel

jw

Elija in der Höhle – Ein sanfter Lufthauch

1 Könige 19,1–18

Hinweis: Diese Geschichte sollte nur erzählt werden, wenn die vorhergehende (Elija und die Dürre) bekannt ist

Die Geschichte	Zur Gestaltung
	Die Landschaft der letzten Geschichte aufstellen, ohne Figuren, aber …
Der Kampf war gewonnen. Die Baalspriester sind besiegt. Elija fühlt sich groß und mächtig. Er geht durch das Land Israel. Er geht durch die Dörfer und Städte. Was er sieht, erschreckt ihn:	
Überall stehen noch die Baal-Altäre. Die Anhänger sind keineswegs besiegt. Sie machen einfach weiter. Und dann kommt auch noch ein Bote der Königin. „Elija, du hast den Baal-Glaube bekämpft. Jetzt kämpfe ich gegen dich."	… mit Baal-Altar
Als Elija das sieht, ist es ihm, als ob etwas in ihm zerbricht. Alle Kraft und alle Stärke sind dahin.	Eine Figur hineinstellen
Er möchte nur noch alleine sein und jammern. „Oh Gott, warum musste ich kämpfen? War es nicht alles sinnlos? Sie beten immer noch den Baal an! Jetzt kann ich nicht mehr. Jetzt will ich nicht mehr." Elija geht in die Wüste. Er legt sich unter einen Strauch und schläft ein	Die Sandkiste neben die Landschaft stellen, dazu einen „Strauch" ohne Blätter
Jemand berührt ihn. Elija wacht auf. Er hört: „Elija, steh auf und iss!" Er öffnet die Augen. Ein Engel steht neben ihm. „Elija, steh auf und iss!"	Eine brennende Kerze zum Strauch stellen
Neben dem Engel steht ein Krug Wasser und ein Brot. Elija isst und trinkt und legt sich wieder hin und schläft ein.	Brot und Wasserkrug Kerze wieder entfernen
Wieder berührt ihn jemand. Elija wacht auf. Er hört: „Elija, steh auf und iss!" Er öffnet die Augen. Ein Engel steht neben ihm. „Elija, steh auf und iss! Du hast einen weiten Weg vor dir."	Kerze wieder dazu

Neben dem Engel steht ein Krug Wasser und ein Brot. Elija isst und trinkt, dann steht er auf. Er geht los.	Kerze, Brot und Wasser entfernen
Elija geht den weiten Weg zum Berg Gottes in der Wüste, zum Berg Horeb (der auch Sinai heißt). Die Mahlzeit des Engels hat ihm viel Kraft gegeben. Er geht vierzig Tage und Nächte. Aber sein Lebensmut ist noch nicht zurückgekommen.	Mit der Hand durch die Wüste „gehen"
Schließlich erreicht er den Berg. Er geht in eine Höhle am Berg.	Aus vielen Steinen einen „Berg" mit Höhle bauen
Und dort hört er Gottes Stimme: „Elija, was machst du hier?"	Klangschale
Da bricht es noch einmal aus ihm heraus: „Ich habe gekämpft gegen Baal – und für dich. Aber es hat nichts genützt. Alles umsonst. Jetzt kann ich nicht mehr. Lass mich!"	
Und wieder hört er Gottes Stimme: „Komm heraus an den Eingang der Höhle. Dort wirst du mich erleben."	Klangschale
Da tritt Elija vor die Höhle. Und er erlebt urgewaltige Kräfte:	
Ein Sturm geht über das Land. Alles, alles reißt er mit sich, alles schleudert er gegen die Felsen. Eine Kraft, die zerstört. Das kann nicht Gott sein.	Mit ausgebreiteten Händen einen Sturm im Sand andeuten, Sand gegen den Berg werfen
Dann bebt die Erde. Alles, alles ohne festen Halt. Selbst der Felsen, der dem Sturm noch getrotzt hatte, zerbricht mit lautem Knall. Eine Kraft, die zerstört. Das kann nicht Gott sein.	Sandkiste schütteln, bis der Berg zusammenfällt
Dann kommt ein Feuer, unerbittlich, unaufhaltsam, alles, alles zerfressend. Das letzte Leben verschwindet. Eine Kraft, die zerstört. Das kann nicht Gott sein.	Rote Tücher hoch aufgerichtet auf die Bergreste stellen
Dann wird es still. Nur noch ein Säuseln in der Luft. Ein Flüstern des Windes. Nicht zerstörend. Erschreckend.	Stille Ganz leicht pusten
Jetzt tritt Elija ganz aus der Höhle heraus. Er verhüllt sein Gesicht. Er versteht Gott im Flüstern.	Klangschale
„Elija! Du hast nicht umsonst für mich gekämpft. Geh	Dazu flüstern

und salbe den Hauptmann Jehu zum neuen König von Israel. Er wird die Altäre der fremden Götter zerstören. Die Tage der Königin sind zu Ende."	
Elija geht vom Gottesberg wieder weg. Er geht den ganzen Weg zurück.	Figur aus der Sandkiste bis zum grünen Tuch gehen lassen
Eine neue Aufgabe wartet auf ihn.	Kerze hinstellen

Material

Landschaftsbild der letzten Geschichte, Sandkiste (aus den Einheiten Abraham, Jakob und Esau, Mose), Steine, Wasserkrug, Brot, Klangschale, Kerze, rote Tücher, kleine Zweige als „Strauch"

Gut zu wissen

Zwei unterschiedliche Charakterzüge werden in den beiden Elija-Geschichten gezeigt, sie können beide gut in ein und derselben Person vorkommen. In der ersten Geschichte ist Elija noch kräftig, selbstbewusst und auch aggressiv, die zweite Geschichte zeigt ihn verzagt, kraftlos und passiv. Erst der Engel und später die Gotteserscheinung ermöglichen es ihm, sich neuen Aufgaben zu stellen.
Ebenso zeigt sich ein überraschendes, eher ungewohntes Bild von Gott, der hier nicht in den kräftigen und machtvollen Bildern beschrieben ist. Denken wir an die Geschichte von Mose am brennenden Dornbusch, eine zentrale Geschichte der Bibel, dort gibt sich Gott im Feuer des Dornbusches zu erkennen. Hier aber, bei Elija, ist er im Sanften, im Stillen, im Lufthauch erkennbar. Sein Auftrag an Elija ist aber keineswegs sanft und still, sondern deutet gewaltige Veränderungen an.
Es ist gut, die Vielfalt der menschlichen „Stimmungen" und auch die Vielfalt der Gotteserscheinungen zu beschreiben und nicht zu vereinheitlichen.

Mögliche Themen der Kinder

Armer Elija, er ist ganz schlapp – ich bin auch manchmal ganz kraftlos – wie schön, dass ein Engel kommt – war das ein Zaubertrank? – ganz gefährlich ist es an der Höhle, da will ich nicht dabei sein – einen Lufthauch mag ich gerne – ist Gott so leicht wie ein leichter Wind?

Praxisideen zur Vertiefung

KÖRPERERFAHRUNGEN

Die Erschöpfung:

Wir legen uns und schließen die Augen und hören „Worte der Schwere“:

Ich kann nicht mehr – ich schaffe es nicht – keine Lust mehr – usw.

Die Stärkung durch den Engel

Eine Mitarbeiter*in geht herum und berührt alle. Er/Sie singt dazu: „Steh auf und iss“ (siehe unten). Alle stimmen in den Gesang ein, wir setzen uns singend in einen Kreis und teilen Brot und einen Schluck Wasser.

Das Erschrecken

Wir hören von der CD das Oratorium „Elijas“ von Felix Mendelssohn Bartholdy. Dort singt der Chor bei Nummer 34 von der Begegnung mit den zerstörerischen Elementen und dem Lufthauch. Je nach Alter der Kinder hören wir Ausschnitte daraus. Die Musik ist großartig und faszinierend.

Die Stille

Wir atmen leise ein und etwas lauter wieder aus. Wie klingt ein „Lufthauch“? Wir pusten uns ganz zart auf den Handrücken. Wir stellen eine Kerze und eine Klangschale in die Mitte und schlagen sie einmal ganz zart an.

LIED: STEH AUF UND ISS

Text: Bibel (1 Kön 19)
Musik: Jörg Westhof

jw

Amos – Gerechtigkeit soll sein!

Amos 5,11–24

Die Geschichte	Zur Gestaltung
Schön ist es im Land Israel. Die Sonne scheint viel, es ist warm. Es wachsen Gras, Blumen und Getreide.	Erst braune, dann grüne Tücher legen, eine Landschaft gestalten Aus Bauklötzen kleine Häuser bauen und Figuren dazustellen
Die Menschen haben alle ein Stück Land, das ihnen gehört. Sie haben Häuser dort gebaut. Sie pflanzen Getreide und Gemüse und haben genug zu essen.	Mit dünnen Seilen Grenzen ziehen, ungefähr gleich große Teile entstehen, auf jedem Grundstück eine Figur
Doch in einem Jahr war die Ernte schlecht. Ungeziefer hatte ganz viel aufgefressen. Nur die braune Erde blieb übrig. Es gab kein Getreide. Es gab nichts mehr zu essen.	Grüne Tücher wegnehmen
Nur bei einem hier, da war das Ungeziefer nicht hingekommen. Der hatte reichlich Getreide und viel zu essen. Da kamen die anderen zu ihm: „Wir haben nicht genug zu essen. Es gibt auch nichts zu kaufen. Gib uns etwas ab!" Doch der reiche Mann lachte nur: „Das müsst ihr mir aber teuer bezahlen."	Auf ein Grundstück zeigen, grüne Tücher auf diesem Grundstück liegen lassen
„Wir haben kein Geld zum Bezahlen." „Verkauft mir euer Land, dann bekommt ihr viel Getreide von mir." Da verkauften die Menschen ihr Land. Jetzt hatten sie wieder zu essen.	Grenzen neu ziehen, für alle Armen ein winziges Fleckchen, für den Reichen den Rest
Doch im nächsten Jahr konnten sie auch kein Getreide ernten. Sie hatten ja auch gar kein Land mehr, wo sie es anbauen konnten. Und wieder hatten sie nichts zu essen.	
Nur der Eine, der hatte jetzt viel Getreide, viel mehr als früher. „Wenn ihr etwas haben wollt, dann müsst ihr bezahlen. Viel Geld!" Und dann hatte der Eine eine merkwürdige Idee. Er	Zeigen

feierte ein großes Erntedankfest. Er dankte Gott für all den Reichtum und das ganze Korn. Er machte Musik und sang Loblieder: „Ich danke dir, Gott, dass du mich so reich gemacht hast. Ich danke dir, dass ich so toll bin!“	Kerze neben den „Einen“
Aber er hat den anderen, die großen Hunger hatten, nichts abgegeben.	Auf die anderen zeigen, mit der Hand eine verneinende Geste
Da kommen die Propheten, die Gottesmänner und -frauen. Amos kommt und spricht zu dem Einen, dem reichen Mann: „Wehe dir. Du bist nicht toll, du machst alles verkehrt. Gott will Gerechtigkeit. Alle sollen satt werden. Alle sollen genug zum Leben haben. Besinne dich und denke an Gott, den Gott der Gerechtigkeit. Gib ab von deinem vielen Reichtum! Das wäre ein richtiges Erntedankfest.“ „Bravo, bravo!“, rufen manche, „das ist eine tolle Rede von Amos gewesen!“	Markante Figur zum „Einen“, Kerze aus
„Unerhört!“, ruft der reiche Mann. „Ich habe doch alles ganz gerecht bekommen. Warum darf ich Gott dafür nicht dankbar sein?“ „Aber Gott will es anders!“, sagt Amos. „Gott will Gerechtigkeit.“	Noch einmal auf den „Einen“ zeigen
Ob sich der reiche Mann wohl geändert hat?	Schultern zucken

Material

Mehrere Tücher in Grün und Braun, verschiedene Seile/Schnüre. Bauklötze und etwa 10 Figuren, Kerze

Gut zu wissen

Propheten haben oft die sozialen Missstände im Land angeprangert. Sie berufen sich dabei auf „das Gesetz“, wie es in den Mosebüchern überliefert war. Der Verkauf von Land war dabei verboten, jedenfalls musste jede Familie ein Existenzminimum behalten. Jede Verletzung des „Gesetzes“ war auch eine Abkehr von Gott. Ähnlich wie Elija die Abkehr von Gott durch den Baalskult anprangert, hat Amos die Ungerechtigkeit als Gottesferne angeklagt. Beide Propheten stehen in diesem Buch als Beispiele für die Kritik der Prophetenbücher an den gesellschaftlichen Zuständen in Israel zur Zeit des Königtums.
Die Schlussfrage der Erzählung kann in interessante Gespräche führen. Es gibt keine richtige oder falsche Antwort.

Mögliche Themen der Kinder

Das ist gemein, einem alles wegzunehmen – kann man nicht in den Laden gehen und etwas kaufen? – wie gut, dass der Prophet geschimpft hat …

Praxisideen zur Vertiefung

Neugestaltung

Die Kinder gestalten die Landschaft und ihre Grenzen ganz neu und stellen einen gerechteren Zustand her.

Teilen

Wir teilen – einen Apfel, ein Brötchen, einen Kuchen.

Frage

Für ältere Kinder:

Ist es gerecht, wenn alle ein gleich großes Stück bekommen?
Oder ist es gerecht, wenn die Person, die den Apfel (das Brötchen, den Kuchen) mitgebracht hat, das größte Stück bekommt?

jw

Jona – Der Auftrag von Gott

Das Buch Jona

Die Geschichte	Zur Gestaltung
	Vier große blaue Tücher als Meer ausbreiten, am Rand ein grünes Tuch, Bauklötze für die Häuser der Stadt aufstellen, Jona-Figur etwas abseits von Stadt und Meer stellen
„Jona!"	Klangschale
Jona horcht auf. Gott ruft ihn!	
„Jona! Mach dich auf! Geh nach Ninive! Die Menschen in dieser großen Stadt sind böse. Sag ihnen: Ich will diese Bosheit nicht!"	Klangschale
Was? Jona ist erschrocken. Ich soll den Menschen in Ninive sagen, dass sie sich ändern sollen? Was werden sie mir da wohl antun?	
Nein, nein! Das kann Gott doch nicht von mir verlangen! Ich hau ab!	
Jona läuft los. Eilig zum Hafen hinunter. Da, ein Schiff will gerade abfahren! Schnell zieht Jona Geld aus seinem Beutel und gibt es dem Kapitän. Er springt auf das Schiff, da legt es auch schon ab.	Jona zum Ufer stellen, ein kleines braunes Tuch als Boot auf die blauen Tücher legen, Jona in das Boot stellen
Gott lässt Jona aber nicht einfach fliehen. Gott schickt einen heftigen Sturm auf das Meer. Ein Unwetter tobt. Das Schiff schaukelt im Wellental hin und her. Die Seeleute schreien: „Das Schiff geht unter!"	Aus den blauen Tüchern Zipfel nach oben ziehen, sodass Wellenberge entstehen
Sie fangen an zu beten, jeder zu seinem eigenen Gott, denn sie haben verschiedene Götter, an die sie glauben. Und sie werfen alle möglichen Gegenstände ins Meer, damit das Schiff leichter wird. Aber es hilft nichts: Der Sturm wütet weiter.	
Nur Jona schläft. Tief ins Innere des Schiffes hat er sich verkrochen.	
Der Kapitän weckt ihn. Jona geht hinaus zu den Seeleuten. Ihm ist elend zumute. „Was sollen wir nur machen? Das Unwetter wird immer stärker!"	

Da sagt Jona: „Ich bin schuld, weil ich vor Gott weggelaufen bin. Werft mich ins Meer, dann wird das Wüten des Sturmes aufhören!“	
Da nehmen die Seeleute Jona und werfen ihn ins Meer.	Jona auf die blauen Tücher legen
Schlagartig ist das Meer ruhig.	Die blauen Tücher glattziehen
Die Männer bekommen eine tiefe Furcht vor Gott. Und Jona?	
Er ertrinkt nicht. Gott schickt ein großes Meerestier. Es verschlingt Jona. Eine lange Zeit, drei Tage und drei Nächte, ist Jona im Bauch des Tieres.	Ein dunkles Tuch im Knäuel über Jona legen
Obwohl ich vor Gott weggelaufen bin, hat Gott mich behütet und dieses rettende Meerestier geschickt, denkt Jona. Ich glaube, ich kann mit Gott reden. Und Jona betet: „Gott, ich dachte, ich gehe unter. Ich dachte, du wolltest nichts mehr mit mir zu tun haben. Aber du hast mich gerettet! Ich merke, dass es gut ist, sich an dich zu halten. Ich danke dir von Herzen, Gott!“	
Da spricht Gott zu dem Meerestier, und es spuckt Jona an Land.	Dunkles Tuch wegnehmen, Jona an das Ufer stellen
Da spricht Gott erneut zu Jona: „Nun geh los, Jona. Geh nach Ninive und sage den Leuten, was ich dir sage!“	Klangschale
Jona traut sich nun. Er geht in die riesige Stadt. Jona ruft den Menschen zu: „Noch 40 Tage! Dann wird Ninive untergehen!“ „Was?“ Die Menschen sind erschrocken. In ihrer Not beginnen sie damit, auf Gott zu vertrauen. Selbst der König lässt alles Machtgehabe beiseite. Er zieht sich alte, dreckige Kleidung an und streut Asche über sich	Jona zur Stadt stellen
selbst. Er zeigt damit: Es tut mir leid. Er fordert von den Menschen: „Macht es ab jetzt besser! Keine Gewalttaten mehr, keine Bosheiten! Vielleicht lässt Gott ab vom Zorn und wir bleiben am Leben?“	Etwas Asche über die Bauklötze streuen
Als Gott sieht, dass die Menschen von Ninive ihr Verhalten ändern und vom bösen Weg abkommen, ändert Gott sein Vorhaben: Ninive wird nicht zerstört.	Asche von den Bauklötzen pusten

Jona bekommt es mit. Und es ärgert ihn fürchterlich. „Das habe ich mir ja schon gedacht, Gott: Ich setz mich ein und riskiere was – und du änderst einfach deine Meinung! Das hätte ich mir ja denken können, dass du letztlich gütig bist und verzeihst und die Bösewichte in der Stadt gar nicht bestrafst. Deshalb wollte ich ja deinen Auftrag auch gar nicht ausführen! Ich könnte mich totärgern darüber!"

Klangschale

Gott antwortet: „Findest du, dass du ein Recht hast, so zornig zu sein? Ich habe Mitleid mit den Menschen. Sie haben sich doch geändert. Sie freuen sich, dass die Stadt noch da ist, und alle Tiere auch. Und ich freue mich auch darüber."

Brennende Kerze dazustellen

Material

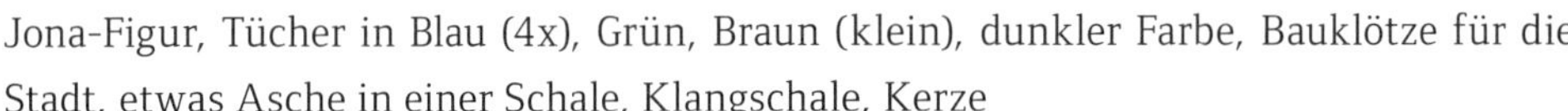

Jona-Figur, Tücher in Blau (4x), Grün, Braun (klein), dunkler Farbe, Bauklötze für die Stadt, etwas Asche in einer Schale, Klangschale, Kerze

Gut zu wissen

Jona – dem ein eigenes kurzes Buch im Alten Testament gewidmet ist – gilt als Prophet der Hebräer, weil er im Auftrag Gottes Menschen zur Umkehr bewegen soll. Allerdings erscheint er in der Geschichte nicht als leuchtendes Vorbild, weil er aus Angst um sein Wohlergehen kneift. Aber Gott kann man nicht überlisten, sagt die Geschichte. Gott nutzt Naturgewalten und andere Menschen, um Jona zum Erfüllen des Auftrages zu drängen. Nebenbei werden die Seeleute zum Glauben an Jonas Gott überzeugt.
Gott ist so machtvoll, dass er sogar ein Meerestier (von einem Wal ist nicht die Rede) für die Rettung Jonas nutzen kann.
Offensichtlich gibt ihm die Zeit im Bauch des Meerestiers die Gelegenheit, über sein Verhältnis zu Gott nachzudenken. Er wird dankbar über die Rettung, daraus folgt die innere Kehrtwende: Zunächst vom Tode bedroht und schließlich von Gott errettet, gibt Jona seinen Widerstand auf. Wie ein Psalm klingt das Gebet Jonas.
Als er dann – wieder am Land – dem Auftrag Gottes Folge leistet, kommt es nicht zu der befürchteten Reaktion der Menschen, sondern im Gegenteil: Sie hören auf Jona und werden gottesfürchtig. Sogar der König gibt seine Zeichen der Macht ab – seine edlen Kleider; stattdessen streut er schmutzige Asche über sich und unterwirft sich der Kraft Gottes. Aber anstatt sich darüber zu freuen, wird Jona kleinlich und fordert von Gott trotzig, die Bösen zu bestrafen. Dass bei Gott die Güte vor der Gerechtigkeit kommt, macht Jona widerspenstig.

Mögliche Themen der Kinder

Ich will diese Aufgabe nicht übernehmen – dazu bin ich noch zu klein – ich trau mich nicht – vielleicht geht es mir schlecht, wenn ich anderen die Meinung sage? – ich haue einfach ab – darf der denn vor Gott weglaufen? – kann man überhaupt vor Gott weglaufen? – wie gut, dass die Stadt nicht zerstört wird – warum freut sich Jona eigentlich nicht, obwohl alles nach Plan gelaufen ist: Er sollte den Menschen sagen, dass sie sich ändern sollen, und sie hören auf ihn? – die Bösen müssen aber doch bestraft werden – irgendwie schön, wie Gott Jona erklärt, was Gott wichtig ist …

Praxisideen zur Vertiefung

Verschluckt werden

Alle Kinder, die möchten, können nacheinander unter eine Decke kriechen. Ein/e Erwachsene hält spürbar die Hand auf dem Rücken des Kindes unter der Decke. Alle anderen Kinder stehen drum herum. Miteinander wird laut gezählt: „1–2–3“, bei drei wird dem Kind zugeflüstert: „Gott sagt: Ich bin bei dir!“ Danach ziehen alle die Decke von dem Kind weg.

Unter der Weltverschwindungsdecke

Manchmal wird einem alles zu viel. Manchmal muss man – wie Jona – raus aus dem Geschehen. Um solche Erfahrungen miteinander zu teilen und sich auszutauschen, wie man mit ihnen umgehen kann, liegt in der Mitte eine rote „Weltverschwindungsdecke“. Wer möchte, kann unter die Decke kriechen, um allein zu sein. Wer es lieber möchte, kann auch zu zweit unter der Decke sein. Einen Augenblick lang ist es still. Dann singen alle Kinder außen im Kreis das Lied „Das wünsch ich sehr“.
Ein Kind mit einer Taschenlampe kriecht zu dem Kind unter der Decke und fragt es, ob es wieder hinausmöchte. Wenn ja, kommen beide hervor, das nächste Kind ist dran. Wenn nein, wird überlegt, was dem Kind helfen könnte, wieder aus dem Verschwinden herauszukommen.

Gott die Meinung sagen

In einem Gespräch denken die Kinder miteinander darüber nach, was sie Gott gerne sagen möchten. Worüber möchten sie sich bei Gott beschweren? Was fühlt sich ungerecht an? Was möchten sie gerne loswerden bei Gott? Wie, denken sie, findet Gott das, dass sie sich beschweren – möchte Gott es wissen? Und was passiert dann?
Die Geschichte kann Anlass sein, um miteinander ins Theologisieren zu kommen.

mlp

Drei Männer im Feuerofen – Widerstand gegen einen verrückten König

Daniel 3

Die Geschichte	Zur Gestaltung
Der König von Babylon ist mächtig. Sehr mächtig. Er hat ein großes Königreich. Sehr, sehr groß. Und er ist reich. Sehr reich. Unglaublich reich. Jede Menge Gold in seiner Schatzkammer.	Goldene Folie (Rettungsdecke) ausbreiten
Der König ist leider auch verrückt. Sehr verrückt. Er denkt: „Ich bin der Mächtigste überhaupt auf der ganzen Welt. Ich bin noch viel mächtiger als Gott." Und in seiner Verrücktheit beschließt er, dass alle seine Untertanen zu ihm beten müssen.	
Dazu lässt er eine riesige Statue von sich bauen. Groß. Sehr groß. Und ganz aus Gold. Der König ruft: „Jeder, der hier vorbeigeht, muss niederknien und das Bild anbeten. Mein Bild! Ihr betet mich als Gott an! Und wer das nicht tut, der wird in den Feuerofen gesteckt."	Ein Pappkarton und ein daraufgeklebter Luftballon werden in die goldene Folie eingehüllt
Oh weh, was für ein schlimmer Befehl. Die Fürsten, die vornehmen Leute, die tun, was der König sagt. Sie kommen. Alle kommen sie von weither, sie knien nieder und beten die Statue an. Der König schaut zu und ist zufrieden. Drei Männer gehen vorbei. Es sind Sadrach, Mesach und Abed-Nego. Sie wollen die Statue nicht anbeten. Sie glauben an Gott, da kann man doch nicht zu einer Goldfigur beten. Sie knien nicht nieder, sie bleiben vor der Figur einfach stehen. Der König sieht das. Er wird wild vor Wut. Er schreit	Rote Tücher werden aufgestellt
ganz laut: „In den Feuerofen mit ihnen! Sie erweisen mir nicht die nötige Ehre. Sie haben keinen Respekt. Sie sind gefährlich. Macht den Ofen noch heißer!"	Noch mehr rote Tücher aufstellen
Da geschieht etwas Merkwürdiges. Keiner hat es gesehen: Ein Engel ist gekommen. Er ist in den Feuerofen gegangen. Das Feuer konnte ihm nichts tun. Er ver-	Ein weißes Tuch zwischen die roten tun und damit eine Höhle formen

brennt nicht. Seine Flügel verbrennen nicht. Er breitet die Flügel aus und macht damit einen Schutzraum – mitten im Feuer.
Als Sadrach, Mesach und Abed-Nego in den Feuerofen gehen müssen, werden sie von den Engelflügeln eingeschlossen.
Da sind sie sicher. Es passiert ihnen nichts.
Der König geht zum Ofen. Er schaut hinein und will sehen, was im Feuerofen passiert ist. Er schaut und erschrickt: „Ich sehe *vier* Männer, alle sind unversehrt, und einer ist ein Engel."
Da begreift der König: „Sie haben einen mächtigen Schutzengel. Ihr Gott muss mächtiger sein als ich. Wie kann denn das sein?"
Und der König lässt Sadrach, Mesach und Abed-Nego herausholen aus dem Feuer:
„Schnell, ihr Soldaten, macht den Ofen auf, macht das Feuer aus, holt die Männer heraus. Ihr Gott ist viel mächtiger als ich!"

Die roten Tücher werden flach gedrückt auf den Boden

Da kommen die drei heraus aus dem Ofen, ganz und unversehrt.
Der König ruft: „Euer Gott ist mächtig! Ich bin viel kleiner als er! Zerstört die Statue! Ich will nicht mehr angebetet werden. Nur zu dem Gott von Sadrach, Mesach und Abed-Nego darf gebetet werden."

Die goldene Statue wird umgeworfen, mit Freuden kann der Karton zertrampelt werden, der Luftballon zerplatzt mit lautem Knall

Drei Männer haben dem verrückten König getrotzt. Gott hat sie gerettet. Manchmal passiert das.

Material

Goldene Rettungsdecke, großer Pappkarton, Luftballon, viele rote Tücher, ein weißes Tuch *(Bei kleinen Kindern: Vorsicht mit der Rettungsdecke wegen einer möglichen Erstickungsgefahr!)*

Gut zu wissen

„Feuer des Unheils" schürt ein größenwahnsinniger König in seinem Feuerofen. Er steht für alle irren Diktatoren der Menschheitsgeschichte.
Das Buch Daniel, in dem auch diese Geschichte steht, spielt in der Zeit der Babylonischen Gefangenschaft, etwa 500 Jahre vor Christus. Der König von Babylon hatte Israel erobert und das Volk (zumindest seine Oberschicht) in die Gefangenschaft mitgenommen.

Er wollte sie zu seinem Volk machen. Doch ein Teil der Gefangenen widersetzt sich dem Plan und bleibt dem alten Glauben treu. So auch Sadrach, Mesach und Abed-Nego. Und Gott unterstützt die drei in ihrem Widerstand.
Die Geschichte behauptet nicht, dass jeder gottesfürchtige Mensch in solchen Gefahrenmomenten geschützt ist. Sie beschreibt ein einmaliges Erlebnis, in dem solche wundersamen Rettungen möglich sind. Deshalb der Schlusssatz: *Manchmal passiert das.*

Mögliche Themen der Kinder

Ich will auch mächtig sein wie ein König – ach nein, lieber nicht – mächtiger als Gott sein, da spinnt der König – mutige Männer, die trauen sich was – ich will auch ganz mutig sein – eine Schutzhöhle, wie schön – kann das wirklich passieren? – war es nicht trotzdem heiß da drinnen? – hatten die Männer keine Angst? – ich habe auch einen Schutzengel …

Praxisideen zur Vertiefung

„Nein!"-Sagen

Wir erteilen einige „groteske" Anweisungen und üben daran gemeinsam das Nein-Sagen.
Zum Beispiel: „Wir gehen jetzt in den Supermarkt und nehmen dann alle Naschis mit, die es da gibt – ohne zu bezahlen." – *NEIN!*

Körperübungen dazu

1 „Ach, ich weiß nicht, ich trau mich nicht …" Zu diesem Satz ganz zusammengekauert sitzen, Arme um den eigenen Körper legen, zu Boden schauen.
2. Eine Klangschale ertönt, dazu ein gesprochener Satz: „Hab Mut, trau dich, Gott ist bei dir!" In langsamen Bewegungen aufrichten. Solange die Klangschale zu hören ist: die Arme lösen, den Kopf heben.
3. Wenn alle gerade stehen (evtl. muss die Klangschale mehrmals angeschlagen werden), laut sprechen: „NEIN, das tue ich nicht! Das ist ungerecht!"
4. Hinterher klatschen wir uns Beifall für den mutigen Auftritt.

Eine „Engelschutzhöhle" bauen

Aus großen weißen Tüchern eine Höhle bauen, mit besonderen Gegenständen schmücken (Kreuz, Kinderbibel, *Vorsicht bei der Verwendung von Kerzen!)*
In der Höhle singen: Du, Gott, stützt mich (Dorothea Schönhals-Schlaud, 1987); Das wünsch ich sehr (s. S. 76)

Für Kinder ab etwa 8 Jahren:

Mit einer goldenen Rettungsdecke eine Figur bauen (wie in der Geschichte) und ihr verschiedene Namen geben, zum Beispiel:

- *Ungerechtigkeit,* dass einige arm sind und andere ganz reich …
  (aufschreiben und auf die Figur kleben)
- *Fanatismus,* der nichts anderes als die eigene Überzeugung gelten lässt
  (aufschreiben und auf die Figur kleben)
- *Lügen,* z. B. Versprechungen aus Werbetexten
  (aufschreiben und auf die Figur kleben) usw.

Zum Schluss diese Figur zerstören (wie in der Geschichte).

jw

Daniels Albträume – Monster bedrohen die Welt

Daniel 7 + 8

Die Geschichte	Zur Gestaltung
Daniel ist ein Berater des Königs von Babylon. Daniel kann Träume deuten. Er weiß, was sie bedeuten. Aber einmal hat er selber geträumt, da versagt seine Deutekunst.	
Er träumt:	Der Traum wird mit drei Tönen einer Klangschale eingeleitet, zugleich wird ein schwarzes Tuch ausgerollt, es ist wie eine „Leinwand“, in die die Bilder des Traumes von den Kindern hineingedacht werden
Sturm! Sturm auf dem Meer. Und seltsam: Der Wind kam aus allen Richtungen zugleich. Wie kann das sein? Sturm! Das Meer teilte sich, und ein großes Tier stieg daraus auf. Ein Löwe – aber der Löwe hatte Flügel wie ein Adler. Unheimlich und gewaltig! Wieder teilte sich das Meer, und ein anderes Tier erschien. Es sah aus wie ein Bär, hoch aufgerichtet, und in seinem Maul waren Knochen, die es kaute. Wieder teilte sich das Meer, und ein anderes Tier erschien. Es war ein Panther, doch nein, er hatte Flügel an der Seite wie ein Vogel, aber vier! Und schau, er hatte nicht nur einen Kopf, sondern auch vier Köpfe! Unheimlich und gewaltig!	
Und noch einmal teilte sich das Meer. Das Tier, das jetzt erschien, war das schlimmste von allen. Daniel bekam große Angst!	Drei Töne auf der Klangschale
Da änderte sich das Bild. Ein Thron wurde aufgestellt, ein Thron voller Feuer, von vielen Engeln umstellt. Dort ist Gott.	Neben das schwarze Tuch wird eine Kerze gestellt
„Es ist die Zeit des Gerichtes!“, hörte Daniel Gottes Stimme. „Kein Mensch und kein Tier soll ungestraft solche Untaten tun.“ Das vierte Tier, das schlimmste von allen, fiel nach diesen Worten tot um und verbrannte im Feuer. Die anderen Tiere wurden klein und niedlich und zahm. Doch der Traum war noch nicht zu Ende. Denn plötzlich schwebte jemand aus den Wolken des Himmels, er sah	

aus wie ein Mensch, wie du und ich. Er schwebte bis zum Thron und bekam von Gott alle Macht übertragen und wurde stärker als alle schlimmen Tiere zusammen.
Daniel wacht auf. Ein Engel erscheint ihm.
Er erklärt ihm den Traum: „Die Menschen sind manchmal wie Tiere, wie Ungeheuer, die viel Leid bringen. Aber kein Mensch und kein Tier soll ungestraft solche Untaten tun."
„Und der Mensch, der aus den Wolken kam?"
„Der Menschensohn wird noch kommen. Er wird sein wie Gott und doch auch wie ein Mensch. Du kennst ihn noch nicht, aber er wird den Frieden bringen und kein Ungeheuer wird uns mehr ängstigen ..."
Später erzählt Daniel anderen Menschen von diesem Traum, dem König, den Beratern, seinen Freunden – aber niemand versteht, wovon er redet. Niemand versteht die Worte des Engels.
Verstehst du sie?

Wieder drei Töne auf der Klangschale, dann wird das schwarze Tuch eingerollt

Lied: Du, Gott, stützt mich

Material

Ein schwarzes Tuch, am besten aus Filzstoff, Kerze, Klangschale

Gut zu wissen

Die Erzählung von Daniels Traum spielt zur Zeit der Babylonischen Gefangenschaft. In ihm spiegeln sich gewaltige politische Umwälzungen und der Aufstieg und Fall tyrannischer Herrscher.
Die Traumbilder der Geschichte sind Kindern nicht unbekannt. Auch sie kennen Träume von „Monstern" und Situationen von Hilflosigkeit. Tagsüber spielen sie solche Angstsituationen mit Monsterfiguren nach.
Der Engel der Geschichte gibt eine Deutung: Gott ist mächtiger. Ein „Menschensohn" dient als Garant für die Rettung.
Der Text ist lange Zeit vor Jesu Geburt geschrieben und weist doch alle Züge einer Christus-Beschreibung auf. Wahrscheinlich hat Jesus ihn gelesen und die Beschreibung auf sich bezogen und das Wort „Menschensohn" zum zentralen Wort seines Selbstverständnisses gemacht.

Mögliche Themen der Kinder

Ich habe Angst – manchmal träume ich auch schlecht – andere sind stärker – ich will auch so stark sein wie ein Monster – Gott ist stärker, wie schön – Gott soll sie alle tothauen, die Bösen …

Praxisideen zur Vertiefung

EIGENE ALBTRÄUME

Das schwarze Tuch der Geschichte wieder ausrollen. Einen Korb mit kleinen Stofffetzen (aus dem gleichen Stoff) bereitstellen. Für jedes der erzählten „Monsterbilder" einen kleinen Stofffetzen auf das schwarze Tuch legen (er wird fast unsichtbar).
Alle Kinder sind eingeladen, auch einen kleinen Stofffetzen zu legen, wenn sie solche unheimlichen Traumbilder kennen. Anschließend wird das schwarze Tuch wieder zusammengerollt. Dabei die große Kerze des Engels dazustellen und ein Lied dazu singen, z. B. „Du, Gott, stützt mich".
Manchmal reizt es, über Träume zu sprechen. Manche Kinder erzählen gern ihre eigenen Träume. Wo dies aus eigenem Antrieb geschieht, soll gerne Raum dafür sein. Kinderträume sind aber sehr persönliche, intime Lebensäußerungen, Gespräche darüber müssen behutsam sein.

MONSTER BAUEN

Aus Papier und Kleister können leicht „Monsterfiguren" gebaut werden. Anschließend werden sie „gruselig" bemalt. Noch einfacher ist es, einen Luftballon als Grundlage zu nehmen und zu bemalen.
Sie können angsterregend schreien, aber bleiben doch in ihrer Macht begrenzt: Zuletzt werden sie besiegt, eingesperrt oder zerstört. Der Luftballon wird dazu so lange aufgepustet, bis er platzt.

BILDER

Traumbilder reizen dazu, gemalt zu werden. Es passt zum Wesen der Traumbilder, dass sie nicht mit scharfen Konturen gemalt werden, sondern unscharf und zerfließend. Deshalb bietet es sich an, mit Wasserfarben auf nassem Papier zu malen. Die Farben zerfließen ineinander, man muss sparsam malen, damit noch etwas erkannt wird. Wenn man statt normalem Papier noch ein besonders saugfähiges nimmt, z. B. Küchenkrepp, verstärkt sich dieser Effekt noch erheblich.
Die fertigen Bilder können gemeinsam betrachtet, aber sie sollen nicht bewertet oder gedeutet werden. Sie sind Zeichen einer persönlichen Empfindung der Kinder und damit vorsichtig zu behandeln.

jw

Die Psalmen

Psalm 23 – Gut versorgt

Der Psalm	Zur Gestaltung
Gott ist wie ein Hirte. Gott passt auf mich auf.	Schaf in die Mitte stellen
Gott versorgt mich gut. Ich habe zu essen.	Schale mit Trauben herumreichen, den Rest zu dem Schaf stellen
Und genug zu trinken.	Schüssel mit Wasser hinstellen, mit der Hand im Wasser plätschern
Gott sorgt dafür, dass ich es schön habe.	Rotes Tuch wie ein Nest um das Schaf legen
Manchmal bin ich traurig. Dann erlebe ich: Auch jetzt bin ich nicht allein.	Schwarzes Chiffontuch über das Schaf breiten
Gott ist da. Irgendwann bin ich dann wieder froh.	Schwarzes Tuch zurückrollen, eine Kerze dazustellen und anzünden
Bei Gott bin ich Königin, bei Gott bin ich König. Als ob ich mit Salböl gesalbt werde, wie eine Königin, wie ein König.	Salböl herumgehen lassen, sodass alle Kinder daran riechen können, dann zu dem Schaf stellen

Material

Schaf, Trauben, Schale mit Wasser, rotes Tuch, schwarzes Chiffontuch, Kerze, Gefäß mit Salböl (Babypflegeöl o. Ä.)

Gut zu wissen

Die Psalmen sind eine sehr alte Sammlung von Liedern für Gottesdienste, allerdings sind ihre Melodien nicht mehr überliefert. In ihnen beten Menschen zu Gott und erzählen vom Leben – alles, was zum Leben dazugehört, kommt in ihnen vor: Vertrauen zu Gott, Hoffnung, Angst, Verfolgung, Errettung, Essen und Trinken, Feindschaft und Beziehungen. Sie machen sichtbar, dass im Kontakt mit Gott alle Bereiche des Lebens Platz haben. Menschen bitten in den Psalmen, dass Gott sie aus Notlagen befreien und ihnen neue Chancen schenken möge. Auch darum, die Bösen zu bestrafen und die Gottlosen zu vernichten.

Psalm 23 ist einer der bekanntesten Psalmen. In ihm wird eine Gottesbeziehung sichtbar, in der der Mensch wächst und sich Gott annähert: Vom „Schaf" zum Gast bei einem Mahl und schließlich zum König, der gesalbt wird. Von Gott in der dritten Person nähert sich der Beter Gott an, Gott wird schließlich zum „Du".

Mögliche Themen der Kinder

Ich bin kein Schaf! – das klingt schön behütet – gut, dass ich nicht mehr traurig sein muss – ich möchte auch, dass immer einer auf mich aufpasst – Gott ist da – manchmal bin ich aber ganz schön unversorgt, wer kümmerst sich dann um mich? – ich bin glücklich! ...

Praxisideen zur Vertiefung

Gesalbt werden

Gesalbt wurden Menschen, die etwas ganz Besonderes waren, zum Beispiel Könige. Für Gott ist jeder Mensch etwas Besonderes. Der/die Erzähler*in geht mit einem guten Hautpflegeöl in einem Töpfchen von Kind zu Kind. Das Kind darf an dem Töpfchen riechen. Dann sagt die Erzähler*in: „Gott hat dich lieb. Du bist etwas ganz Besonderes für Gott." Dann wird etwas Öl mit auf das Handgelenk des Kindes gestrichen. (Mögliche Allergien beachten!) Ein Lied kann die Aktion abschließen.

mlp

Psalm 27 – Verbirg dich nicht vor mir

Der Psalm	Zur Gestaltung
Ich stelle mir das so vor: Der alte Joshua sitzt vor seinem Haus. Er denkt daran, was er alles in seinem Leben erlebt hat. Er hatte so glückliche Zeiten, aber auch ganz schwierige Momente. Darüber ist er alt geworden. Alles hat er gut überstanden. Jetzt kann ihn nichts mehr erschüttern. Da denkt er sich:	Ein braunes Tuch legen, eine Figur dazustellen
Gott ist mein Licht und mein Heil; *vor wem sollte ich mich fürchten?* *Gott ist meines Lebens Kraft;* *vor wem sollte mir grauen?*	Eine große Kerze dazustellen
Der alte Joshua sitzt vor seinem Haus. Er sagt: Wenn ich ehrlich bin, dann weiß ich:	
Manchmal kommt die Angst aber doch zurück. Dann sehe ich, was alles passiert,	Schwarzes Tuch …
und ich denke: *Höre meine Stimme, wenn ich rufe;* *sei mir gnädig und erhöre mich!* *Verbirg dich nicht vor mir,* *verstoße mich nicht!* *Denn du bist meine Hilfe;* *verlass mich nicht,* *und tu die Hand nicht von mir ab,* *Gott, mein Heil!*	… wird aufgerichtet
Neulich ist jemand gekommen und hat Joshua angeklagt:	
„Du bist ein Dieb! Du hast mir sieben Schafe gestohlen!"	Schwarzes Tuch kommt von der anderen Seite
Joshua wusste, dass das nicht stimmte. Er rief zu seinem Gott:	

Steh mir bei, Gott!
Denn es stehen falsche Zeugen wider mich auf
und tun mir Unrecht ohne Scheu.

„Ich habe sie nicht gestohlen.
Gib besser acht auf deine Tiere!“

Große Kerze nahe zur Figur stellen

Da ging der Ankläger wieder weg.

Schwarzes Tuch entfernt sich

Ich glaube aber doch,
dass ich sehen werde Gottes Güte
im Lande der Lebendigen.

Deswegen bleibe ich bei Gott
Dort geht es mir gut.

Kerze ganz dicht neben der Figur

Ich möchte gerne bleiben
in Gottes Hause mein Leben lang,
zu schauen die schönen Gottesdienste
und seinen Tempel zu betrachten.
Denn er deckt mich schützend zu
in seiner Hütte zur bösen Zeit,
er birgt mich im Schutz seines Zeltes.
Ich will singen und Lob sagen meinem Gott.

Und so möchte er allen zurufen:
Harre auf Gott!
Sei getrost und unverzagt
und harre auf Gott!

Dazu die Figur nacheinander in die vier Ecken des Tuches stellen …

(viermal rufen!)

… dann wieder zur Kerze

Amen.

Material
Eine Figur, braunes und schwarzes Tuch, große Kerze

Gut zu wissen
Der Psalmtext bleibt bewusst in der alten Sprache, die nicht immer sofort verständlich ist, aber auch eine eigene Schönheit hat. Das ist für Kinder interessant, manchmal auch rätselhaft oder lustig.

Großes Gottvertrauen, aber auch Angst und konkrete Notsituationen bringt Joshua vor Gott. Es ist typisch für Psalmlieder, dass sie beide Elemente in sich haben, am Ende aber immer mit einem Gotteslob abschließen.

Mögliche Themen der Kinder

Das klingt schön behütet – aber auch gemein, das mit den Schafen – was heißt denn „in seiner Hütte“, „im Tempel“, „im Land der Lebendigen“ ? – am Ende ist er aber ganz glücklich – ob das mit der Kerze zu tun hat?

Praxisidee zur Vertiefung

MEDITATIVES MALEN

Den Text der linken Spalte noch einmal langsam lesen, auch mit kleinen Musikpausen. Die Kinder malen dazu, was ihnen in den Sinn kommt.

jw

Psalm 91 – Begleitet von Gott

Der Psalm	Zur Gestaltung
	Auf einem Samttuch werden um eine Figur herum nach und nach Gegenstände ausgelegt
Manchmal denke ich:	
Du kannst auf Gott vertrauen.	
Du bist geschützt wie unter einem großen Schirm.	Regenschirm aufspannen
Dir geht es gut wie im Schatten eines großen Baumes.	Baum
Du bist sicher wie auf einer Burg.	Burg
Du kannst auf Gott vertrauen. Gott bewahrt dich vor Unglück.	
Du kannst dich einkuscheln.	Ein festeres Tuch in einem Halbkreis hinter die Figur legen als Schutzwall
Es ist, als ob dich Gott mit Flügeln zudeckt. Du brauchst keine Angst zu haben.	Feder oder ausgeschnittener Flügel Figur über den Kopf streicheln
Du kannst auf Gott vertrauen.	
Gott hat seinen Engeln befohlen, dass sie dich behüten auf allen deinen Wegen.	Weitere Figur dazustellen
Dass sie dich auf den Händen tragen und dein Fuß nicht an einen Stein stößt.	Großen Stein dazulegen; wenn es möglich ist, nimmt die zweite Figur die erste auf den Arm
Du kannst auf Gott vertrauen. Gott hat dich lieb.	Von Kind zu Kind gehen und jedem Kind die beiden Sätze zusagen: „Du kannst auf Gott vertrauen. Gott hat dich lieb."

Material

Großes Samttuch, zwei Figuren, ein Regenschirm, ein Baum (ein Blumentopf von der Fensterbank geht auch), eine Burg (z. B. aus Bauklötzen bauen), festeres Tuch, das zusammengefaltet wie ein Schutzwall aufgestellt werden kann, eine große Feder oder ein aus Papier geschnittener Flügel, ein großer Stein

Gut zu wissen

Der Psalm ermuntert Menschen zu großem Vertrauen und malt das in einer vielfältigen Sammlung von Bildern in unterschiedlichen Vergleichen aus. Sie sagen nicht: Gott ist eine Burg, sondern: bei Gott ist es, als ob man auf einer Burg ist. Die konkreten Bilder von Behütetsein können Kinder stärken und Vertrauen wachsen lassen.

Wie gehen wir mit diesem großen Versprechen um, das in dem Psalm steckt: von Gottes Engeln auf den Händen getragen zu werden? Der Psalmtexter geht von der damaligen unerschütterlichen Annahme aus, dass der, der Gott vertraut, mit Unversehrtheit von Gott belohnt wird. Unsere Erfahrung ist eine andere: Wir wissen durchaus, dass auch Menschen, die auf Gott vertrauen, ein Unglück passieren kann.

Der Psalm kann verstanden werden als Aufforderung, auch in den schweren Zeiten unseres Lebens das Vertrauen auf Gott nicht aufzugeben. Gott bewahrt nicht vor den dunklen Seiten des Lebens, aber er trägt Menschen hindurch.

Mögliche Themen der Kinder

Ich kenne das: manchmal habe ich Angst und wünsche mir jemanden, der mich beschützt – ich möchte auf den Arm – ich bin schon groß – ich sehne mich danach, mich einzukuscheln – wer passt auf mich auf, wenn meine Eltern nicht da sind? – ich baue mir eine Schutzburg – manchmal stoße ich mich aber doch ziemlich an den Steinen auf meinem Weg – beschützt Gott mich auch, wenn ich auf die Straße laufe? – wenn doch etwas passiert, hat Gott mich dann nicht lieb?

Praxisidee zur Vertiefung

Aus einem großen Sammelsurium von unterschiedlichen Materialien gestaltet jedes Kind eine Collage auf einem Holzbrett oder einer festen Pappe: Wie stelle ich mir Gott vor? Wie ist es, wenn mich Gott beschützt? Wo komme ich in der Collage vor? Ein Gespräch in der Runde kann das Gestalten vorbereiten. Anschließend gibt es eine Ausstellung mit kleiner Ausstellungs-Eröffnungs-Feier, zu der die Eltern eingeladen werden können. Lieder von Gott können die Aktion begleiten.

Sind Kinder muslimischen Glaubens dabei, ist es wichtig, die muslimische Tradition zu würdigen, Gott nicht darzustellen. Daher bieten sich dann Fragen zur Collagengestaltung an wie: Wenn ich mich von Gott behütet weiß, wie geht es mir dann? Oder: Wie sieht der Ort aus, an dem ich Gott nahe bin?

mlp

Psalm 104 – Draußen

Der Psalm	Zur Gestaltung
	Alle sitzen an einer schönen Stelle in der Natur
Gott, du bist wunderbar zu uns!	Klangschale
Du schenkst uns das Licht. Es macht alles hell und schön. Du breitest über uns das Blau des Himmels aus. Wie ein Zelt. Wir spüren den Wind.	
Und in allem bist du, lieber Gott.	Klangschale
Die Erde hast du gut und fest gemacht. Auf ihr können wir gut wohnen.	Fuß einmal auf die Erde stampfen
Überall wächst Gras für die Tiere. Wasser können wir an vielen Orten entdecken.	Wenn kein Wasser in der Nähe ist: einen Krug mit Wasser ausgießen
Viele Tiere gibt es. Seht ihr welche? Vögel sitzen in Bäumen und zwitschern. Hört ihr welche? Du hast den Mond gemacht. Und die Sonne. Und uns Menschen hast du gemacht. Schaut euch um, winkt euch zu!	
Lieber Gott, du hast uns wunderbar gemacht.	Klangschale
Du sorgst für uns.	Schale mit Früchte hinstellen
Ich danke dir dafür, lieber Gott.	Klangschale
	Gemeinsam die Früchte essen

Material

Vorbereitung: einen passenden Ort im Freien suchen
Klangschale, evtl. Krug mit Wasser, Schale mit Früchten

Gut zu wissen

Dieser Psalm hat wie die Schöpfungsgeschichte am Anfang der Bibel einen dankbaren Blick auf die Schönheit der Welt zum Inhalt.

Mögliche Themen der Kinder

So schön, extra für uns! – wie merke ich, dass Gott in allem ist? – Gott ist auch in mir – alle gut versorgt: Menschen und Tiere …

Praxisidee zur Vertiefung

Die Kinder sammeln Naturmaterialien ein. Darauf achten, dass keine Pflanzen ausgerissen und zerstört werden.

Zum erneuten langsamen Vorlesen der Verse legen alle miteinander ein Bild aus den Naturmaterialien. Dabei darf es sehr langsam zugehen. Alle können nach ihren Vorstellungen legen, es gibt keine Vorgaben.

jw

Wie Jesus von Gott erzählt

Geschichten aus dem Neuen Testament

Die Ankündigung der Geburt – Die Engelsbotschaft an Maria

Lukasevangelium 1,26–56

Die Geschichte	Zur Gestaltung
Ein Haus in Nazaret	Ein kleines rotes Tuch hinlegen als ein Haus
Maria wohnt dort, zusammen mit ihren Eltern und Geschwistern. Maria ist ein großes Mädchen. Bald wird sie heiraten. Sie kennt ihren Bräutigam schon, es ist Josef, der Zimmermann. Die beiden sind miteinander verlobt. Heute ist sie alleine im Haus. Sie hat Wasser geholt vom Brunnen. Sie bereitet das Essen …	Eine Marienfigur in das Haus stellen
Halt! Was ist das? Dort im Haus, ganz hell, ganz groß! Ein Engel? Maria hört etwas: „Sei gegrüßt, du Begnadete, Gott ist mit dir!" Was ist das? Wer spricht da? Maria bekommt Angst. Es ist ihr unheimlich. Doch der Engel redet weiter: „Fürchte dich nicht, Maria. Ich bringe dir eine gute Nachricht von Gott. Du wirst schwanger werden und einen Sohn bekommen. Du sollst ihn Jesus nennen. Und mit diesem Kind wird sich der Traum von der Erlösung erfüllen."	Eine Kerze in das Haus stellen
Maria fragt sich: „Was hat das zu bedeuten? Wie kann ich schwanger sein? Ich war mit Josef noch nicht zusammen. Und was ist denn der Traum von der Erlösung?" „Kein Ding ist unmöglich bei Gott", so antwortet der Engel, „geheimnisvolle Dinge werden passieren. Fürchte dich nicht vor ihnen."	

Da holt Maria tief Luft: „Ja! Wenn Gott es so geschehen lässt, dann ist es gut." Da verlässt sie der Engel und Maria hat viel Zeit, nachzudenken. Was ist da passiert? Mit wem kann sie jetzt darüber reden?	Die Kerze aus dem Haus nehmen, weit wegstellen
Maria ist auf dem Weg von Nazaret in das Gebirge nach Juda. Niemandem hat sie von der Begegnung mit dem Engel erzählt. Sie muss mit jemand anderem reden, aber nicht mit einem aus ihrer Familie, und jetzt auch noch nicht mit Josef. Sie läuft zu Elisabeth und Zacharias. Die wohnen weit weg im Land Juda. Drei Tage ist sie unterwegs, es ist ein beschwerlicher Weg durch das Gebirge. Fragen bedrängen sie. Wie kann denn ein großer Plan Gottes durch sie in Erfüllung gehen?	Mit einem langen Band den weiten Weg nach Juda legen, die Kerze an das Ende des Bandes stellen Marienfigur auf den Weg stellen Gebirge bauen: einen Stein oder ein geknäultes graues Tuch unter das Band legen
Dann kommt sie an bei Elisabet. Die steht vor der Tür ihres Hauses, breitet die Arme aus und ruft: „Ja, Maria, gesegnet sollst du sein. Du bist schwanger und mit deinem Kind *Jesus* wird sich Gottes Plan der Erlösung erfüllen."	Am Ende des Bandes ein weiteres rotes Tuch, gleich neben der Kerze Marienfigur zum Haus
Da weiß Maria, dass alles richtig und gut ist. Alle Fragen werden ganz klein. „Jetzt kann ich Gott loben!", so ruft sie, „denn er hat mich ausgesucht, ein Mädchen aus Nazaret, damit Gottes Heil zu den Menschen kommt." Und sie bleibt viele Tage bei Elisabet, bis sie wieder aufbricht nach Nazaret, erleichtert und zuversichtlich.	Kerze ganz dicht zu Maria Marienfigur zurück in ihr Haus stellen

Material

Zwei kleine rote Tücher, Marienfigur, Kerze, langes Band oder Schnur, flacher Stein oder graues Tuch

Gut zu wissen

Die Verkündigung des Engels an Maria ist die „klassische" Geschichte der Adventszeit. Mit ihr beginnt das Heilsgeschehen des Neuen Testaments. Die Nachricht des Engels ist so unglaublich, dass Maria erst den Abstand und den Besuch bei ihrer Verwandten Elisabet braucht, um das Ganze zu begreifen. Erst hier bricht sie in lauten Jubel aus (das „Magnificat"), der hier in nur einem Satz ausgeführt ist. Ausgelassen wird hier auch der Bericht, dass Elisabet die Mutter von Johannes dem Täufer ist, der ebenfalls durch den Engel geheimnisvoll angekündigt wurde.

Mögliche Themen der Kinder

Wenn ich groß bin, will ich auch heiraten – ein Engel, wie schön/wie unheimlich – merkwürdige Worte: *begnadet, Traum der Erlösung* – wenn ich ein Geheimnis habe, will ich auch nicht mit jedem darüber reden – woher weiß Elisabet das alles? – jetzt geht es Maria wieder gut, wie schön ...

Praxisideen zur Vertiefung

Ein Lied zum Weg

Der Weg zu Elisabeth wird auf eine sehr eigene und schöne Art beschrieben durch das Lied „Maria durch ein Dornwald ging" („Gotteslob" 224 und viele Liederbücher für die Advents- und Weihnachtszeit)

Den Weg der Maria gehen

Der Weg kann auch als begehbarer Weg gebaut werden, möglichst in Spiralform. Das Gebirge ist durch einen Schemel gekennzeichnet, der überklettert wird. Wenn man das Lied „Maria durch ein Dornwald ging" mit einbaut, führt der Weg durch Dornenzweige. Im Zentrum der Spirale (am Haus der Elisabet) kann ein schöner Muggelstein abgeholt werden.

Gott loben wie Maria

Maria stimmt ein Loblied für Gott an. Wofür wollen die Kinder Gott danken?
Die Kinder tragen zusammen, was sie Gott sagen möchten und wofür sie Gott loben wollen. Daraus kann ein gemeinsames „Magnificat", ein Lobgesang für Gott, entstehen.

jw

Jesus ist geboren – Weihnachten

Lukasevangelium 2,1–20 und Matthäusevangelium 2,9–10

Die Geschichte	Zur Gestaltung
Das ist ein Haus in Israel, ein Gasthaus, eine Herberge. Sie steht mitten in Betlehem. Hier wohnen die Wirtsleute, hier die Herbergsgäste, hier sind die Tiere untergebracht. Es ist voll, ganz voll mit Menschen.	Auf einem roten Tuch aus Bauklötzen ein Rechteck legen Eine Futterkrippe aufstellen als Grenze zwischen Wohn- und Tierbereich
Sie sind alle unterwegs, weil der große Kaiser eine Volkszählung befohlen hat. Alle müssen in ihre Heimatstadt und sich in Listen eintragen Und sie schimpfen: „So eine blöde Idee vom Kaiser. Er will nur die Steuern erhöhen, deswegen müssen wir hierher. Und wer passt zu Hause auf unsere Tiere auf?“	
Ein Mann und eine Frau stehen vor der Tür der Herberge. Es sind Maria und Josef. Bei Maria sieht man den dicken Bauch, sie ist hochschwanger. Sie sieht sehr erschöpft aus. Sie ruft: „Bitte, wir brauchen noch einen Platz. Ich kann nicht draußen bleiben, das Kind kommt bald.“ Der Wirt geht zu ihnen: „Es ist doch alles voll belegt.“ „Irgendwo nur ein Plätzchen, bitte“, sagt Josef. Der Wirt schaut sich um: „Bei den Gästen ist wirklich kein Platz mehr. Die ersten schlafen schon. Aber ihr könnt euch zu den Tieren legen, Stroh ist genug da.“	Zwei Figuren „Maria und Josef“ In den Tierbereich etwas Stroh geben, Maria und Josef dazu
In dieser Nacht wird in der Herberge das Jesus-Kind geboren. Das ist eine Aufregung. Manche schimpfen über die Unruhe, aber die meisten sind sehr glücklich, dass da ein kleiner Junge geboren ist. Und manche haben es ganz verschlafen. Jesus wird in Windeln gewickelt. Und dann wird er hingelegt – ja, wohin denn? Kein Platz – und auf dem Boden, da können ja die Tiere drauftreten. Aber Josef	Das kleine Kind herumzeigen

nimmt sein Kind und legt es in den Futtertrog der Tiere, in die Krippe. Dort schläft es nun.

Das Kind in die Krippe legen

Was niemand von ihnen weiß: In der Nähe bei einer Schafherde erscheint ein Engel, groß, mächtig und hell, mit einer wunderbaren Botschaft für die Hirten.

Eine große Kerze weit außerhalb der Herberge stellen und anzünden

Da geht die Tür in der Herberge wieder auf. Dort stehen ein paar arme Gestalten, sie riechen nach Schaf. „Nein!", sagt der Wirt, „nun ist aber wirklich alles voll. Ihr seid doch Hirten, geht zurück zu euren Schafen."
Doch die Hirten hören nicht auf ihn. Sie sehen das Baby in der Krippe, sie gehen hin und knien nieder, man hört sie beten.

Einige Hirten gehen zur Krippe

Dann stehen sie auf und erzählen Maria und Josef und auch dem Wirt: „Ja, wir sind Hirten. Wir waren draußen bei unseren Schafen, wie jede Nacht. Und dann kam der Engel, so groß, so mächtig, so hell. Wir hatten viel Angst. Aber er sprach ganz freundlich: Fürchtet euch nicht! Danach begann er zu erzählen, dass hier ein neugeborenes Kind in der Krippe liegt und dass es der Heiland der Welt ist. So viele Engel waren plötzlich da, es leuchtete und funkelte." Der Hirte stockt, er wischt sich die Tränen aus den Augen. „Uns hat er davon erzählt, uns, den armen Hirten, nicht den Mächtigen und Klugen. Jetzt ist der Traum der Erlösung wahr geworden."

Auf die große Kerze zeigen

Maria hat alles gehört. Ihr ist so, als ob sie ihren Engel in den Worten der Hirten wieder hört.
„Wir müssen zurück zu unseren Schafen. Aber diese Nacht werden wir nie vergessen."
„Ich auch nicht!", denkt Maria.

Hirtenfiguren nach draußen stellen

In den nächsten Tagen ist die Volkszählung vorbei. Die Herberge wird wieder leerer. Doch noch einmal bekommen Maria und Josef Besuch – und was für einer!
Eine Gruppe von vornehmen, gelehrten Leuten steht plötzlich in der Herberge. Und wie die Hirten gehen sie zu der Krippe und knien nieder. Auch sie beten. Und sie

Figuren der „Heiligen Drei Könige" zur Krippe stellen

erzählen, dass ein Stern sie geleitet hat, von weit, weit her sind sie gekommen, und jetzt haben sie das Kind gefunden. Sie lassen wertvolle Geschenke zurück und machen sich dann sehr bald wieder auf den Rückweg. Was für ein geheimnisvolles Sternenzeichen hatten sie da am Himmel gesehen?

Königsfiguren nach draußen stellen

Es dauerte noch lange, bis die kleine Familie zurück war in ihrem Haus in Nazaret.

Ein Weihnachtslied singen

Material

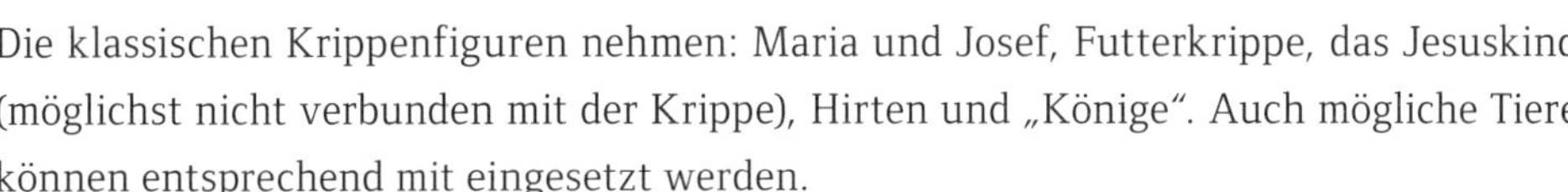

Die klassischen Krippenfiguren nehmen: Maria und Josef, Futterkrippe, das Jesuskind (möglichst nicht verbunden mit der Krippe), Hirten und „Könige". Auch mögliche Tiere können entsprechend mit eingesetzt werden.
Außerdem: große Kerze, rotes Tuch, Bauklötze, etwas Stroh oder Holzspäne

Gut zu wissen

Die Weihnachtsgeschichte zählt zu den bekanntesten Geschichten der Bibel. In zahlreichen Krippenspielen wird sie alljährlich wieder nacherzählt und dabei oftmals so verfremdet, dass sie kaum zu erkennen ist.
In der Bibel ist nicht von einem Stall die Rede, sondern von einer Herberge. Häuser in Israel waren immer eine Kombination von Wohnbereich und Stall, in der Regel nur durch eine Krippe abgetrennt. Wenn es wie hier zur Volkszählung sehr voll war, musste man in den Stallbereich ausweichen. Das war eine gewisse räumliche Trennung zur Herberge, die aber oftmals nicht durch eine Wand, sondern eben nur durch die Krippe gegeben war.
Auch erzählt der biblische Text nichts von unfreundlichen Wirten, die eine schwangere Frau abweisen. Die Bibel erzählt vor allem von der Engelsbotschaft: „Euch ist heute der Heiland geboren".
Im Gegensatz zur „klassischen" Weihnachtsgeschichte aus dem Lukasevangelium berichtet das Matthäusevangelium von einem Stern und den „Königen", die eigentlich weise Leute und Sterndeuter waren. Sie haben sich aufgemacht, um das Kind anzubeten. Dieser Teil ist eine ganz eigene Geschichte; er wurde hier aber miterzählt, weil er in vielen Weihnachtstraditionen dazugehört.

Mögliche Themen der Kinder

Das kenne ich alles – wir haben auch so ähnliche Figuren zu Hause – ich möchte auch einmal in einer Krippe/bei den Tieren schlafen – ein Baby gehört doch eigentlich nicht in eine Futterkrippe – wie geht denn „in Windeln wickeln"? – nicht nur ein Engel, da waren doch noch ganz viele – warum weint denn der Hirte? – und die Könige waren doch noch bei Herodes …

Praxisideen zur Vertiefung

Weiterspielen

Die aufgebaute Krippenlandschaft kann stehen bleiben, die Kinder können weiterspielen.

Musik

Ein kleines Stück der Erzählung (z. B. die Engelsbotschaft) kann ergänzt werden durch Musik, etwa durch entsprechende Stellen in Bachs Weihnachtsoratorium, von einem Tonträger gehört.
Danach wird „normal“ weitererzählt.

In der Herberge

Die Kinder erzählen: Was sagen die verschiedenen Leute in der Herberge zu dem ganzen Geschehen? Die Gespräche können in ein kleines Rollenspiel eingearbeitet werden.

Schmücken

Die Kinder schmücken die Krippenlandschaft mit „Goldstaub“ oder ausgestanzten Sternen. Welcher Teil des Ganzen soll besonders geschmückt werden?

jw

Jesus als Zwölfjähriger – Im Tempel

Lukasevangelium 2,41–52

Die Geschichte	Zur Gestaltung
Die Stadt ist groß. Und laut. Viele Menschen schieben sich durch enge Gassen. Ein Junge lehnt an einer Hauswand und sieht dem Treiben zu. Es ist Jesus. Ein großes Fest findet statt, deshalb sind viele Familien hierhergekommen. Das Paschafest in Jerusalem feiern, das ist das Schönste. Seit Jahren reisen seine Eltern jedes Jahr im Frühjahr in die große Stadt. Endlich darf er mit, weil er jetzt 12 Jahre alt ist. Damit ist er schon fast erwachsen.	Ein sehr großes Tuch wird in der Mitte ausgebreitet für die große Stadt Jesus-Figur hinstellen
Das Feiern hatte Spaß gemacht. Zuerst sind sie alle zusammen im Tempel gewesen. Jesus ist gerne in dem großen Gebäude. So viele wichtige Menschen. Sie sprechen über Gott und ihren Glauben. Jesus hat aufmerksam zugehört. Nach dem Besuch im Gottesdienst haben sie bei Verwandten gegessen und das Paschafest gefeiert. Die vielen Speisen, mit denen an die Befreiung aus Ägypten erinnert wird! Lecker und lustig war es!	Ein kleineres Tuch auf das große Tuch legen als Tempel; die Kinder suchen aus dem Korb mit Gegenständen aus, womit sie den Tempel gerne gestalten möchten
Jetzt, nach drei Tagen in der Stadt, soll es wieder nach Hause gehen. Jesus, seine Familie und andere Verwandte haben einen weiten Fußweg vor sich. Aber Jesus geht in den Tempel, nicht nach Hause. Wie dunkel es hier drinnen ist! Die Augen müssen sich erst einmal an den großen Raum ohne helle Sonne gewöhnen. Angenehm kühl ist es.	Jesus-Figur auf das kleine Tuch stellen
Langsam geht Jesus nach vorne. Mehrere Männer mit langen Bärten stehen hier und reden miteinander. Wie es richtig ist, Gott zu dienen. Dass es auf jeden Fall das Allerwichtigste ist, Gottes Gebote zu halten. Deshalb darf man auch am Feiertag Menschen nicht gesundmachen, sagen sie.	Andere Figuren dazu, eine Kerze dazustellen – sie ist noch aus

Jesus hört zu, und auf einmal kann er sich nicht mehr zurückhalten. Er stellt sich zu den Männern und fängt an zu sprechen: „Ich glaube das nicht", sagt er. Überrascht drehen sich einige nach ihm um. Was hat der Junge hier zu sagen? „Ich glaube, dass es wichtig ist, Gottes Gebote zu halten. Aber genauso wichtig ist es, dass es den Menschen gut geht. Wenn jemand krank ist, dann muss er auch am Feiertag gesundgemacht werden dürfen. Ich glaube, Gott möchte, dass es den Menschen gut geht. Dafür sind die Gebote da."

Kerze anzünden

Einige grummeln vor sich hin, einer nickt. Andere schütteln die Köpfe. Einer sagt: „Aber, meinst du nicht ..." Und dann fangen sie an, miteinander zu reden und zu diskutieren. Fast klingt es, als streiten sie sich.
Die Reise nach Hause hat Jesus längst vergessen. Das hier im Tempel, das ist ihm viel wichtiger.

Goldene Kette um die Figuren herum legen

Am Abend nimmt ihn Nathanael, einer der Männer, mit nach Hause. Irgendwo muss er ja bleiben über Nacht. Er bekommt zu essen und einen Platz zum Schlafen. Am nächsten Morgen zieht es ihn wieder in den Tempel, dorthin, wo er mit den Männern reden kann. Einen zweiten Tag verbringt Jesus im Tempel und redet mit den Menschen dort.

Auch am Morgen des dritten Tages ist Jesus wieder unter den Männern im Tempel zu finden. Plötzlich läuft jemand mit schnellen Schritten durch den großen Raum. „Da bist du endlich! Jesus! Wir haben dich überall gesucht!" Maria, die Mutter von Jesus, fällt ihn um den Hals. „Was hast du dir denn gedacht? Dein Vater und ich, wir haben dich verzweifelt gesucht. Überall! Einen ganzen Tag sind wir schon unterwegs nach Hause gewesen. Wir dachten ja, du gehst vorne bei den anderen mit. Erst abends haben wir gemerkt: Jesus fehlt! Wir haben gesucht und gesucht! Am nächsten Tag sind wir dann den ganzen Weg wieder zurück nach Jerusalem gelaufen. Und haben die ganze Stadt nach dir abge-

Marienfigur dazustellen, etwas weiter weg die Josef-Figur

sucht. Jetzt endlich haben wir dich gefunden. Aber was machst du denn hier?"

Jesus schaut seine Mutter an. „Warum habt ihr mich denn gesucht? Wisst ihr nicht, dass ich hier im Haus meines Vaters sein muss?"

Seine Mutter und auch sein Vater, der inzwischen hinzugekommen ist, schauen ihn mit großen Augen an. Sie verstehen ihren Sohn nicht.

Josef-Figur zu Maria stellen

Aber Maria bewahrt alles, was sie hier erlebt hat, in ihrem Herzen.
„Komm jetzt, Jesus", sagt sie dann. Sie legt ihm die Hand auf die Schulter. Da verabschiedet sich Jesus von Nathanael und den Menschen im Tempel und geht mit seinen Eltern zurück nach Nazaret, wo er zu Hause ist. Auch als Jesus älter wird, bleibt er mit Gott und den Menschen im Gespräch über das, was ihm am Glauben wichtig ist.

Maria, Josef und Jesus etwas abseits stellen, eine zweite Kerze dazustellen, an der Kerze in der Mitte entzünden

Material

Ein sehr großes Tuch, Jesus-Figur, andere Figuren, Maria- und Josef-Figur, kleineres Tuch, ein Korb mit Gegenständen, mit denen der Tempel gestaltet werden kann (Steine, Glitzerketten, Naturmaterial, Kerzenleuchter ...), zwei Kerzen, eine lange goldene Kette

Gut zu wissen

Außer den Geburtsgeschichten ist die Geschichte vom zwölfjährigen Jesus im Tempel die einzige, in der von Jesus als Kind erzählt wird. Und viel erfahren wir auch hier nicht über ihn. Mit 12 galt ein jüdischer Junge beinahe als erwachsen, mit 13 wurde er als religionsmündig akzeptiert.
Jesus erregt Aufsehen mit dem, was er zu sagen hat. Obwohl seine Wirksamkeit als Wanderprediger erst später beginnt, wird hier bereits auf seine besondere Nähe zu Gott verwiesen und dass es sich mit ihm anders verhält als mit anderen Kindern.

Mögliche Themen der Kinder

Jesus war ja auch mal ein Kind – das würde ich mich nicht trauen, so viele Erwachsene – ich würde gerne auch mal meine Meinung sagen vor allen anderen – ganz schön mutig von Jesus – ich wünsche mir Mut! – woher weiß der das alles? – toll, dass die Erwachsenen ihm zuhören – ganz schön gemein für Maria und Josef, die haben sich solche Sorgen gemacht – warum haben die Eltern auch nicht früher nach ihrem Sohn geschaut? Sie hätten ja besser auf ihn aufpassen können – aber Josef ist doch der Vater von Jesus! – wie gut, dass sie sich gefunden haben – ob Maria lange auf Jesus böse war? …

Praxisideen zur Vertiefung

Jesus und seine Familie

Wenn sich die Kinder für Jesus als Kind interessieren, können sie ihr eigenes Bild von Jesus in seiner Familie malen: Maria, Josef, Jesus und Verwandte von Jesus. Wie stellen sich die Kinder Jesus vor? Wo steht er, wo seine Mutter, sein Vater, wo die anderen aus seiner Familie? Was ist ihnen noch wichtig zu malen? Wenn die Kinder selbst Jesus treffen könnten, wohin in dem Bild möchten sie sich hineinmalen?
Und was passiert wohl auf dem Rückweg? Wer mag, malt ein Bild vom Rückweg.

Etwas zu sagen haben

Jesus diskutiert im Tempel mit den Erwachsenen, weil er etwas zu sagen hat. Ihm ist es wichtig, seine Meinung deutlich zu machen – auch, wenn es nicht alle gut finden. Mit den Kindern kann ein Gespräch stattfinden:

- Was macht ihr, wenn ihr euch Gehör verschaffen wollt?
- Wie macht ihr auf eure Meinung aufmerksam?
- Wie fühlt es sich an, wenn andere es störend finden, was ihr sagt?
- Wie geht ihr damit um?
- Wie könnt ihr deutlich machen, dass eure Meinung wichtig ist?

Danach können Kinder experimentieren: In der Kita wird an einem Ort ein Podest (ein Tisch, ein Kasten o. Ä.) gestellt, auf das ein Kind klettern kann, wenn es etwas sagen will, das für es wichtig ist: eine Beschwerde oder eine wichtige Entdeckung oder etwas Schönes, das es erlebt hat. Die Kinder verabreden miteinander, woran sie erkennen, dass ein Kind etwas Wichtiges zu sagen hat, und wie es gelingen kann, dass alle ihm Aufmerksamkeit schenken – eine Glocke, ein Lied o. Ä.
Diese Geschichte kann auch im Rahmen von Beschwerdemanagement in der Kita lebendig werden.

Ein schöner Ort zum Feiern und Reden über Gott

Die Kinder erzählen einander, an welchen Orten sie gerne sind. Gibt es Orte, an denen sie besonders gut über Gott nachdenken können? An denen sie besonders gerne beten? An denen sie miteinander gerne Gottesdienst feiern? Was gehört dazu? Wie soll der Ort aussehen? Die Kinder gestalten ihren eigenen Andachts- oder Gottesdienstraum. Stühle oder Teppichfliesen? Oder nur Teppichboden? Ein Tisch als Altar oder ein Tuch in der

Mitte? Ein Kreuz? Wenn ja, wie kann es gestaltet werden? Können die Kinder es selbst bauen? Kerzen – geht das in der Kita? Welche Gegenstände sind ihnen sonst wichtig? Gibt es etwas, was man hören kann? Und riechen? In einem Beteiligungsprojekt entwickeln die Kinder ihren Raum.
Dieser besondere Raum kann jedes Mal vor einer Andacht oder einer „Zeit mit Gott“ von den Kindern selbst gestaltet werden. Noch schöner: Der Raum bleibt fester Bestandteil der Kita oder Kindergruppe und kann von allen genutzt werden, wenn sie es möchten oder brauchen.

mlp

Am Anfang – Taufe und Versuchung

Lukasevangelium 3,21–22; 4,1–13

Die Geschichte	Zur Gestaltung
30 Jahre alt ist Jesus jetzt. Er arbeitet als Zimmermann. Doch dann geht er fort aus seinem Beruf und von seiner Familie. Er merkt: Es warten noch andere Aufgaben auf ihn.	Ein großes braunes Tuch auslegen
Er hört von einem Wanderprediger, der heißt Johannes. Er tauft die Menschen in einem Fluss, im Jordan.	Eine kleine Figur dazu
Jesus geht zu Johannes, er geht durch ein Gebirge,	An der Seite des Tuches etwas darunterlegen, sodass ein „Gebirge" entsteht
dann durch die Wüste,	In der Mitte Sand aufbringen
dann zum Jordan am Rand der Wüste.	Am anderen Rand ein blaues Tuch als Fluss legen
Jesus kommt zu Johannes.	Zwei Figuren stehen sich nahe beim Fluss gegenüber
Er sagt zu ihm: „Du redest zu den Menschen von Gott. Du sagst, sie sollen sich ändern und taufen lassen. Jetzt will ich getauft werden."	
Beide gehen zum Fluss. Johannes spricht ein Gebet. Jesus wird kurz im Wasser untergetaucht.	Die Figuren gehen zum Fluss, eine kurz unter das Tuch schieben, dann stehen beide wieder am Ufer
Da sehen die Leute etwas. Was ist das? Hell und leuchtend kommt es vom Himmel. Wie ein Vogel sieht es aus, wie eine Taube.	Ein Taubenbild legen (siehe unten)
Eine Stimme ist zu hören, wie aus dem Himmel kommend: „Du bist mein lieber Sohn, an dir habe ich Wohlgefallen."	Klangschale
Da geht Jesus fort, weg vom Fluss, von Johannes und von den vielen Menschen dort. Er geht bis in die Wüste.	Jesus-Figur bis weit in den Sand gehen lassen Die Taube in die Nähe legen
Er ist nun ganz alleine in der Wüste. Er hat viel Zeit zum Nachdenken, zum Reden mit Gott. Er spürt die Gotteskraft der Taufe in sich.	Auf die Taube zeigen

Er bleibt 40 Tage in der Wüste, er isst und trinkt nichts, er redet mit keinem Menschen. Wie wird es weitergehen mit ihm?	Den Sand hin und her streichen
Da kommt das Böse zu ihm, wie ein Mensch sieht es aus. Es spricht mit Jesus: „Jesus, Gottessohn, hast du keinen Hunger? Sprich zu einem von diesen vielen Steinen hier, und er wird sich in Brot verwandeln. Nicht nur für dich, für alle Menschen.“	Worte des Bösen flüstern, Teile wiederholen, wie ein Gedanke, der im Kopf umhergeht
„Nein!“, ruft Jesus, „das ist nicht genug. Der Mensch kann nicht nur vom Brot leben, er braucht auch Gottes Zuspruch.“	Die Taube berühren
Das Böse führt ihn zu einem hohen Berg und zeigt ihm die ganze Welt und alle machtvollen Herrscher.	Figur ins Gebirge stellen
„Jesus, ich will dir das alles schenken. Du musst nur mich als deinen Bestimmer anbeten.“	Worte des Teufels flüstern, Teile wiederholen
„Nein!“, ruft Jesus, „niemals. Nur Gott ist mein Bestimmer.“	Die Taube berühren
Da führt ihn das Böse nach Jerusalem, auf die höchste Zinne des Tempels. Dort stehen sie und schauen tief, tief nach unten. „Jesus, Gottes Sohn, spring herab. Es wird dir nichts passieren. In deinen Heiligen Schriften steht doch, dass Engel kommen werden und dich nach unten tragen. Und die Menschen werden stehen und dich bejubeln und du bist der Größte.“	Aus Bauklötzen schnell eine Mauer aufbauen Figur auf die höchste Stelle Worte des Bösen flüstern, Teile wiederholen
„Nein!“, ruft Jesus, „missbrauche nicht die Heiligen Schriften. Diesen Jubel will ich nicht. Du sollst Gott nicht versuchen. Verschwinde!“	Die Taube berühren
Und Jesus geht zurück in seine alte Heimat und beginnt zu den Menschen von Gottes Kraft zu reden,	Figur zurück über das Gebirge
die Krankheiten zu vertreiben und die Verzagten aufzurichten.	Brennende Kerze hinstellen

Material

Braunes Tuch, zwei Figuren, Sand, blaues Tuch als Fluss, evtl. Pflanzen, Bild der Taube, Klangschale, einige Bauklötze

Gut zu wissen

Johannes der Täufer hat mit seinen Predigten und seiner Taufpraxis eine große Bewegung ausgelöst. Jesus stand ihm wohl nahe, er hat sich aber später auch von ihm distanziert.
Ob bei Jesu Taufe die Erscheinung der Taube und die Himmelsstimme von allen erkannt wurden oder ob sie ein inneres Geschehen Jesu darstellen, bleibt offen.
Die Kraft der Taufe hat ihn aber sicher durch die Versuchungen geführt.
Für „das Böse“ ist bewusst keine Figur gewählt worden, auf keinen Fall soll ein Teufel dargestellt sein. Vermutlich wird mit dem „Bösen“ ein innerpsychischer Konflikt dargestellt.

Mögliche Themen der Kinder

Wird man bei der Taufe untergetaucht wie Jesus? – warum waren da so viele Menschen? – ich bin auch getauft – wow, eine Taube vom Himmel – 40 Tage und so lange nichts gegessen – wie gemein vom Bösen und wie stark von Jesus – ich will auch ganz stark sein …

Praxisideen zur Vertiefung

TAUFERINNERUNG

(bei Gruppen mit überwiegend getauften Kindern)
Während der Gestaltung der Geschichte wird eine kleine Wasserschale in den Fluss gestellt. Wer mag, bekommt mit dem Wasser aus der Schale ein Kreuz auf die Handflächen oder auf die Stirn gezeichnet, zusammen mit den Worten: „Lass dich erinnern, du bist getauft.“
Wer nicht getauft ist, kann die Zeremonie auch erleben, bekommt aber einen anderen Satz, etwa: „Lass dich erinnern, Gott ist für dich da.“

NEIN!-ÜBUNGEN

Siehe dazu die Praxisübungen zu „Daniels Freunde im Feuerofen“.

jw

Das Gleichnis vom barmherzigen Vater – Er ist doch mein Kind!

Lukasevangelium 15,11–32

Die Geschichte	Zur Gestaltung
„Heißt es nicht immer: Wer Gutes tut, gehört zu Gott. Wer Schlechtes tut, der ist verloren. Ist es nicht so, Jesus?“ Da antwortet Jesus mit einer Geschichte:	Eine Kerze anzünden, in die Mitte stellen
	Kerze an den Rand stellen
Ein Haus	Ein dunkelrotes Tuch als Haus legen
mit einer Familie: Vater, Mutter, zwei Söhne	Viermal mit dem Finger ins Haus tippen,
und viele Tiere	ganz oft tippen
und einige Mägde und Knechte, die helfen bei der Arbeit.	und noch ein paarmal dazu
Da sagt der jüngere der beiden Söhne: „Vater, ich bin doch schon erwachsen. Ich will die Welt sehen und mein Glück suchen. Gib mir dafür doch das Geld, das ich einmal erben soll.“	
Er bekommt das Geld.	Einen kleinen Beutel mit Geldmünzen füllen und in das Haus stellen
Er bedankt sich und zieht los in die weite Welt. Aber er kommt nicht weit.	Mit zwei Fingern vom Haus weggehen, dabei den Beutel mitnehmen
In der nächsten Stadt geht er in ein Wirtshaus. Er bekommt das beste Essen. Mit allen Gästen im Haus feiert er und bezahlt alles. Er geht am nächsten Tag durch die Stadt, kauft teure Kleider und Schmuck. Und jeden Abend gibt es wieder ein Fest im Wirtshaus. Das gefällt ihm.	Aus buntem Tuch ein kleines Häuschen legen Die Münzen aus dem Beutel nehmen und nach und nach unter dem bunten Tuch verschwinden lassen

Text	Aktion
Bald ist das Geld alle. Nun hat er nichts mehr. Der Wirt wirft ihn aus dem Wirtshaus, es gibt kein Essen mehr und kein Bett. Oh je!	
Jetzt zieht er weiter. Er sucht Arbeit, um etwas Geld zu verdienen. Doch nirgendwo findet er Arbeit. Er fragt hier und dort und schließlich bietet ihm jemand an: „Du kannst auf meine Schweine aufpassen. Dann kannst du auch bei ihnen schlafen."	Mit zwei Fingern vom Wirtshaus weggehen, stehenbleiben und weitergehen Ein dunkles, sehr dreckiges Tuch legen
Igitt. Hier ist es doch ganz dreckig. Es stinkt. Und zu essen gibt es nur, was die Schweine nicht mehr aufessen. Igitt.	Mit zwei Fingern zum Tuch gehen, Gesicht verziehen
Da beginnt der Mensch zu überlegen: „Ich hatte es so gut zu Hause. Warum bin ich nur weggegangen? Warum habe ich mein ganzes Geld ausgegeben? Ich habe Schlechtes getan, ich bin verloren. Ob ich noch einmal zurückkehren kann?"	Mit der Hand auf das Vaterhaus und die Kerze zeigen
Und dann macht er sich auf den Weg nach Hause. „Wenn es geht, will ich dort als Knecht wieder arbeiten. Dann bekomme ich wenigstens etwas Richtiges zu essen." Aber er geht langsam, zögerlich. Ob der Vater ihn wieder aufnehmen wird?	Mit zwei Fingern langsam und auf Umwegen zum Vaterhaus zurückgehen
Jetzt sieht er das Vaterhaus. Er bleibt stehen. Die Haustür öffnet sich. Der Vater läuft auf seinen Sohn zu. Er umarmt ihn: „Mein Sohn! Wie schön, dass du wieder da bist!"	Den Vater mit zwei Fingern der anderen Hand gehen lassen
„Vater, ich habe …", stottert der Sohn. „Ach was!", sagt der Vater, „du bist mein Sohn. Wie schön, dass du wieder da bist!" Er nimmt seinen Sohn mit in das Haus und gibt ihm ein neues, kostbares Gewand und einen Ring an den Finger.	Die Hände verschränken sich
Die Mutter kommt, die Knechte und Mägde und sie feiern mit dem jüngeren Sohn ein Wiedersehens-Fest.	Die Kerze in das Haus stellen
Je nach Alter der Kinder kann auch der zweite Teil ergänzt werden:	

Spätabends kommt auch der ältere Sohn nach Hause. Er hat den ganzen Tag gearbeitet. Er hört die Festmusik. „Was ist denn hier los?" „Dein Bruder ist zurückgekommen. Es gibt ein Wiedersehens-Fest."	Den älteren Sohn mit einer Faust darstellen
Da wird der ältere Sohn wütend: „Ich habe die ganze Zeit schwer gearbeitet und mein Bruder hat derweil das Geld verplempert. Ich will nicht zum Fest."	Die Faust haut auf den Boden
Der Vater kommt heraus: „Freu dich doch mit uns, mein Sohn. Dein Bruder war wie tot, jetzt ist er wieder da. Ich freue mich so!"	Mit zwei Fingern den Vater aus dem Haus gehen lassen, langsam zurückgehen lassen
Ob er noch mitgefeiert hat, der ältere Sohn?	Die Faust öffnet sich, Handfläche nach oben

Material

Kerze, dunkelrotes Tuch, buntes Tuch, „Drecklappen" = schmutziges altes Tuch, Beutel mit Geldmünzen

Gut zu wissen

Das Versagen des weggehenden Sohnes zeigt sich erst in der Fremde. Es ist kein Zeichen von Schlechtigkeit, schon vorher das Erbe des Vaters zu erbitten, im Gegenteil: Es ist üblich, dass der Ältere den Hof erbt und der Jüngere ausgezahlt wird. Sein Fehler ist es, dass er das Geld verprasst und sich mit Schweinen (sie galten damals als unreine Tiere) abgibt.
Die bekannte Geschichte vom „Verlorenen Sohn" oder besser vom „Barmherzigen Vater" ist ein zentrales Gleichnis Jesu, das die Gottesfreundlichkeit zeigen will. Niemand soll zurückgewiesen werden, der zu Gott kommt. Es werden keine Taten gegeneinander aufgerechnet. Die offene Frage am Schluss der Geschichte fordert eine Antwort von uns Zuhörenden.

Mögliche Themen der Kinder

Warum will der Jüngere denn weg, wo es zu Hause doch auch so schön ist? – Geld ausgeben macht Spaß – der Arme, plötzlich hat er nichts mehr – igitt, Schweinefutter – ich wäre auch zurückgegangen – schön, dass der Vater ihn aufnimmt – der Ältere kommt bestimmt auch noch …

Praxisideen zur Vertiefung

Ort des Gebetes

In der Gestaltung (siehe oben) den Platz des Schweinehütens (den „Drecklappen") umwandeln in einen Ort des Gebetes für Menschen, die in ihrem Leben gescheitert sind. Dazu legen wir kleine Edelsteine auf den „Drecklappen" als Zeichen unseres Gebetes.

Fortsetzung

Mit viel Fantasie entwickeln wir die Geschichte weiter.
Was sagen die Mägde und Knechte zur Rückkehr des Sohnes?
Was passiert am nächsten Tag, wenn sich zwangsläufig die beiden Söhne wieder treffen?
Fällt der Jüngere in seinen alten Schlendrian zurück? Ändert der Ältere sein Leben?
Ändert sich das Leben des Schweinebesitzers?

Der Weg als Kreis

Den Weg mit einem langen Seil legen: Es ergibt sich immer eine kreisähnliche Form mit der tiefsten Stelle am Platz des Schweinehütens.

jw

Das Gleichnis vom verlorenen Schaf – Gott freut sich

Lukasevangelium 15,1–7

Die Geschichte	Zur Gestaltung
Jesus sitzt unter einem Baum mitten im Dorf. Viele Menschen sind gekommen. Sie wollen hören, was Jesus von Gott erzählt. Es sind auch Menschen dabei, die nicht nur Gutes tun. Menschen, die andere um ihr Geld betrügen. Andere schimpfen: „Jesus, wie kannst du denen erlauben, bei dir zu sitzen? Die haben Gott verlassen!" Wie ist das, wenn jemand Gott verlassen hat und nichts mehr mit Gott zu tun haben will?	Erzähler*in zeigt mit der Hand in die Runde, als wären die Kinder die Menschen um Jesus herum
Jesus schaut sie an und sagt: „Ich erzähle euch ein Gleichnis. Passt auf."	In der Mitte ein Samttuch ausbreiten
Jesus beginnt: Ein Mensch, ein Hirte, besitzt einhundert Schafe.	Eine Holzfigur auf das Tuch stellen und viele Knäuel aus Schafwolle dazu
Jeden Tag zieht er mit seinen Schafen los. Er führt sie dorthin, wo sie genug zu essen finden. Alle Schafe sind ihm wichtig.	Figur und Wollknäuel langsam ein kleines Stückchen weiter setzen, bis auf eines, das auf der Stelle bleibt
Auf einmal merkt er: Ein Schaf fehlt! Es sind nur noch neunundneunzig Schafe! Wo ist das hundertste Schaf?	Grünes Tuch mittig fassen und aufrecht zwischen Schafherde und dem einzelnen Knäuel stellen
Sofort macht er sich auf die Suche nach dem verlorenen Schaf. Alle anderen lässt er dort, wo sie gerade sind.	Figur etwas abseits stellen
Er sucht und sucht – eine lange Zeit. Da – auf einmal hört er es! Dort hinter dem Busch muss es sein! Er läuft hin, und tatsächlich – dort steht sein Schaf.	Figur zum Schaf stellen
Glücklich nimmt der Hirte das Schaf auf den Arm und trägt es zu den anderen zurück.	Schaf und Figur zusammen zu den anderen Schafen zurückstellen, dicht zusammen
Als er alle Schafe nach Hause zurückgebracht hat, läuft er zu seinen Freunden und Freudinnen. „Stellt euch vor, ich habe heute eines meiner hundert Schafe verloren, und jetzt habe ich es wiedergefunden! Wie ich mich freue! Freut euch mit mir!"	Kerze dazustellen

Jesus schaut die Menschen an, die ihm zuhören. Er sagt: „So ist das auch bei Gott. Gott freut sich über jeden und jede Einzelne, die mit Gott zu tun haben möchte. Mehr als über die, die sowieso schon dicht dran sind an Gott.“

Material

Samttuch, eine Holzfigur, viele Knäuel aus ungesponnener Schafwolle, festes grünes Tuch, Kerze

Gut zu wissen

Im Gleichnis vom verlorenen Schaf hören wir schnell eine Konkurrenz zwischen dem einen wiedergefundenen Schaf und den anderen 99 – womöglich verantwortungslos vernachlässigten – Schafen mit. Im Mittelpunkt steht hier allerdings keine Aussage darüber, wer bei Gott bevorzugt wird. Sondern Gott möchte nicht, dass „Verlorengehen“ – damals ein Bild für Sündigen – zur Trennung von Gott führt. Auch wenn Menschen Gott verlassen, verlässt Gott sie nicht. Gott hofft auf die Menschen und hängt an ihnen.
Jesus spitzt es im Originaltext der Bibel zu: Er spricht vom Buße-Tun des Sünders, das Schaf in der Erzählung kehrt aber nicht aus eigenen Antrieb um, sondern wird vom Hirten aktiv gesucht und zur Herde zurückgetragen.

Mögliche Themen der Kinder

Ich habe Angst um das Schaf – hoffentlich passiert ihm nichts – wie gut, dass der Hirte gemerkt hat, dass ein Schaf fehlt – schön, wenn jemand auf einen aufpasst – aber was passiert mit den 99 alleingelassenen Schafen? – wie gut, dass es gut ausgeht – ich möchte auch so nach Hause getragen werden – schön, dass er allen Freunden Bescheid sagt, damit sie sich mitfreuen …

Praxisideen zur Vertiefung

EIN FREUDENFEST FEIERN

Gott freut sich, der Hirte erzählt seinen Freunden von seiner Freude. Die Kinder können in die Freude Gottes einsteigen, indem sie ein Schaf-Fest feiern. Sie planen miteinander und entscheiden selbst, was für sie dazugehört und wodurch die Freude Gottes über die Menschen, die zu Gott gehören wollen, sichtbar wird.

Lied: Gott ist mein Hirte

2. Gott ist mein Hirte,
   gibt mir zu essen.
   Freundinnen und Freund halten zu mir.

3. Gott ist mein Hirte,
   ich bin geborgen.
   Kann spielen und toben.
   Das Leben ist schön.

Gottes offene Arme

Die Kinder gestalten ein großes Wandbild mit einem Hirten, der offene Arme hat. In die Arme hinein werden gemalte Schafe oder aber Bilder, die Kinder von sich selbst gemalt haben, geklebt.

mlp

Das Gleichnis vom großen Abendmahl – Kommt, es ist alles bereit

Lukasevangelium 14,15–24

Die Geschichte	Zur Gestaltung
„Wie ist es mit Gott?", fragen die Leute Jesus. „Kann da jeder mit dabei sein? Sind alle Menschen seine Freundinnen und Freunde?" „Passt auf!", sagt Jesus, „das ist wie in der Geschichte": Und er erzählt:	Eine Kerze anzünden, dann aber etwas zur Seite stellen
Stellt euch vor, da will ein reicher Mann ein Fest geben. Ein tolles Fest. Mit allen seinen Freunden und Freundinnen. Er sagt: „Ihr Diener, bereitet alles vor. Schmückt das Haus. Ladet meine Freunde und Freundinnen ein. Sie können alle kommen. Ihr Mägde, bereitet das Essen vor. Ein tolles Essen, die besten Sachen. Das wird ein großes Fest!"	Ein dunkelrotes Tuch als Haus legen
Alle machen sich an die Arbeit. Ein Diener geht zu den Häusern der Freundinnen und Freunde.	Aus grauem Tuch drei (kleinere) Häuser legen
Die anderen bereiten das Essen vor und schmücken das Haus.	Das große Haus mit Goldstücken schmücken und mit Leckereien füllen
Am Tag des Festes ist alles fertig. Der Diener geht wieder los und will die Eingeladenen abholen. Doch schon beim Ersten gibt es eine Enttäuschung: „Ach, das tut mir aber leid, ich kann nun doch nicht kommen. Ich habe da ein Stück Land gekauft und da muss ich jetzt hin."	Auf das erste kleine Haus zeigen
Beim Zweiten war es nicht besser. „Nein, das geht jetzt gar nicht. Ich habe gerade viele prächtige Ochsen gekauft, die muss ich jetzt abholen. Ein tolles Geschäft!"	Auf das zweite kleine Haus zeigen
Und der Dritte meinte nur: „Ich habe geheiratet. Da kann ich nicht kommen. Tschüss!"	Auf das dritte kleine Haus zeigen

Da wird der Hausherr traurig und zornig zugleich. „Mein schönes Fest! Das ist ja wohl eine Frechheit! Keiner will kommen. Was mache ich denn jetzt?" Und er hat eine Idee: „Geh los, mein Diener.	Auf den Tisch hauen Papierkreise als kleine Gruppe in Abstand zu den anderen Häusern legen
Geh zum Marktplatz, wo die Bettler sitzen. Die Obdachlosen und der Gelähmte. Lade sie alle ein in mein Haus!"	Auf die Kreise zeigen
Der Diener wundert sich – aber er geht los. Er kommt zum Marktplatz. Er ruft: „Ihr Bettler, mein Herr lädt Euch alle ein. Es soll ein großes Fest werden und Ihr könnt alle kommen. Es gibt tolles Essen und guten Wein." Sie glauben es ihm nicht. Sie schütteln den Kopf, das kann doch nicht wahr sein.	
Und dann gehen sie doch. Sie sind neugierig, sie haben Hunger, sie trauen sich.	Die Papierkreise nacheinander in das große Haus legen
Der Hausherr begrüßt sie. Er schüttelt jedem die Hand. „Willkommen!" Die Bettler staunen. Was für ein schönes Haus. Wie freundlich alle sind.	Auf jeden Papierkreis ein Goldstück legen
Diener und Mägde bringen das Essen. Alle essen zusammen und trinken köstlichen Wein (aber nicht zu viel!).	Eine goldene Kette um das Haus legen
Ein Harfenspieler macht Musik. So etwas Schönes haben sie noch nie erlebt.	Die Kerze dazustellen
Was für ein großartiges Fest.	Zum Schluss können alle Kinder die Leckereien aufessen

Material

Kerze, ein dunkelrotes und drei graue Tücher, Schmuck und Leckereien, aus geknittertem Papier etwa 10 kleine Kreise ausschneiden, Goldstücke, goldene Kette

Gut zu wissen

Oft wurde dieses Gleichnis als Drohung erzählt: Schlage Gottes Einladung nicht aus, sonst verpasst du das Wichtigste im Leben.
In unserer Geschichte wird nicht die Ermahnung, sondern das Fest betont: Wie schön, bei Gott dabei zu sein. Es kommt nicht auf eine Vorleistung an – sogar Bettler sind willkommen.

Mögliche Themen der Kinder

Ich mag auch Feste feiern – neulich haben wir auch gefeiert, das war schön – wie gemein, gar nicht zu kommen – eine kluge Idee, einfach andere einzuladen – die haben sich bestimmt gefreut – ich wäre gern dabei gewesen …

Praxisideen zur Vertiefung

Sprechgesang

ein-ge-la-den – ein-ge-la-den	komm zu unsrem großen Fest
ein-ge-la-den – ein-ge-la-den	ach, oh Schreck, ich kann gar nicht
ein-ge-la-den – ein-ge-la-den	keiner kommt, keiner kommt
ein-ge-la-den – ein-ge-la-den	lass die Bettler alle kommen
ein-ge-la-den – ein-ge-la-den	sag ihnen, sie sind willkommen
ein-ge-la-den – ein-ge-la-den	viele da beim großen Fest
JA!	JA!

Nachspielen

Der Hausherr begrüßt jeden Bettler einzeln und führt ihn zu einem Platz am Tisch. Ein Diener kommt dazu und legt jedem ein kostbares Tuch um. Der Hausherr sagt: „Du bist willkommen!"

jw

Das Gleichnis vom Sämann – Es ist genug da

Markusevangelium 4,3–9

Die Geschichte	Zur Gestaltung
„Wie ist es bei Gott? Ist es schön dort? Bei uns gibt es so viel Ärger und Streit und manchmal große Not."	Eine Kerze in die Mitte stellen, bei „große Not" die Kerze an den Rand stellen
Ein Korn. Ein Weizenkorn. Ganz klein. Aber einmal können daraus ein großer Getreidehalm und viele neue Körner wachsen.	Jedes Kind bekommt ein Weizenkorn Wir schauen es uns an
Ein Acker. Noch ist alles braune Erde.	Braunes Tuch legen
Der Bauer kommt zu seinem Acker. Er will Korn säen. Er bereitet den Acker vor, er reißt Pflanzen aus, er pflügt – aber sehr gründlich ist er nicht dabei …	Mit den Fingern durchtasten, dann glattstreichen
Und dann sät er das Korn aus. Helft ihm dabei!	Körner auf das Tuch geben, die Kinder helfen dabei
Leider hat der Bauer etwas übersehen: Am Rande des Ackers nehmen die Leute immer eine Abkürzung. Sie gehen einfach über den Acker. Ein richtiger Trampelpfad. So ein Ärger! Wo die Leute rumlaufen, kann doch kein Getreide wachsen. Die Körner werden zertreten. Den Rest fressen die Vögel.	Schwarzes Tuch über eine Ecke des braunen Tuches legen
Und hier! Da sind ein paar Körner aufgegangen. Kleine grüne Keimlinge. Aber sie sind ja ganz schlaff. Sie kippen um. So ein Ärger. Da sind so viele Steine in der Erde, da kann gar nichts richtig wachsen.	Auf eine Fläche des Ackers Steine legen
Und hier! Da sieht es schon ganz grün aus. Lauter Pflanzen – aber gar kein Weizen. Lauter Dornen-Unkraut. Da kann ja gar kein Getreide mehr wachsen. So ein Ärger!	Auf eine Fläche des Ackers Disteln oder dornige Zweige legen

Aber schaut mal! Da ist ja noch viel Ackerland voller Körner. Und da fängt der Weizen an zu wachsen. Alles wird grün.	Grüne Tücher auf freie Flächen, dabei den Trampelpfad, die Steine und die Dornen nicht verdecken
Höher und höher wächst der Weizen. Und dann wird er gelb, gold-gelb. Er ist reif geworden. In seinen Ähren sind viele, viele neue Körner gewachsen.	Grüne Tücher mit gelben bedecken, dabei den Trampelpfad, die Steine und die Dornen nicht verdecken
Die Ernte kommt. Der Bauer schneidet das Getreide ab. Die Körner werden aus den Ähren herausgeschlagen. So viele!	Einen Körnerhaufen auf das gelbe Tuch legen
Die Menschen backen Brot aus den Körnern. Es ist genug bis zur nächsten Ernte.	
Schaut mal, hier ist etwas Brot. Das teilen wir jetzt gleich, dann haben wir alle was zu essen.	Ein kleines Brot zu den Körnern legen
„So ist es bei Gott", sagt Jesus, „viel Gutes kann da wachsen. Nicht nur Getreide."	Die Kerze vom Rand holen und neben das Brot stellen Zum Abschluss das Brot teilen und essen

Material

Kerze, viele Getreidekörner, Tücher in Braun, Schwarz, Grün, Gelb, Steine, Disteln oder dornige Zweige, ein kleines Brot

Gut zu wissen

Ein Gleichnis: Hier wird das wachsende Getreide mit Gottes Reich verglichen, auch das wird kommen, selbst wenn es am Anfang noch so hoffnungslos aussieht.
Dieses Gleichnis ist oft mit einer drohenden Ermahnung verbunden worden: Achte darauf, dass dein Herz ein guter Acker ist! Vermeide die Steine, das Niedertrampeln, die Dornen in deinem Herzen!
Diese Erzählung betont den heilsamen Aspekt der Geschichte: Es ist nicht vergebens, was du tust, am Ende erkennst du, was dir gelungen ist. Es wird reichen.

Mögliche Themen der Kinder

Wie klein das Korn ist – kann ich das probieren? – warum gehen die blöden Leute denn über den Acker? – jetzt wächst gar nichts mehr – doch, da! – sogar Brot wächst da – ich will auch was …

Praxisideen zur Vertiefung

Vor dem Erzählen

Das Erzählen dieser Geschichte kann vorbereitet werden, indem Kinder Korn oder Kressesamen säen und gießen und beobachten, wie sie langsam keimen.

Wachsen

Jedes Kind bekommt ein Chiffontuch in die Hand und soll es ganz klein zusammendrücken, sodass es ganz in der Hand verschwindet.
Dann die Hände mit dem Tuch in die Mitte halten, sehr langsam öffnen, das Tuch entfaltet sich und sieht aus wie eine blühende Pflanze.

Körperübung zum Wachsen

Die Kinder sind ein Samenkorn in der Erde. Sie kauern sich ganz klein zusammen, durch Berührung und liebevolle Worte beginnen sie sich größer zu machen, sehr langsam stehen sie auf und strecken die Hände zum Himmel.
Hilfreich dabei: Musik, die sich langsam steigert, z. B. „Die Moldau" von Smetana (nur die ersten Minuten, dann ausblenden)
Hinterher teilen alle Brot miteinander.

jw

Das Gleichnis vom Barmherzigen Samariter – Mein Nächster

Lukasevangelium 10,25–37

Die Geschichte	Zur Gestaltung
Die Leute fragen Jesus: „Was muss ich tun, damit ich richtig lebe?“ Jesus sagt: „Mach es so wie der Barmherzige Samariter.“ Und Jesus erzählt eine Geschichte:	Ein langes graues Tuch in der Mitte als Weg ausrollen, darauf einige große Steine verteilen
Tapp. Tapp. Tapp. Da! Da kommen Schritte! Endlich! Kommt jetzt Rettung?	Alle machen die Schrittgeräusche mit, indem sie mit den flachen Händen auf den Boden klopfen
Ein Mann liegt im Schatten der Felsen am Rande des Weges. Er weiß gar nicht mehr, wie lange. Räuber haben ihn überfallen. Sie haben ihn zu Boden geschlagen. Sie haben ihm alles weggenommen, was er bei sich hatte. Er blutet aus mehreren Wunden. Er kann nicht aufstehen, alles tut ihm weh. Zum Glück liegt er im Schatten und nicht in der heißen Sonne. Aber er braucht Wasser. Und Hilfe, damit er von hier fortkann. Irgendwohin, wo er sich ausruhen kann und gesund wird.	Ein kleines rotes Tuch zusammengeknäult an den Rand des Weges zwischen die Steine legen
Da – Tapp. Tapp. Tapp – er hört Schritte!	Alle machen Schrittgeräusche
Tapp. Tapp. Tapp. Jetzt sind die Schritte ganz nahe. Gleich wird sich jemand über ihn beugen und ihm helfen!	Alle machen Schrittgeräusche
Ein Mann erscheint hinter dem Felsen. Ein wichtiger Mann der Religion, ein Priester! Der wird sicher helfen. Der Priester wendet den Kopf, sieht den Verletzten und hält an. Kurz nur bleibt er stehen. Dann dreht er den	Ein Stück edlen, glänzenden Stoffes auf den Weg legen
Kopf wieder zur anderen Seite – und geht vorbei. Tapp. Tapp. Tapp. Die Schritte entfernen sich.	Alle machen Schrittgeräusche
Oh nein! Er hat ihm nicht geholfen!	Den Stoff wieder wegnehmen
Nach einer Weile horcht er auf. Wieder Schritte: Tapp. Tapp. Tapp. Was für ein Glück, es kommt noch jemand	Alle machen Schrittgeräusche

vorbei. Jetzt wird Rettung kommen.

Ein Mann im langen Gewand kommt um die Felsen herum. Der Verletzte stöhnt und richtet sich etwas auf, damit er nicht übersehen wird. Der Mann in dem Gewand – auch ein religiöser Mensch, ein Levit – fährt herum. „Ach du je, ein Verletzter!", ruft er aus. Aber ehe der Verwundete etwas sagen kann, dreht der Mann sich um und eilt davon. Tapp. Tapp. Tapp.

Ein anderes Stück edlen Samtstoffes auf den Weg legen

Alle machen Schrittgeräusche

Wieso hilft er nicht? Der Verletzte bricht wieder zusammen.

Den Stoff wieder entfernen

Lange Zeit liegt er so da. Die Sonne sinkt schon tiefer. Nachts wird es sehr kalt werden.

Da – erneut Schritte. Tapp. Tapp. Tapp. Wird sich jemand erbarmen und ihm helfen?

Alle machen Schrittgeräusche

Ein Mann mit einem Esel biegt um den Felsen. Ein Samariter, einer aus dem anderen Volk, mit dem sein eigenes Volk, die Juden, sich nicht gut verstehen. Wird der ihm helfen? Der Samariter sieht den Verletzten. Sofort eilt er zu ihm, holt Material zum Verbinden aus seinem Gepäck. Vorsichtig gießt er Öl und Wein auf die Wunden. Das tut gut! Dann verbindet er sie. Er holt seinen Wasserbehälter und hilft dem Verletzten beim Trinken. Der Verwundete schaut den Samariter an. „Danke!" Der Fremde hebt ihn auf seinen Esel. Zusammen brechen sie ganz langsam auf – Tapp. Tapp. Tapp – den steinigen Weg entlang.

Braunen groben Stoff auf den Weg legen

Den Stoff neben das rote Tuch legen

Alle machen sehr langsame Schrittgeräusche

In einem Gasthaus bringt der Samariter den Verwundeten unter, damit er sich erholen kann.

Beide Stoffe nehmen und an das Ende des Weges legen, ein Seil als Gasthaus um die beiden herumlegen

Am nächsten Morgen geht der Samariter zum Wirt. „Hier hast du zwei Silbergroschen. Versorge den Kranken gut, bis er wieder laufen kann. Wenn das Geld nicht reicht, gebe ich dir mehr, wenn ich wiederkomme." Dankbar schaut der Verletzte dem Barmherzigen Samariter hinterher. Der steigt auf seinen Esel und reist weiter.

Den braunen Stoff etwas weiterlegen, eine Kerze zwischen den roten und den braunen Stoff legen

Material

Mehrere große Steine, langes graues Tuch, kleines rotes Tuch, zwei verschiedene, edle Stoffstücke, ein Stück brauner grober Stoff, Seil, Kerze

Gut zu wissen

Jesus beantwortet die Frage nach dem Nächsten und nach Nächstenliebe mit einem Gleichnis. Das Gleichnis führt vor Augen, wie weit der Begriff „mein Nächster, meine Nächste" gedacht ist: Nicht nur der Nachbar hat meine Hilfe verdient oder die entfernte Verwandte, sondern tatsächlich jeder und jede, die es nötig hat – und wenn sie auch aus der verfeindeten Glaubensgemeinschaft stammt, wie es bei den Menschen aus Samaria und den Juden der Fall war.

Die Geschichte entlarvt Scheinheiligkeit. Sie fordert dazu auf, die Perspektive desjenigen, der in Not ist, einzunehmen und von hier aus selbst das richtige Verhalten zu erkennen.

Mögliche Themen der Kinder

Warum helfen die beiden ersten Männer nicht? Das ist gemein! – ich würde helfen – vielleicht haben sie Angst? – wie gut, dass er Hilfe bekommt – das tut bestimmt weh …

Praxisideen zur Vertiefung

Verschiedene Rollen ausprobieren

Die Kinder können die Geschichte nachspielen, mehrfach, mit wechselnden Rollenbesetzungen. Es können auch Rollen hinzuerfunden werden, z. B. ein Kind, das von Weitem alles beobachtet, eine Frau, die mit dem Samariter gemeinsam unterwegs ist …

Die Kinder überlegen vorher: Welche Rolle wollt ihr spielen? Möchtet ihr anschließend noch einmal eine andere Rolle ausprobieren?

Danach können die Kinder ins Gespräch kommen: Wie fühlte es sich an, vorbeizugehen? Wie war es, auf das Kind auf der Decke zuzugehen und es zu verbinden? Was hättet ihr noch tun können? Wie ging es dem Kind auf der Decke?

Die Geschichte weiterentwickeln

Fragen können zu einem Gespräch führen: Was ist euch an der Geschichte wichtig? Was stört euch?

Wenn ihr die Geschichte erfinden oder weitererzählen würdet, wie würde sie dann gehen? Erzählt doch mal! Wie wäre es, wenn die Räuber im Wirtshaus auftauchen? Oder die beiden, die nicht geholfen haben?

Drahtskulpturen bauen

Material: Draht (Kinder auf Verletzungsgefahr hinweisen!) in verschiedenen Stärken, Korken, Material wie altes Besteck, Kronkorken, Murmeln, die Teile der Skulpturen werden können.

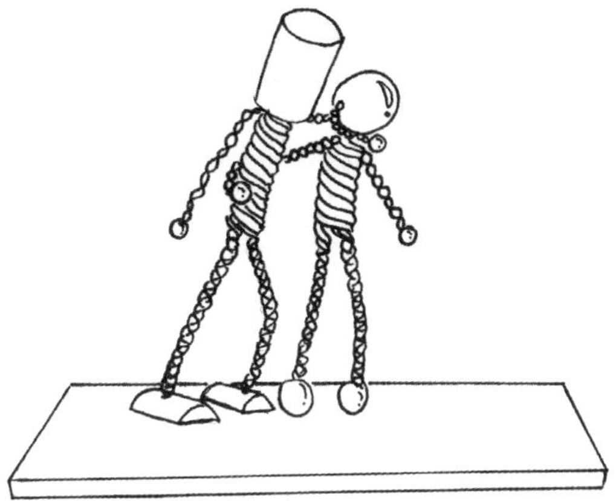

Kinder können Drähte so wickeln, dass zwei Figuren entstehen und zu einer Skulptur werden. Andere Materialien können – ganz nach der Fantasie der Kinder – eingebaut werden. Für welche beiden Figuren aus der Geschichte entscheiden sie sich? So kann eine Skulpturenausstellung zum Barmherzigen Samariter entstehen und die Fantasie der Betrachter*innen weiter anregen.

mlp

Der Gelähmte – Nichts trennt dich von Gott

Markusevangelium 2,1–12

Die Geschichte	Zur Gestaltung
Der Mann liegt auf einer Decke. Er kann seine Beine nicht mehr bewegen. Er hat keine Kraft, er ist gelähmt.	Eine Figur auf ein graues Tuch legen
Er denkt: „Es ist alles zu viel. Mir kann keiner mehr helfen. Ich bin für alle eine Last. Ich muss schlimme Fehler gemacht haben, dass ich so krank bin."	Zu diesen Sätzen Steine auf das Tuch legen
Der Mann hat vier Freunde, die kommen jetzt zu ihm. „Komm mit! Wir tragen dich! Wir bringen dich zu Jesus." Zu Jesus? Wie soll der helfen? Ist das ein Arzt?	
Jetzt gerade ist Jesus in einem Haus hier im Ort, in einem großen Haus voller Menschen. Er redet wieder zu den Menschen von Gott. Es ist so voll, da kommt niemand mehr rein. Auch die vier Freunde kommen nicht rein, schon gar nicht mit dem kranken Mann.	Aus Bauklötzen ein Viereck legen, ein Klotz ist beweglich als „Tür"; gegenüber der Tür im Haus eine brennende Kerze stellen
Aber sie verlieren nicht den Mut. Sie klettern auf das Dach, da geht eine Treppe nach oben, und es ist ganz flach. Sie machen ein Loch in das Dach, sie lassen den Gelähmten mit Seilen herab, genau vor Jesus.	Das Tuch mit der Figur und den Steinen über das Haus halten Dann vor der Kerze ablegen
Es ist ganz still im Haus. Alle sind gespannt, was Jesus jetzt macht. Jesus schaut nach oben. Durch das Loch sieht er die vier Freunde. Er schaut auf den Gelähmten. Und er erkennt seine Krankheit und die schweren Gedanken. Da sagt er: „Deine Fehler, deine Sünden, deine schweren Gedanken sollen dich nicht mehr belasten. Du bist frei. Nichts trennt dich von Gott."	Zu den Worten Jesu die ersten Steine langsam vom Tuch nehmen und abseits hinlegen

Da rufen einige im Haus: „Das geht nicht, Jesus. Das darfst du nicht. Das darf nicht mal der Priester sagen. Das darf nur Gott." „Seid ruhig!", sagt Jesus, „ich darf das und ihr dürft das auch. Und du, gelähmter Mann, steh auf, nimm deine Decke und geh nach Hause."	Das Ablegen der Steine kurz unterbrechen, bei Jesu Antwort weitermachen
Aufstehen? Das geht doch gar nicht! Oder doch? Der Gelähmte bewegt die Füße. Er bewegt die Beine. Er steht auf!	Figur auf dem Tuch bewegen und langsam aufstellen
Er nimmt seine Decke und geht nach Hause. Seine Freunde auf dem Dach jubeln und kommen schnell zu ihm herunter.	Figur vor das Haus
In dem Haus reden alle durcheinander: „Wie kann denn so etwas passieren?" – „So etwas haben wir noch nie erlebt." – „Ganz fröhlich geht er mit seinen Freunden jetzt nach Hause." – „Gelobt sei Gott!"	„Gelobt sei Gott!" kann mit einem gemeinsamen Loblied ergänzt werden

Material

Figur für den Gelähmten, entsprechend großes graues Tuch als Decke, Bauklötze, Kerze, mehrere Steine

Gut zu wissen

Zur Bedeutung von Wundergeschichten verweisen wir auf die Ausführungen bei „Bartimäus" (siehe Seite 185 f.). Auch diese Nacherzählung lässt Raum für unterschiedliche Interpretationen des Wunders.
Gegenüber anderen Heilungswundern spricht Jesus hier zuerst von „Sündenvergebung". Damit setzt er einen Schwerpunkt auf die seelischen Vorgänge (die „schweren Gedanken"), die Heilung umfasst Körper und Seele.
Der Zusatz „... und ihr dürft das auch" in der Antwort Jesu steht nicht im biblischen Text. Aber er deckt sich mit anderen Aussagen Jesu, zum Beispiel Johannesevangelium 20,23.

Mögliche Themen der Kinder

Der arme Mann – manchmal habe ich auch zu nichts Lust – die Freunde sind aber mutig – dürfen die denn so einfach aufs Dach? Und es kaputt machen? – was hat der Gelähmte wohl dazu gesagt? – jetzt kann er wieder gehen – haben sie das Dach wieder repariert? …

Praxisideen zur Vertiefung

GETRAGEN WERDEN

Auf einer Decke liegt ein Kind, vier andere Kinder nehmen die Decke an den vier Enden und versuchen, das Kind zu tragen. Wie weit kommen sie? (Nicht über Stufen und Hindernisse tragen, sonst wird die Verletzungsgefahr zu groß.)
Alternative: Das Kind wird nicht zu einem anderen Ort getragen, sondern sanft geschaukelt. Sehr angenehm!

BEMERKUNGEN AUF DEM DACH

Die vier Freunde auf dem Dach beobachten die Szene im Haus ganz genau. Sie beschreiben und kommentieren sie dabei. Was sagen sie?

jw

Die verkrümmte Frau – Sei frei von deiner Krankheit!

Lukasevangelium 13,10–13

Die Geschichte	Zur Gestaltung
Die Frau hat einen krummen Rücken. Seit Jahren schon. Sie kann gar nicht mehr aufrecht stehen. Immer ist sie ganz gebeugt und krumm. Das ist mühsam und anstrengend.	Eine Stabpuppe (siehe Material) in die Mitte halten Wenn die Puppe sich aufrichten will, mit der anderen Hand eine Faust machen und die Puppe damit niederdrücken
Es sieht aus, als ob sie eine schwere Last trägt. Aber was? Was ist für die Frau so belastend, dass sie nur noch krumm sein kann? Ist es ein Kummer oder eine rätselhafte Krankheit?	
Keiner weiß es.	Die Stabpuppe beiseitelegen
Die Synagoge steht mitten in dem kleinen Dorf. Die Synagoge ist das Haus zum Beten, so wie bei uns die Kirche. Einmal in der Woche gehen alle Leute in die Synagoge.	Ein dunkelrotes/braunes Tuch als Synagoge ausbreiten Andere Synagogen-Gegenstände (Schriftrolle, siebenarmiger Leuchter) nach Belieben
Auch die Frau ist zur Synagoge gekommen. Es ist für sie ein mühsamer Weg.	Die Puppe auf das Tuch stellen
Jetzt steht sie ganz hinten an der Wand. Alle Frauen stehen ganz hinten. Vorne stehen die Männer, die Gelehrten, die etwas zu sagen haben. Auch Jesus ist gekommen. Er steht auch ganz vorne.	
Der Gottesdienst beginnt. Jemand liest aus der Buchrolle mit den heiligen Schriften. Jesus erhebt sich. Er will etwas sagen, eine Predigt halten. Er steht vorne und sieht die Leute an. Und da sieht er die Frau, ganz hinten, ganz klein, ganz krumm.	Brennende Kerze dazustellen
Er ruft: „Frau, du mit dem krummen Rücken, komm doch einmal nach vorne zu mir." Ein Getuschel setzt ein: „Was soll denn das?" „Warum	

denn die krumme Frau?“ „Das geht doch nicht.“ Die Frau kommt nach vorne. Mühsam bahnt sie sich einen Weg durch die Menge. Dann steht sie vor Jesus, ganz krumm. Es wird ganz still in der Synagoge.	Die Stabpuppe ganz langsam und gebeugt zur Kerze gehen lassen
Jesus sagt: „Frau, du sollst frei sein von deiner Krankheit.“ Er legt ihr die Hand auf den Rücken, genau auf die krumme Stelle. Da ist es der Frau, als ob ein Strom warmen Lebens durch ihren Rücken geht. Und ganz langsam beginnt sie sich aufzurichten, Stück für Stück. Und dann, endlich, steht sie ganz gerade vor Jesus.	Die Stabpuppe mit der anderen Hand berühren. Die Hand nicht als Faust, sondern offen halten in segnender Haltung Stabpuppe ganz langsam aufrichten
Sie weiß nicht, wie ihr geschehen ist. Sie stammelt: „Meister … Jesus … was ist das? … Mein Rücken …“ Dann dreht sie sich um zu all den Leuten. Aufrecht steht sie vor ihnen. Sie ruft laut: „Schaut, mein Rücken! GOTT … SEI … DANK !“	Die Stab-Puppe vor Freude einmal in die Luft werfen und wieder auffangen. Dann neben der Kerze abstellen

Material

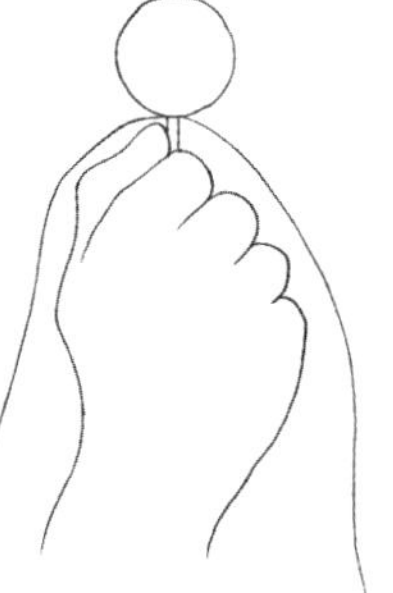

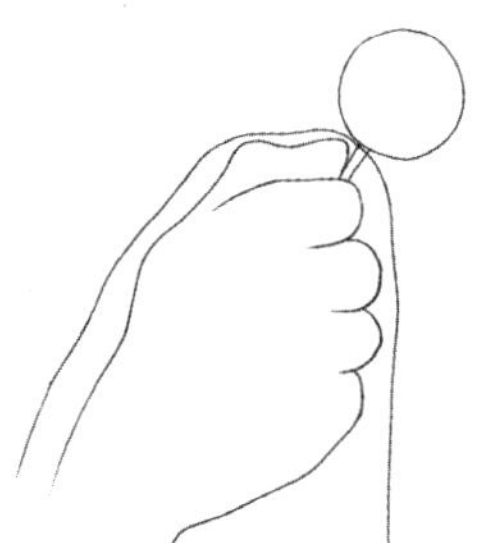

Für die Puppe brauchen wir ein kleines Stück Stoff (ca. 40 x 40 cm) als Gewand, eine Wattekugel, einen Zahnstocher.

Den Zahnstocher mittig durch den Stoff bohren, die Wattekugel als Kopf aufsetzen. Zum Spielen greift man im Tuch den Zahnstocher, den man senkrecht oder waagerecht halten kann als aufrechter und gekrümmter Rücken. Vorher üben!

Mit einem Klumpen Knetgummi schafft man eine Ablage, in der die Puppe selbstständig stehen kann, gerade oder verkrümmt.

Außerdem: ein dunkelrotes oder braunes Tuch, ein Teelicht, eine Kerze

Gut zu wissen

Der krumme Rücken ist ein starkes Bild für die Gefühlslage der Frau, für Erschöpfung und übermäßige Last, für das Gefühl der Minderwertigkeit. Es muss nicht allein eine körperliche Heilung sein, von der hier berichtet wird.
Die Geschichte hat im biblischen Text noch einen weiteren Schluss: Nach der Heilung beklagt sich der Synagogenvorsteher darüber, dass die Heilung am Sabbat geschehen sei und damit in den Augen radikalfrommer Juden ein Verstoß gegen die Sabbatruhe war. Diese Gedanken sind aber so weit von der Lebenswelt der Kinder entfernt, dass sie hier nicht miterwähnt wurden.

Mögliche Themen der Kinder

Die arme Frau, was hat sie so krankgemacht? – ich kenne auch jemanden mit einem krummen Rücken – wie gut, dass ich aufrecht gehen kann – wie ist das, wenn man immer nur gebeugt gehen kann? – warum stehen die Frauen hinten? – wie gut, dass Jesus sie gesehen hat – wie hat sie sich gefreut! …

Praxisideen zur Vertiefung

Körperübungen

Verkrümmt stehen – lange so stehen bleiben – verkrümmt gehen – rennen (geht nicht) – jemanden angucken (geht nicht so richtig) – stehen bleiben …
Wie ist es euch ergangen dabei?
Erlösung durch einen Ton (z. B. Zimbelton) – danach sich ganz langsam aufrichten – einige Schritte gehen – jemanden angucken – einmal in Kreis drehen und in die Luft springen
Wie ist es euch dabei ergangen?
erlösen: Anfangs wieder ganz verkrümmt stehen – lange so stehen bleiben – Dann legt jemand (Gruppenleiter, Erzieherin) die Hand auf den Rücken und sagt leise: „Sei frei!" – danach sich ganz langsam aufrichten – wer aufrecht steht, geht zu einer anderen Person, die verkrümmt ist, legt die Hand auf den Rücken und sagt leise: „Sei frei!" – und so weiter, bis alle erlöst sind.
Wie ist es euch dabei ergangen ?

Puppe bauen und spielen

Jedes Kind baut sich eine Stabpuppe und spielt die Geschichte für sich nach.

jw

Der Blinde – Bartimäus erkennt Jesus

Markusevangelium 10,46–52

Die Geschichte	Zur Gestaltung
	Eine Stadtmauer mit Tor aus Bauklötzen bauen, eine Straße (graues Tuch) legen, Bäume nach Belieben dazu
Bartimäus sitzt am Straßenrand auf einem Stein.	
Er bettelt: „Eine kleine Gabe, bitte!“ Auf der Straße ist viel Betrieb. Händler ziehen mit ihren Eseln zur nahen Stadt Jericho, andere Leute kommen aus der Stadt. Soldaten stehen herum und ein paar Kinder spielen. Bartimäus kann das alles nicht sehen. Auch nicht die Maulbeerbäume an der Seite und das Sonnenlicht in den Zweigen. Bartimäus sieht gar nichts, er ist blind. Er bettelt: „Eine kleine Gabe, bitte!“	Ein schwarzes Chiffontuch über alles legen
Aber er kann gut hören. Er hört die Leute auf der Straße vorbeigehen, die Esel klingen anders als die Menschen und die Kinder wieder anders.	Mit den Fingern auf dem Boden leise Geräusche machen
Heute sind viele Leute unterwegs, eine große Gruppe. Sie kommen immer näher.	Etwas lauter
„Was ist da los?“, fragt Bartimäus, „ich kann es doch nicht sehen, sagt mir, wer das ist.“ Eine fremde Stimme antwortet: „Das ist der Wanderprediger, Jesus von Nazaret, ein Nachkomme von König David. Und ganz viele Leute kommen mit ihm.“	Eine Kerze auf die Straße stellen (außerhalb des schwarzen Tuches)
Jesus? Von ihm hatte Bartimäus schon gehört. Er erzählt gute Sachen von Gott. Er hat auch schon einmal Kranke gesund gemacht, so sagt man. Kranke gesund gemacht?	
Bartimäus richtet sich auf: „Jesus!“, schreit er, „Jesus, hilf mir. Sohn Davids, erbarme dich!“	Hand zur Kerze ausstrecken
„Halt den Mund!“, sagen die Leute, „schrei hier nicht so rum. Das stört jetzt.“	Hand zurück

Jetzt erst recht. Bartimäus schreit noch viel lauter: „Jesus, Davids Sohn, erbarme dich!“	Noch einmal ausstrecken
	Hand zurück
Da bleiben alle stehen. Es wird ganz still. „Wer schreit da so laut?“, fragt Jesus, „führt ihn zu mir.“ Bartimäus spürt eine Hand, die ihn sanft vorwärtszieht, durch all die Menschen hindurch. Er hört eine Stimme:	
„Warum rufst du mich? Was soll ich tun?“ „Sehen … ich will wieder sehen können … erkennen … die Leute und die Kinder und die Sonne … und dich …“	Hand und Kerze kommen zusammen
„Du kannst wieder sehen, Bartimäus. Dein Rufen hat dich gerettet.“	
Da ist es Bartimäus, als ob langsam ein Schleier von seinen Augen gezogen würde. Hell wird es, Gesichter tauchen auf, die Sonne scheint. Jesus lacht ihn an.	Das schwarze Tuch langsam beiseiteziehen
„Ich kann sehen“, ruft Bartimäus, „mein Gott, Jesus, ich erkenne dich! GOTT SEI DANK!“ Da bricht ein großer Jubel aus, und die Leute auf der Straße schreien und tanzen vor Freude,	Die Kerze anfassen, einmal hochheben
und sie singen …	Ein Loblied singen
Jesus geht weiter. Viele Leute gehen mit. Bartimäus ruft: „Warte, Jesus, ich will auch mit dir gehen …“	Die Kerze aus dem Bild gehen lassen, das Loblied noch einmal wiederholen

Material

Bauklötze, graues Tuch, Bäume, schwarzes Chiffontuch, Kerze

Gut zu wissen

Blindheit ist eine weit verbreitete Krankheit, nicht nur zur damaligen Zeit. Die Evangelien berichten nicht davon, dass Jesus in großem Maßstab blinde Menschen heilen konnte, obwohl er doch sicher vielen begegnet ist. Nur von einzelnen Heilungen wird erzählt. Damals wie heute kann sich daraus die Frage ergeben, nach welchem Kriterium Jesus ausgewählt hat.

Die Frage bleibt unbeantwortet.

Blindheit kann in vielfacher Hinsicht verstanden werden. Neben dem physischen Nicht-Sehen-Können kann auch ein inneres Blindsein beschrieben sein, ein Nicht-sehen-Wol-

len oder ein Nicht-erkennen-Können. In der oben erzählten Geschichte sind verschiedene Interpretationen zu erkennen.

Mögliche Themen der Kinder

Ganz blind – der arme Bartimäus – wie ist es wohl, wenn ich nur noch hören kann – wenn ich laut schreie, schimpfen die anderen auch – warum hört ihn denn keiner? – komische Frage von Jesus: Was soll ich tun? – wie schön, dass er wieder sehen kann …

Praxisideen zur Vertiefung

Spiele mit verbundenen Augen

- Mit verbundenen Augen spielen die Kinder „Topfschlagen".
- Mit verbundenen Augen ertasten die Kinder Gesichter und erkennen dadurch Personen.
- Ein Kind führt ein anderes, das die Augen verbunden hat. Vor einem Gegenstand im Raum bleibt es stehen, das geführte Kind darf die Augenbinde hochschieben und einen Blick auf den angestrebten Gegenstand werfen. Dann wird es mit verbundenen Augen weitergeführt zum nächsten Haltepunkt mit „Augen-öffnen-Moment".

Frage: Wie habt ihr es erlebt?

Wünsche äussern

Die Kinder probieren spielend aus, auf verschiedene Arten ihre Wünsche zu äußern: bitten, betteln, drohen, weinen, schreien – welche Art wirkt am stärksten?

jw

Der Sturm wird still – Was für ein Mensch!

Markusevangelium 4,35–41

Die Geschichte	Zur Gestaltung
	Mehrere blaue Tücher in der Mitte auslegen und vor den Augen der Kinder glattstreichen
Es ist Abend. Alle sind müde. Jesus sagt zu seinen Jüngerinnen und Jüngern: „Kommt, wir fahren mit dem Boot auf die andere Seite des Sees."	Auf die blauen Tücher ein braunes Tuch in Bootsform legen
Sie steigen ins Boot. Sie legen ab, um über den See zu fahren. Die Segel sind gesetzt.	Jesus-Figur und andere Figuren ins Boot stellen
Jesus legt sich im hinteren Teil des Bootes mit einem Kissen hin und schläft ein.	Jesus hinlegen
Es kommt Wind auf. Am Anfang ist es nur eine leichte Brise.	Kinder auffordern, leise Windgeräusche zu machen
Dann wird der Wind stärker. Es rauscht in den Segeln.	Stärkere Windgeräusche
Es bilden sich Wellen auf dem See. Der Wind braust und tobt jetzt. Es ist ein richtiger Sturm. Die Wellen schlagen an die Bootswand, das kleine Schiff wird hin und her geworfen.	Aus den blauen Tüchern Zipfel nach oben ziehen, sodass sie wie Wellen aufrecht stehen (s. S. 188)
Wasser kommt über die Bordwand hinein. Immer mehr Wasser. Immer heftiger wird der Sturm.	Zipfel noch höher ziehen
Die Jüngerinnen und Jünger bekommen Angst. Wird das Boot gegen die Wellen ankommen? Oder werden sie untergehen? „Schnell, weckt Jesus, er muss uns helfen!", ruft jemand.	
Jesus schläft immer noch. Die Jünger, die bei Jesus stehen, rütteln ihn. „Jesus, wach auf! Wir gehen unter! Kümmert dich das denn gar nicht?"	
Da steht Jesus auf. Die Jünger und Jüngerinnen schauen angstvoll zu Jesus.	Jesus-Figur aufstellen
Der streckt den Arm aus zum Wasser und sagt: „Still! Gib Ruhe!"	Schnell alle blauen Zipfel platt auf den Boden drücken
Sofort ist es still. Der Sturm ist vorbei. Das Wasser wird ruhig. Innerhalb von kurzer Zeit ist es so, als wäre kein Sturm da gewesen.	
Mit großen Augen starren die Jüngerinnen und Jünger	

Jesus an. „Warum habt ihr denn so große Angst?“, fragt Jesus sie. „Habt ihr immer noch kein Vertrauen in mich?“ Die Jüngerinnen und Jünger sind erschrocken über das, was sie erleben. Jesus hat Macht über Wind und Wellen. Sie gehorchen ihm! Was ist das für ein Mensch?	
Brauchen wir denn gar keine Angst zu haben?	Kerze dazustellen, anzünden
Im ruhigen Wind segeln sie auf die andere Seite des Sees hinüber.	

Material

Mehrere blaue Tücher, braunes Tuch für das Boot, Jesus-Figur, mehrere andere Figuren, Kerze

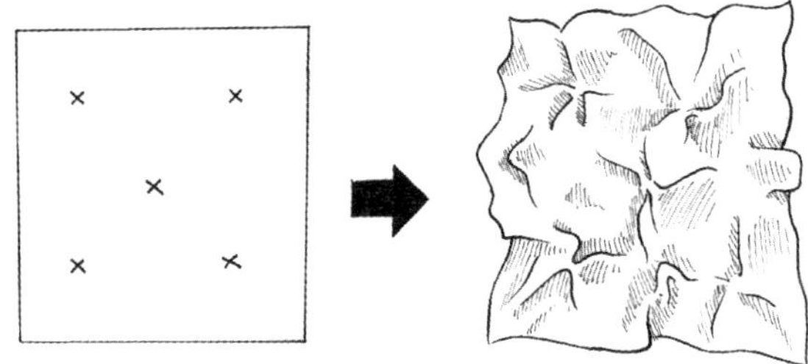

Gut zu wissen

In Jesus zeigt sich Gottes Macht über die Schöpfung. Sie ist unfassbar groß, das führt diese Wundergeschichte vor Augen. Bei Gott ist alles möglich. Jesus fordert seine Jüngerinnen und Jünger heraus mit der Frage: „Warum habt ihr Angst?“

Mögliche Themen der Kinder

Kann Jesus zaubern? – wie macht Jesus das? – so ein heftiger Sturm, ich hätte auch Angst gehabt – wie gut, dass Jesus sie gerettet hat – warum kann Jesus bei dem Sturm schlafen? – schimpft Jesus mit den Jüngerinnen und Jüngern? – warum kann Jesus den Sturm beenden?

Praxisideen zur Vertiefung

Die Geschichte nachspielen

Wer Lust hat, baut sich aus Stühlen, Decken, umgedrehten Tischen ein Boot und spielt die Geschichte nach. Sturmgeräusche machen alle gemeinsam. Jede*r, der oder die möchte, darf dabei einmal Jesus sein. Es können auch ungewöhnliche Rollen vorkommen: das Wasser, das Boot, Vögel im Sturm, der Sturm selbst, die Angst. Wie ist es, diese Rollen zu spielen?

Die Geschichte vertonen

Jedes Kind sucht sich ein Geräusche-Instrument (entweder ein Orff´sches Instrument, wenn vorhanden, oder einen Gegenstand, dem man Töne entlocken kann).
Zunächst dürfen alle Kinder durcheinander ihr Instrument austesten. Miteinander wird verabredet: Wenn die erwachsene Person die Hände mit großen Bewegungen in die Mitte streckt, ist es schlagartig ruhig.
Dann wird die Geschichte noch einmal gelesen oder frei erzählt. Wenn der Sturm beginnt, machen alle Kinder mit ihren Instrumenten Geräusche, die sich steigern bis zum Getöse. Wenn Jesus dem Sturm Ruhe gebietet, macht der/die Erwachsene die Stille-Bewegung, die Kinder brechen ab.
Beim letzten Satz der Geschichte machen die Kinder leise Hintergrundgeräusche. Wenn es den Kindern Spaß macht, können sie ihre vertonte Geschichte einer anderen Gruppe vorspielen.

Angst und Vertrauen malen

In einem Gespräch werden die Kinder nach Situationen befragt, in denen sie Angst hatten. Wer mag, erzählt. Wovor hattet ihr mal Angst? Wenn ihr Angst habt, was wünscht ihr euch dann? Kennt ihr das, wenn ihr Angst habt und dann doch Vertrauen fassen könnt, dass es gut ausgeht? Bei wem habt ihr solches Vertrauen? Bei wem vergeht die Angst? Was könnt ihr noch tun, damit Angst vergeht?
Die Kinder malen ein Bild mit zwei Seiten: auf der linken Seite etwas, das ihnen Angst macht, auf der rechten das, was ihnen dann guttut. Vielleicht wird es nicht gegenständlich, nur in Farben gemalt? Wer möchte, kann anschließend über das Bild erzählen.

mlp

Jesus macht satt – Es reicht für 5000 und mehr

Matthäusevangelium 14,13–21

Die Geschichte	Zur Gestaltung
Viele, viele Menschen wollen Jesus sehen. Und hören, wie Jesus von Gott erzählt. Über 5000 Menschen sind da. Jesus heilt viele Kranke.	Ein vorbereiteter Korb steht in der Mitte (siehe „Material")
Irgendwann sagen seine Jüngerinnen und Jünger zu ihm. „Jesus, langsam wird es Abend. Schau dich um, so viele Menschen sind da. Sie haben bestimmt Hunger. Aber hier ist es ziemlich einsam. Hier gibt es nichts zu essen. Am besten wird es sein, du schickst die Menschen fort von hier. In den Dörfern können sie sich etwas zu essen kaufen." „Das ist nicht nötig", antwortet Jesus. „Gebt ihr ihnen zu essen!" „Jesus, das wird nicht funktionieren. Wir haben überhaupt nicht genug zu essen hier. Wir haben nur fünf Brote und zwei Fische, mehr ist nicht da." „Bringt sie mir!", sagt Jesus. Die Jüngerinnen und Jünger schauen sich an. Was hat Jesus vor? Sie sehen die vielen, vielen Männer und noch mehr Frauen und Kinder! Was sollen sie mit fünf Broten und zwei Fischen anfangen? Aber wenn Jesus es will, dann werden sie ihm die Brote und Fische bringen. „Hier sind sie, Jesus!"	Der Korb mit den fünf Brotstücken wird herumgezeigt, sodass jedes Kind hineinschauen kann
„Setzt euch alle ins Gras!", ruft Jesus den vielen Menschen zu. Erstaunt schauen die sich an. Was wird jetzt passieren? Nach und nach setzen sich alle hin. Jesus nimmt die fünf Brote und zwei Fische. Er schaut zum Himmel. „Danke, Gott, dass wir zu essen haben!" Dann bricht er die Brote in Stücke. Er reicht sie seinen Jüngern und Jüngerinnen. „Hier, verteilt es unter die Menschen!"	

Die Frauen und Männer gehen herum mit den Brotstücken und teilen sie an die hungrigen Menschen aus. Viele Hände strecken sich ihnen entgegen. Sie verteilen und verteilen und verteilen ... Es reicht für alle. Alle sind satt! Die Jünger sammeln ein, was übrigbleibt.
Während sie mit den Brotresten 12 Körbe füllen, denken sie: „Was ist bei Jesus nur alles möglich?“

Mit dem Korb herumgehen, dabei unauffällig den Tuchboden zurückklappen, sodass so viele Brotstücke sichtbar werden, wie Kinder dabei sind, jedes Kind darf sich ein Stück nehmen und essen

Nach einer Gestaltungsidee von Teilnehmerinnen einer religionspädagogischen Fortbildung

Material

Ein Korb wird mit „doppeltem Boden“ vorbereitet: unten hinein kommen Brotstücke – deutlich mehr Brotstücke als Kinder. Darüber kommt ein Tuch, sodass sie nicht zu sehen sind. Auf diesen „Tuchboden“ kommen fünf sichtbare Brotstücke.

Gut zu wissen

Beten und Brot-Austeilen sind Elemente jedes jüdischen Mahles. Hier geht es aber nicht nur darum, dass alle miteinander teilen, damit es reicht. Dass weit über 5000 Menschen satt werden von der kleinen Menge, ist nicht mit Teilen zu erklären, sondern es wird deutlich: Bei Gott ist Unmögliches möglich! Und: Gott kümmert sich und versorgt ganzheitlich. Die Zahl 12 – 12 Körbe voll bleiben übrig – wird in der Bibel genutzt, wenn es um Reichhaltigkeit und Vollständigkeit geht: Selbst der „Rest“ ist noch reichhaltig!

Mögliche Themen der Kinder

Das ist ja stark – Zauberei? – das geht ja gar nicht! – wie gut, dass Jesus die Leute versorgt, sie hatten ja Hunger! – warum versorgt Gott nicht die Bettler auf der Straße? – warum hungern Menschen überhaupt? – manchmal habe ich auch Sorge, nicht genug abzubekommen – teilen ist schön! ...

Praxisideen zur Vertiefung

UNMÖGLICHES WIRD MÖGLICH

Man braucht Chiffontücher in der Anzahl der Kinder. Die Geschichte von der Speisung wird noch einmal erzählt. An der Stelle, an der die Jüngerinnen und Jünger das Brot und die Fische an alle verteilen, bittet eine Erwachsene alle Kinder, die Hände wie eine Schale aufzuhalten. Dann geht sie herum und nimmt – versteckt aus einer Tasche – jeweils ein Chiffontuch zusammengepresst in die Hand und gibt es den Kindern in die offenen Hände mit der Bitte, die Hände sofort fest zu verschließen. Erst, wenn alle ein zusammengeknülltes Tuch in ihren Händen halten, bittet sie die Kinder, die Hände langsam nach oben zu öffnen. Die Tücher quellen hervor und werden riesengroß.

Lied selber weitertexten

Auf die Melodie von „Bruder Jakob" kann gesunden werden:
Gottes Wunder, Gottes Wunder kommen leis´, kommen leis´!
Wi-ir dürfen staunen, wi-ir dürfen staunen.
Gott sei Dank, Gott sei Dank.
Die Kinder können weitere Strophen dichten.

Fünf Brote

Die Kinder backen miteinander fünf Brote und legen sie in einen Korb. Mit dem Korb gehen sie herum und versorgen alle, die es möchten, mit Brot. Jede*r kann sich ein Stück Brot abbrechen und bekommt dazu gesagt: „Gott versorgt. Alle." Auch die Eltern beim Abholen. Auch die Menschen, die im Gemeindehaus oder in der Kita arbeiten. Auch die Nachbarn.

mlp

Zachäus und Jesus – Alles wird anders

Lukasevangelium 19,1–10

Die Geschichte	Zur Gestaltung
„267, 268, 269, 270." Zachäus zählt sein Geld. „So viel Geld habe ich! Ha! Alles von den Menschen, die ihre Waren in der Stadt verkaufen wollen. Wenn sie bei mir vorbeiwollen, müssen sie mir Geld bezahlen. Und ich kann alleine entscheiden, wie viel sie zahlen sollen.	In der Mitte liegt ein braunes Tuch mit einigen Goldtalern, weitere hinzuzählen
Oberzöllner ist doch ein großartiger Beruf." Zachäus packt das viele Geld in einen Lederbeutel Es klimpert so schön!	Das braune Tuch an den Enden fassen und mit den Talern hochnehmen, Tuch mit Münzen schütteln
Zachäus ist richtig reich! Allerdings mögen ihn die Menschen nicht. Sie sagen: „Zachäus betrügt! Er ist reich, weil er uns zu viel Geld abknöpft."	Schwarzes Tuch über das „Geldsäckchen" legen
Heute will Zachäus auf den Marktplatz. Jesus kommt in die Stadt. Jesus, der Wanderprediger, der allen Menschen von Gott erzählt. Er, Zachäus, will ihn hören! Unbedingt. Mit kleinen, schnellen Schritten läuft er los.	
Ach je, nun ist er doch zu spät! Da ist Jesus! Aber der ganze Marktplatz ist schon voller Menschen. Zachäus kann Jesus gar nicht sehen, so voll ist es. Zu ärgerlich, dass er, Zachäus, nur so klein gewachsen ist. Jetzt kann er Jesus nicht sehen. Aber er will es doch unbedingt!	Ein Stück entfernt eine Kerze hinstellen, um sie herum ein rotes Tuch wie eine Mauer aufstellen
Allerdings, wenn er ... Zachäus Blick fällt auf einen großen Baum mit den vielen dicken Ästen. Wenn er vorläuft und auf den Baum klettert? Dann wäre er so weit oben, dass er über die Köpfe der Menschen hinweg zu Jesus schauen könnte. Aber was würden die Leute sagen? Er als vornehmer, reicher Mann klettert auf einen Baum – wie ein Kind!	Grünes Tuch mittig greifen und wie einen „Baum" aufstellen
„Ach was", denkt Zachäus, „die Menschen sind alle so mit Jesus beschäftigt, bestimmt sieht mich keiner!" Er	

läuft zu dem Baum und zieht sich an den Ästen hoch. Jetzt kann er Jesus sehen! Da – was ist los? Zachäus sieht, wie Jesus durch die Menschen hindurchgeht. Direkt auf seinen Baum zu. Direkt auf ihn zu. Am Baum bleibt Jesus stehen. Er schaut zu ihm herauf.
Jesus sieht ihn! Zachäus strahlt.

Kerze zum Baum stellen

Jesus sagt: „Zachäus, komm schnell herunter. Ich muss heute dein Gast sein!"
Wie bitte? Zu ihm will Jesus kommen? Bei ihm zu Abend essen? Womöglich sogar übernachten! Wie aufregend! Hatte Jesus von dort unten aus sehen können, dass er, Zachäus, ein reicher und wichtiger Mann war? Schnell steigt er vom Baum herab. „Komm, Jesus, komm mit!" Mit kleinen Schritten eilt er mit Jesus zum Haus. Seine Magd muss ganz schnell ein gutes Essen zubereiten. Reichlich muss es sein und besonders lecker.

Kerze zum schwarzen Tuch stellen

Vor dem Haus von Zachäus versammeln sich die Menschen. „Was? Zu diesem schlechten Menschen, diesem Gauner, kommt Jesus? Warum macht er das?"

Rotes Tuch wie eine Mauer um das schwarze Tuch stellen

Drinnen sitzen sie zusammen. Zachäus hört, was die Menschen draußen reden. Er sieht Jesus an seinem Tisch.
Und dann sagt er: „Jesus, ich mache alles anders. Ab sofort. Ich gebe die Hälfte von dem, was ich besitze, den Armen. Und wenn ich jemanden betrogen habe, dann gebe ich es ihm vierfach zurück! So mache ich es!"

Schwarzes Tuch wegnehmen und beiseitelegen, braunes Tuch mit den Talern öffnen, viele der Taler herausnehmen und zu dem roten Tuch legen

Jesus schaut ihn an und sagt: „Heute bist du gerettet worden, du und deine ganze Familie. Obwohl du dich falsch verhalten hast, gehörst du doch zu den Kindern Gottes. Ich bin gekommen, um Menschen wie dich, die verloren sind, zu retten!"

Eine kleinere Kerze an der brennenden Kerze entzünden

Zachäus lächelt.

Material

Braunes Tuch, einige „Goldtaler" (z. B. aus Schokolade), Tücher in Schwarz, Rot, Grün, eine etwas größere und eine kleinere Kerze

Gut zu wissen

Ein Oberzöllner konnte den Menschen ungebremst Geld abnehmen, Betrug machte ihn reich. Damit war er den Menschen verhasst. Seine kleine Gestalt und sein emsiges Bemühen, Jesus von einem Baum aus zu sehen, lassen Zachäus lächerlich wirken. Jesus lässt sich weder vom schlechten Charakter noch von der Lächerlichkeit abhalten, Gottes Heil zu Zachäus zu tragen. Die Menschen erleben das als Provokation und beschweren sich. Zachäus verändert sich grundlegend. Bei Gott geschieht zuerst Annahme, darauf folgt die Umkehr. Einsehen und Umkehr sind nicht Voraussetzung dafür, dass Gottes Frieden zu den Menschen kommt, sondern sie sind eine Folge von der Liebe Gottes zu den Menschen.

Mögliche Themen der Kinder

Zachäus ist gemein zu den anderen – betrügen darf man nicht – ich möchte auch so reich sein – mir tut Zachäus leid, ist doch traurig, dass ihn keiner mag – mag ihn seine Frau? – Jesus ist nett, er hilft Zachäus – die anderen ärgern sich darüber, ich würde mich auch ärgern – schön, dass Jesus zu Zachäus kommt und er einmal nicht alleine ist – gut, dass Zachäus jetzt nicht mehr betrügt und das Geld zurückgibt …

Praxisideen zur Vertiefung

In die Gemeinschaft hineinkommen

Die Kinder bilden einen engen Kreis und haken sich unter, ein Kind – Jesus – ist im Kreis, ein anderes – Zachäus – ist außerhalb des Kreises. Das Kind von außen versucht, in den Kreis hineinzukommen, was die anderen so lange verhindern, bis das Kind aus der Mitte die Kinder bittet, den Kreis zu öffnen. Anschließend erzählen die Kinder, wie sie es erlebt haben – als Zachäus, als Jesus, als Kind im Kreis. Mit neuen Besetzungen der Rollen gibt es mehrere Spielrunden.

Wie geht es weiter?

Die Kinder können im Rollenspiel die Geschichte weiterentwickeln. Was sagen die Menschen, als Zachäus das Geld zurückgibt? Was sagt die Frau von Zachäus? Was wünscht sich Zachäus für die Zukunft? Einige Zeit später kommt Jesus wieder zu Zachäus – wie begegnen sich die beiden?

Ein Festmahl feiern

Weil Jesus Zachäus angesehen hat, verändert sich für ihn alles. Er ist glücklich, weil Jesus ihn besucht und seine Einladung zum Essen annimmt. Mit den Kindern wird gemeinsam ein Festessen vorbereitet. Tischdecke, gutes Essen, Musik, Gebet, sich um die anderen kümmern – die Kinder entscheiden, was für sie dazugehört, wenn es sich wie bei Zachäus glücklich und friedlich anfühlt.

mlp

Jesus und die Frau am Brunnen – Lebendiges Wasser

Johannesevangelium 4,1–42

Die Geschichte	Zur Gestaltung
	In der Mitte ein blaues Samttuch ausbreiten, darauf eine große Schale voll Wasser stellen, um die Schale herum kleine Becher in der Anzahl der Kinder und Erzähler*in, ein Schöpfgefäß hinstellen Mit dem Schöpfgefäß im Wasser plätschern
Es ist Mittag. Jesus sitzt an einem Brunnen. Er ist müde und ruht sich hier im Schatten aus. Lange sind sie heute schon gewandert. Die anderen sind in das nächste Dorf gegangen. Sie kaufen etwas zu essen. Gerne würde Jesus Wasser trinken. Er ist durstig. Womit könnte er aus dem Brunnen Wasser schöpfen?	Mit dem Schöpfgefäß im Wasser plätschern
Da kommt eine Frau aus dem Dorf. Sie ist eine samaritanische Frau. Sie gehört zu einem Volk, mit dem sich Jesu Volk, die Juden, nicht gut versteht. Die Frau lässt einen Krug mit einem Seil den Brunnen hinab und holt frisches Wasser heraus. „Gib mir auch von dem Wasser zu trinken“, bittet Jesus sie. Überrascht schaut die Frau auf. Der Mann dort, der Jude, spricht sie an? Und er bittet sie um Wasser? Normalerweise halten sich die Juden doch fern von ihnen, den Samaritanern. „Du bittest mich um Wasser? Das ist ungewöhnlich!“, sagt sie zu Jesus.	Mit dem Schöpfgefäß im Wasser plätschern
Jesus antwortet: „Wenn du wüsstest, dass ich von Gott komme, dann würdest *du* mich um Wasser bitten. Um *lebendiges* Wasser.“ Die Frau ist noch mehr überrascht. „Lebendiges Wasser? Was ist das? Und: Du hast ja noch nicht einmal etwas zum Schöpfen, und der Brunnen ist tief.“ „Lebendiges Wasser, das ist Wasser, das von Gott	Mit dem Schöpfgefäß im Wasser plätschern

kommt. Wer von diesem Wasser hier aus dem Brunnen trinkt, wird wieder neu Durst bekommen.
Wenn du von dem Wasser trinkst, das ich geben kann, wirst du nie wieder Durst haben. Gott gibt lebendiges Wasser. "

Kerze neben die Wasserschale stellen

Aufmerksam hört die Frau Jesus zu. Sie spürt: Das ist ein besonderer Mann!
„Gib mir von dem lebendigen Wasser!", sagt sie.

Mit dem Schöpfgefäß Wasser schöpfen und in einen der Becher gießen

Jesus beginnt, ihr von Gott zu erzählen. Die Frau hört zu. Ganz still lauscht sie. Lange sitzen die beiden dort. Irgendwann kommen die Jüngerinnen und Jünger aus dem Dorf zurück.
Da steht die Frau auf. Sie lässt ihren Wasserkrug am Brunnen stehen und läuft ins Dorf, um den Menschen dort von Jesus zu erzählen. „Kommt, seht ihn euch an, und hört, was Jesus zu sagen hat!"

Viele Menschen kommen heraus zu dem Brunnen, um Jesus zuzuhören.
„Lebendiges Wasser", hat Jesus gesagt. Ein Geheimnis?

Mit dem Schöpfgefäß Wasser in jeden der Becher füllen, nach und nach jedem Kind einen Becher reichen zum Trinken

Material

Blaues Samttuch, großes Schale voll Wasser, Schöpfgefäß, Becher in der Anzahl der Kinder und Erzähler*in, Kerze

Gut zu wissen

Juden und Jüdinnen hielten die Samaritaner*innen für Falschgläubige. Für Jesus macht es aber offensichtlich keinen Unterschied, wen er vor sich hat. Das, was Gott zu geben hat, können alle bekommen. Das Gespräch wird von einem Missverständnis geprägt: Die Frau fragt nach irdischem Wasser, also dem Wasser, das man trinken kann, Jesus spricht aber von geistiger Versorgung und vom Satt-Werden im geistigen Sinn. Das ist sehr abstrakt. Was meint Jesus? Hier, wie in anderen Geschichten auch, müssen nicht alle Botschaften erklärt werden. Manches, was mit Gott und Jesus zu tun hat, bleibt geheimnisvoll.

Mögliche Themen der Kinder

Was ist lebendiges Wasser? – kann ich auch lebendiges Wasser bekommen und nie wieder Durst haben? – schön, dass Jesus und die Frau sich unterhalten – wenn man Durst hat, muss man trinken – hat Jesus am Ende Wasser von der Frau bekommen oder nicht? – warum mögen sich Juden und Samaritaner nicht? …

Praxisideen zur Vertiefung

Lebendiges Wasser – geheimnisvoll

Woran merkt man, dass Jesus lebendiges Wasser bereithält? Wie kann man es verstehen? Mit den Kindern kann sich ein Gespräch über die Geschichte und das Geheimnisvolle in ihr anschließen. Vielleicht bleibt es ein Geheimnis? Wie können sich Kinder im Kindergottesdienst und im Kita-Alltag daran erinnern, dass Jesus sagt: Gott gibt lebendiges Wasser?
Zum Beispiel können die Kinder gemeinsam eine Kerze mit Wasserwellen gestalten. Diese Kerze kann angezündet werden, wenn ein Kind Geburtstag hat oder eine Geschichte von Gott erzählt wird oder Kinder sich streiten und versuchen, damit umzugehen, oder wenn ein Kind Trost braucht oder …

Wenn ich mich mal so richtig lebendig fühle …

Die Kinder erzählen: Wann fühlt ihr euch so richtig lebendig, fröhlich, kräftig, gut gelaunt, glücklich …? Wie sieht das aus? Was macht ihr dann? Wo seid ihr dabei? Wer ist dabei? Hat es für euch etwas mit Gott zu tun?
Auf einem großen Bogen wird ein Kreis für einen Brunnen gemalt. Jedes Kind malt in den Brunnen, wie es aussieht, wenn es sich so richtig lebendig und glücklich und gut versorgt fühlt.

mlp

Marta und Maria – Was jetzt dran ist

Lukasevangelium 10,38–43

Die Geschichte	Zur Gestaltung
Lange schon sind sie unterwegs. Bald wird es dunkel. Jesus sagt zu den Jüngerinnen und Jüngern: „Ich kenne hier im Dorf Menschen, bei denen wir bleiben können. Marta wohnt hier mit ihrer Schwester Maria. Lasst uns zu ihnen gehen und fragen, ob sie einen Platz zum Schlafen haben."	Kerze anzünden und vor sich hinstellen Tuch in der Mitte ausbreiten und glattstreichen als Haus von Maria und Marta
Marta freut sich. Jesus kommt zu Besuch! Sie mag ihn sehr. Schnell, es muss etwas zu essen her für den Besuch! Alle müssen gut versorgt sein!	Ein Tuch für Marta so auf das Tuch stellen, dass es aufrecht steht
Marta beginnt mit den Vorbereitungen und sucht zusammen, was sie den Gästen anbieten kann. Das frisch gebackene Olivenbrot – zum Glück hat sie genug davon hergestellt. Datteln und Feigen sind auch noch da. Schnell kocht sie noch Gersteneintopf.	Das Tuch an der Spitze nehmen und hin- und herstellen an verschiedenen Orten im „Haus"
Maria, ihre Schwester, freut sich auch: Jesus zu Gast bei ihnen! Lange schon hatte sie sich gewünscht, Jesus wieder einmal zuzuhören. Jesus erzählt so spannend von Gott. Es fühlt sich einfach gut an, von Gottes Liebe zu hören und vom Leben mit Gott. Auf keinen Fall will sie etwas verpassen.	Ein Tuch in einer anderen Farbe für Maria ebenfalls in das „Haus" stellen und stehen lassen
Jetzt betritt Jesus das Haus.	Kerze in die Mitte stellen
Marta läuft zu Jesus. „Jesus! Wie freue ich mich, dich in meinem Haus zu Besuch zu haben! Ruh dich aus. Hier, lass dich auf den Sitzplätzen nieder. Du bist bestimmt müde. Das Essen ist gleich fertig!" Sie läuft zurück zur Feuerstelle.	Das Marta-Tuch aufrecht danebenstellen Marta-Tuch wieder etwas abseits der Mitte stellen
Maria denkt: Ich möchte unbedingt bei Jesus sitzen! Sie setzt sich zu Jesu Füßen hin. Ganz dicht rückt sie an ihn heran. Eigentlich darf sie das gar nicht, denn es gehört sich nicht. Aber Maria will nichts verpassen. Jesus beginnt zu erzählen, und sie hört aufmerksam zu.	Maria-Tuch niederdrücken, sodass eine Art Stoffkugel entsteht, dabei gemütlich seufzen

Das Klappern des Geschirrs ist zu hören. Marta läuft hin und her, bringt Speisen herbei und stellt Leckeres auf den Tisch. Zwischendurch rührt sie in dem großen Topf.

Plötzlich steht Marta neben Jesus. Sie schaut auf Maria herunter. Ziemlich böse guckt sie.

Marta-Tuch sehr aufrecht neben die Kerze stellen

„Jesus", beginnt Marta und holt tief Luft. „Jesus, kümmert es dich gar nicht, was hier passiert? Ich bereite ein gutes Essen für euch zu. Ihr müsst ja sehr hungrig sein. Und es ist ja auch sehr wichtig, Gästen etwas Gutes anzubieten. Aber – meine Schwester lässt mich damit alleine. Sie drückt sich vor der Arbeit und sitzt hier einfach herum. Sie hört dir zu und ich habe die ganze Mühe allein. Das kann dir doch nicht egal sein. Sag Maria, dass sie mir helfen soll!"

Jesus schaut Marta lange an. Dann guckt er zu Maria, jetzt wieder zu Marta.

Nacheinander auf beide Tücher zeigen

„Ach, Marta. Du gibst dir viel Mühe.

Maria hat sich anders entschieden. Sie hört auf das, was ich von Gott erzähle. Das ist für sie jetzt dran. Und es soll ihr nicht weggenommen werden."

Beide, Maria und Marta, hören überrascht, was Jesus sagt. Und beide denken noch lange darüber nach.

Zwei kleine Kerzen an der großen Kerze entzünden, die eine neben das Maria-Tuch, die andere neben das Marta-Tuch stellen

Material

Ein großes Tuch für das Haus, zwei feste Tücher in zwei verschiedenen Farben, eine größere Kerze, zwei kleinere Kerzen

Gut zu wissen

Marta nimmt Jesus bei sich auf, offensichtlich war sie Hausbesitzerin. Dass ein Mann bei einer Frau einkehrt, wird als anstößig gesehen worden sein. Marta folgt dem Gebot der Gastfreundschaft, für den Besuch ausgiebig zu sorgen. Sie empört sich darüber, dass ihre Schwester sich dieser Verpflichtung entzieht, doch Jesus hält dagegen und ergreift Partei für Maria, die sich wie eine Jüngerin Zeit nimmt, um das Wort Gottes zu hören – obwohl es sich nicht schickte für Frauen, sich zu den lehrenden Männern zu setzen. Es klingt so, als ob Jesus Marta zurechtweist. Umtriebige Fürsorge gegen achtsam In-der-

Gegenwart-Sein – diesen Konflikt kennen viele Menschen auch als innere Auseinandersetzung.

Mögliche Themen der Kinder

Ist Jesus ungerecht? – Jesus könnte Marta aber doch auch loben für das, was sie macht – gut, dass Marta sich beschwert – Maria ist aber faul – darf man sich immer aussuchen, was man machen will? – ich verstehe, dass Maria nichts verpassen will …

Praxisideen zur Vertiefung

Ein Zuhörtag

Die Kinder werden eingeladen, heute einmal bewusst auf alles zu hören, was um sie herum ist, und achtsam wahrzunehmen, was sie entdecken und was ihnen begegnet. Wie ging es den Kindern damit?

Entscheidungen treffen

Die Kinder sind eingeladen, für sich selbst bewusste Entscheidungen zu treffen, bei allem, was sie tun. Fragen können helfen: Was möchte ich tun? Was ist mir wichtig? Wann geht es mir gut? Was ist dran – für mich und für andere? Was folgt aus meiner Entscheidung?
Die Entscheidungen der Kinder werden nicht bewertet. Kinder können auf diese Weise entdecken, dass sie gefragt sind, dass es um sie selbst geht, dass sie ein wertvoller Teil der Gemeinschaft sind, auch, wenn es keine einheitlichen Entscheidungen gibt.
Diese Übung zusammen mit der Bibelgeschichte von Maria und Marta kann so Partizipationsprozesse unterstützen.

Tanz der Gegensätze

Zwei verschiedene Musikstücke werden gebraucht und dazu zwei CD-Player oder andere Musikquellen: ein meditatives, ruhiges Stück für den Maria-Part und ein lebendiges, quirliges Stück für den Marta-Part. Nacheinander werden die Musikstücke abgespielt, gerne auch im Wechsel, wobei die Phasen nicht zu kurz sein dürfen. Die Kinder entwickeln einen Tanz, beide Seiten der Geschichte – die aktive, gestalterische Seite der Marta und die ruhige, zuhörende Seite der Maria – kommen vor.

mlp

Vater unser – Himmel und Erde

Matthäusevangelium 6,9–13

Hinweis: Besonders für ältere Kinder, die lesen können.

Die Geschichte	Zur Gestaltung
	Großes rundes Tuch
Stellt euch einmal eine Familie vor. Vater, Mutter, Kind. Oder: Mutter, Kind, Kind, Kind. Oder: Großeltern, Kind. Oder: Mutter, Vater, Vater, Kind. Gibt es alles. Aber jetzt geht es um eins: den Vater. Oder wer es lieber so will: die Mutter.	In der Mitte mit verschieden großen Figuren die unterschiedlichen Familien andeuten
Wenn Jesus von Gott gesprochen hat, dann hat er ihn oft „Vater" genannt. Der Gott von allen Menschen ist wie ein lieber Vater. Und weil man sich Gott im Himmel vorstellt (obwohl keiner genau weiß, wo das ist), hat Jesus gesagt: *Vater unser im Himmel*	Den Schriftzug am Außenrand des runden Tuches ablegen, eine brennende Kerze dazustellen
Auch wenn Jesus gebetet hat, fing er oft mit diesen Worten an. Und es war ihm sehr wichtig, dass man über Gott keine gemeinen Witze macht. Oder irgendwelche schlimmen Dinge mit Gottes Namen verbindet. Darum sagte er: *Geheiligt werde dein Name*	Zweiten Schriftzug ablegen. Sie sollen insgesamt alle zu einem großen Kreis ausgelegt werden
Schön soll es sein, wenn Menschen zusammen sind. Keiner wird weggeschickt, keiner muss weinen. *Dein Reich komme*	Dritten Schriftzug ablegen usw.
Das muss schön sein, wenn alle das machen, was Gott Gutes für die Menschen will. Im Himmel kann es anfangen, und dann soll es weitergehen auf die Erde. *Dein Wille geschehe,* *wie im Himmel, so auf Erden*	

Auf der Erde, da sieht es manchmal nicht so schön aus. Manche Menschen sind ganz arm, andere haben zu viel. Manche haben jeden Tag Hunger und nichts anzuziehen. Das soll sich ändern:

Unser tägliches Brot gibt uns heute

und nicht nur Brot, auch Kleidung und ein Zuhause und Menschen, die uns gerne haben …

Aber manchmal machen wir auch Fehler. Wir sind nicht unschuldig an der Ungerechtigkeit.

Vergib uns unsere Schuld

Und wenn jemand anderes Fehler gemacht hat und deshalb geht es uns schlecht? Egal!

wie auch wir vergeben unseren Schuldigern

Manchmal weiß ich nicht, was richtig ist. Oder ich weiß es und tue es doch nicht. Manche Menschen locken mich mit falschen Versprechungen. Das will ich nicht.

Führe uns nicht in Versuchung

Manchmal ist es schlimm auf der Erde. Böse Menschen kommen und machen alles kaputt. Hilf uns doch!

Erlöse uns von dem Bösen

Aber du bist stärker als alles Böse. Deine Kraft ist größer. Du bist Gott, und das bleibt.

Denn dein ist das Reich und die Kraft und die Herrlichkeit in Ewigkeit

Ja, so soll es sein.

Amen

Der Schriftzug „Amen" kommt in die Mitte

Und das gilt für alle Menschen, für Mütter und Väter, für Kinder und Großeltern.
Deswegen ist dieses Gebet eines, das wir immer alle zusammen beten können.
Zum Beispiel jeden Sonntag in der Kirche.

Große Kerze in die Mitte zu den Figuren

Material

Großes rundes Tuch, verschieden große Figuren, große Kerze, das Vaterunser in Abschnitten aufgeteilt zum Auslegen

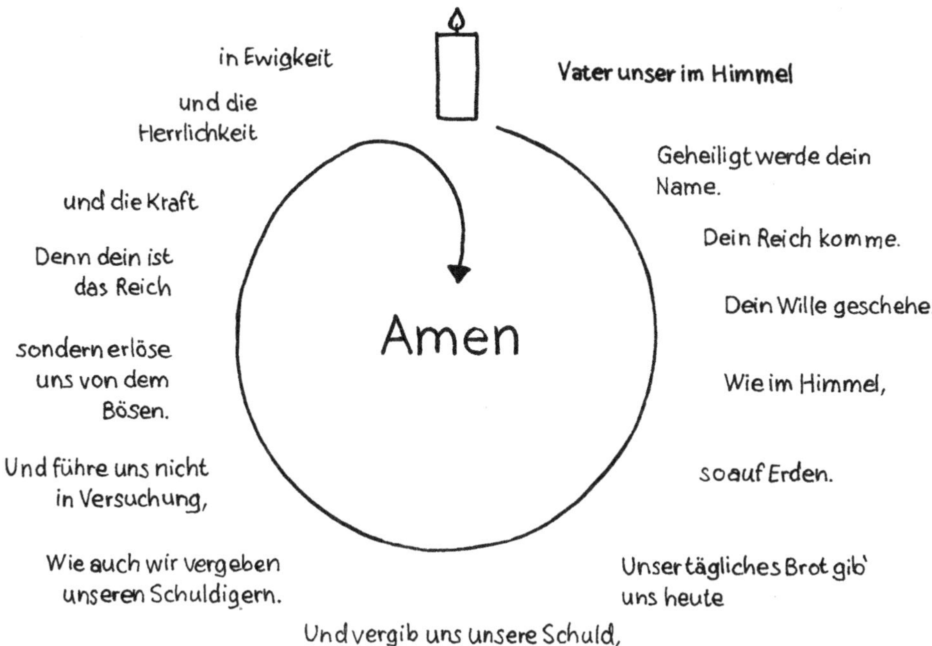

Gut zu wissen

Das Vaterunser geht auf ein altes jüdisches Gebet zurück, das Jesus verändert hat. Die Anrede Gottes als Vater zeigt viel vom liebevollen Gottesbild, das Jesus verkündigte.
Der letzte Teil des Vaterunsers ist im Lukasevangelium nicht genannt und vielleicht später eingefügt. In der katholischen Kirche wird dieser Teil erst seit wenigen Jahrzehnten mitgebetet.
Für Kinder sind viele Bitten und viele Formulierungen schwer zu verstehen. Sie üben trotzdem eine geheimnisvolle Faszination aus. Die Bedeutung wird ungefähr erkannt. Diese Worte müssen nicht ausführlich erklärt werden, das nimmt ihnen den Zauber. Das Vaterunser erschließt sich, wenn man es immer wieder betet.

Mögliche Themen der Kinder

Das sind aber lustige Familien – das kenne ich – das Gebet habe ich schon einmal gehört, da sprechen es alle – ja, so soll es/nicht/sein – ich kann es auswendig …

Praxisideen zur Vertiefung

Bei kleinen Kindern:
nicht vertiefen, einfach beten.

Bei grösseren Kindern:
Wenn man den Kreis in vier Viertel teilt („von 12 bis 3 Uhr"), dann gehören die ersten Bitten (bis „wie im Himmel") ins erste Viertel. Von dort, vom „Himmel" geht alles aus. Im zweiten Viertel („so auf Erden") sind Dinge unserer Erde genannt, Brot und Schuld, das dritte Viertel zeigt Wege zur Überwindung bis hin zur Erlösung, das letzte Viertel ist wieder „im Himmel" und geht bis zur Ewigkeit.
Diesen Kreis kann man mit den Händen in der Luft nachzeichnen, während gleichzeitig gebetet wird.

Die Gestaltung
Die Gestaltung kann durch blaue (Himmel) und braune (Erde) Tücher verstärkt werden. Die blauen Tücher liegen „oben" im ersten und vierten Viertel, die braunen „unten" im zweiten und dritten.
Eine Kerze kann zum Gebet im Schriftkreis „herumgehen", bei „Amen" wird sie dann in die Mitte gestellt.

jw

Durch das Kreuz ins Leben (1) – Der Weg und das Abschiedsmahl

Markusevangelium 11,1–10; 14,12–26

Die Geschichte	Zur Gestaltung
	Ein schwarzes Tuch ausbreiten, eine brennende Kerze daraufstellen
„Es wird eine schlimme Zeit kommen", sagt Jesus, „mächtige Leute werden mich anklagen und sie werden mich töten. Aber Gottes Kraft wird stärker sein." „Wie sollen wir das verstehen?", fragen die Jünger und Jüngerinnen und schütteln die Köpfe. „Wir werden dich nie verlassen!", sagt Petrus. „Wir gehen nach Jerusalem zum Paschafest", sagt Jesus, „dort werdet ihr sehen, was passiert."	Bei „Gottes Kraft" eine Leuchtschale (s. u.) außerhalb des Gesamtbildes stellen
Doch zuerst kommt alles ganz anders. Als Jesus auf einem Esel durch das Stadttor von Jerusalem einzieht, steht eine große Menschenmenge an der Straße. Sie freuen sich und jubeln ihm zu. Sie rufen: „Ja, Jesus, wir loben und preisen dich! Du bist der Nachfolger von König David, du bist unser Erlöser. Du wirst alles besser machen und uns Freiheit geben." Sie legen Tücher und Kleider auf die Straße, sie schlagen Zweige von den Palmbäumen und lassen Jesus mit seinem Esel darüberlaufen. Nur ein paar von den mächtigen Leuten stehen dabei und schauen finster. Sie hören nicht gerne, dass ein anderer alles besser machen wird …	Mit Bauklötzen eine Stadtmauer (mit Tor) und eine Andeutung von Jerusalem bauen Mit grauem Tuch einen Weg durch das Stadttor legen Bunte Muggelsteine neben die Straße legen, kleine Stoffteile und Zweige (Buchsbaum oder Efeu) auf die Straße Die Kerze über die Straße führen
Jesus reitet weiter. Nur noch seine engsten Jüngerinnen und Jünger begleiten ihn. „Heute Abend feiern wir das Paschafest", sagt Jesus, „bereitet den Raum und das Essen vor."	

Ein kleines weißes Tuch wird in „Jerusalem" ausgebreitet

Und so sitzen sie am Abend in einem festlich geschmückten Raum zusammen.
Köstliches Essen steht auf dem Tisch, Brot, gebratenes Lamm, bittere Kräuter.
Die ganze Gruppe erinnert sich daran, wie einstmals das Volk der Israeliten als Sklaven in Ägypten gefangen war. Deswegen stehen auch die bitteren Kräuter beim Essen, sie sollen an die bittere Zeit erinnern. Segensworte unterbrechen das Essen und es wird von Mose erzählt, der das Volk damals aus Ägypten in die Freiheit geführt hat.

Die Kerze an das Tuch stellen

Jesus greift zum Brot. Er bricht es einmal durch. Er spricht ein Dankgebet. Er sagt: „Esst alle von diesem Brot. Es soll jetzt ein besonderes Brot sein. Ich bin das Brot. Denn so, wie das Brot zerbrochen ist, wird mein Körper zerbrechen, wenn ich sterben werde. Teilt dieses Brot, es ist für euch gegeben, denkt an mich, wenn ihr es esst."
Sie schauen sich alle verwundert an. Aber sie teilen das Brot und essen es.

Ein kleines Brot und ein Becher mit rotem Saft wird auf das weiße Tuch gestellt

Das Brot wird hochgehoben

Da greift Jesus auch zu dem Becher mit dem Wein. „Trinkt alle aus diesem Becher. Es ist jetzt ein besonderes Getränk. Dieser Wein, das bin ich. Es ist wie Gottes neues Versprechen, dass er das Leben gibt. Teilt den Wein in diesem Becher, denkt an mich und daran, dass Gottes Kraft zu euch kommt."
Wieder schauen sich alle verwundert an. Aber sie trinken alle aus diesem Becher.
Und bis heute teilen Menschen in den Kirchen Brot und Wein miteinander und denken an diesen Abend mit Jesus.

Der Saftbecher wird hochgehoben

An dieser Stelle kann ein „Erinnerungsmahl" gefeiert werden. Verschiedene Vorschläge dazu unter „Praxisideen"

Material

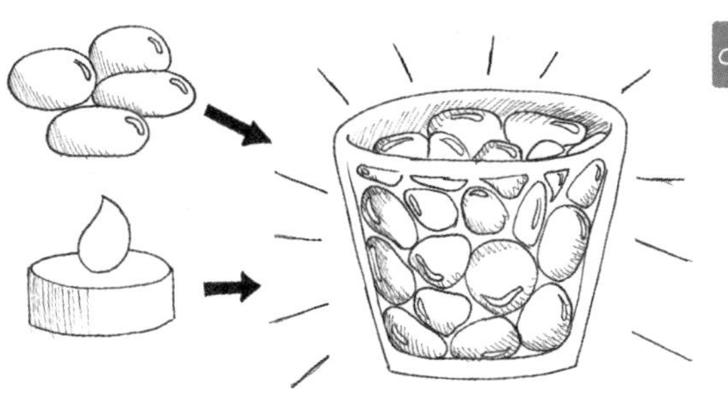

Schwarzes Tuch, Kerze, viele Bauklötze, graues Tuch, bunte Muggelsteine, kleine Stoffteile, kleine Zweige von Buchsbaum oder Efeu, weißes Tuch, Brot, Becher mit rotem Saft, Leuchtschale (Mit der Leuchtschale ist ein kleines Glasgefäß gemeint, in dem ein LED-Teelicht brennt. Das Glas ist vollständig mit Muggelsteinen gefüllt, sodass das Teelicht nicht mehr direkt zu sehen ist, aber durch die Muggelsteine geheimnisvoll leuchtet)

Gut zu wissen

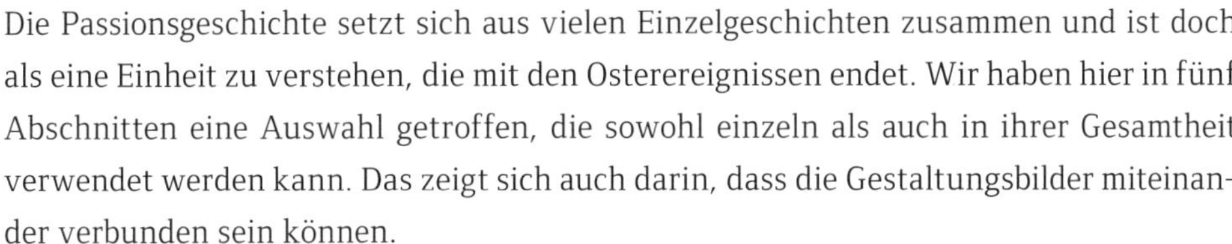

Die Passionsgeschichte setzt sich aus vielen Einzelgeschichten zusammen und ist doch als eine Einheit zu verstehen, die mit den Osterereignissen endet. Wir haben hier in fünf Abschnitten eine Auswahl getroffen, die sowohl einzeln als auch in ihrer Gesamtheit verwendet werden kann. Das zeigt sich auch darin, dass die Gestaltungsbilder miteinander verbunden sein können.

Neben dem Einzug in Jerusalem wird hier besonders die Einsetzung des Abendmahls erzählt. Wer die Feier nachspielen will und auch Brot und Wein bzw. Saft verteilt, muss wissen: Einer Erinnerungsfeier („Agapemahl") steht nichts im Weg, eine Feier des „richtigen" Abendmahls bzw. der Eucharistie mit den liturgischen Worten ist nur Priestern bzw. Pfarrer*innen oder Pastor*innen vorbehalten.

Mögliche Themen der Kinder

Was ist das für eine schlimme Zeit! – warum legt man Kleider auf die Straße und schlägt Zweige von den Bäumen? – bittere Kräuter, igitt – warum wird der Körper von Jesus zerbrochen? – schön, so ein Festessen – was soll die leuchtende Schale da am Rand?

Praxisideen zur Vertiefung

Den Weg gehen

In einer Kirche wird vor dem Altar ein Weg gelegt und mit bunten Tüchern und grünen Zweigen geschmückt. Eine große Altarkerze kann diesen Weg „gehen", während alle Loblieder singen.

Auf dem Altar kann ein Brot und ein Becher Saft stehen als „Vorschau" auf das Abendmahl.

Bittere Kräuter

Die Kinder probieren bittere Kräuter (z. B. Wermut, nur ein kleines Stück). Sie werden aufgefordert, an bittere Erfahrungen zu denken. Hinterher lässt sich die Bitterkeit auflösen mit leckerem Saft (vielleicht einem Naschi).

Lied: So viel Kummer

(s. S. 77)

Einen Abendmahlstisch vorbereiten

Ein schönes Tischtuch wird ausgebreitet, für jeden wird ein Platz bereitet mit einer bunten Serviette, mit Blumen und grünen Zweigen als Schmuck, eine große Jesuskerze in die Mitte stellen. Alle bekommen ein Stück Brot, das auf die Serviette gelegt und gemeinsam gegessen wird.

jw

Durch das Kreuz ins Leben (2) – Verraten!

Markusevangelium 14,10–11; 32–51

Die Geschichte	Zur Gestaltung
Nicht alle, die Jesus begleiten, halten wirklich zu ihm. Wenigstens einer – er heißt Judas Iskariot – hat ganz andere Pläne. Er will Jesus verraten an die mächtigen Leute. Dazu will er einen genauen Ort sagen, wo sie Jesus schnell und heimlich gefangen nehmen können. „Das ist fein!", sagen die mächtigen Leute, „wir geben dir auch Geld dafür. 30 Silberlinge." „Ich will kein Geld dafür. Nehmt ihn gefangen, dann wird alles besser." „Ja, wir werden ihn gefangen nehmen und verhören. Aber das Geld sollst du trotzdem haben."	Das schwarze Tuch der letzten Erzählung liegt mit allen Gegenständen in der Mitte
Judas bekommt einen Geldbeutel. Oh Judas, was hast du da nur getan?	Einige Geldmünzen hinlegen und „verstecken"
An dem Abend, als sie gemeinsam Brot und Wein geteilt hatten, schleicht sich Judas aus dem Haus. Er beobachtet, wie auch Jesus bald das Haus verlässt, er geht nach nebenan in den Garten.	Einen Garten andeuten (grünes Tuch, kleine Pflanzen), ohne das schwarze Tuch zu verdecken Die Kerze vom Abendmahltisch nehmen und in den Garten stellen
Schnell rennt Judas zu den mächtigen Leuten. „Er ist im Garten Gethsemane!", sagt er, „kommt schnell!" Ein paar Soldaten gehen mit, sie haben ihre Waffen dabei – und einen dicken Strick, um Jesus zu fesseln und abzuführen.	Einen Strick ablegen, noch entfernt vom Garten
„Wie sollen wir diesen Jesus denn erkennen?", fragen sie, „damit wir auch den Richtigen verhaften?" „Ich werde ihm einen Kuss geben", antwortet Judas, „dann wisst ihr, wer es ist."	
Jesus ist immer noch im Garten. Er betet. Einige von seinen Jüngern sind auch dabei, aber sie liegen unter den Bäumen und schlafen. „Gott, mein Vater, es ist so eine schreckliche Zeit", betet	Die Kerze umfassen, anheben, aus dem Bild nehmen und doch wieder im Garten abstellen, auf die Leuchtschale zeigen

Jesus, „ich will diesen Weg nicht weitergehen. Aber es soll so geschehen, wie du es willst. Deine Kraft soll mich begleiten.“	
Die Soldaten kommen. Sie haben Fackeln angezündet, man sieht sie schon von Weitem. Jesus steht auf, schaut ihnen entgegen. „Wacht auf!“, ruft er seinen Jüngern zu, „jetzt passiert, was passieren muss.“	
Judas kommt aus dem Dunkeln auf Jesus zu. „Meister!“, sagt er und er gibt Jesus einen Kuss.	Einen Kuss in die Luft geben
Das war das Zeichen. Die Soldaten springen vor. Sie halten Jesus fest. Sie nehmen einen dicken Strick und fesseln ihn.	Den Strick um die Kerze legen
Die Jünger springen auf. „Hilfe! Sie nehmen Jesus gefangen.“ Petrus ist bewaffnet, er zieht ein Schwert und will schon dreinschlagen. Auch die Soldaten haben ihre Schwerter gezogen.	Mit einem Schwert durch die Luft hauen, es dann auf den Boden fallen lassen
„Halt!“, ruft Jesus, „tut die Schwerter wieder weg. Auch du, Petrus.“	
Die Schwerter werden zurückgesteckt. Die Jünger verziehen sich in die Dunkelheit. Dann sind sie verschwunden.	Das Schwert wieder weit weg legen
Die Soldaten nehmen Jesus mit.	
Und sie lachen.	Lachen
Oh Judas, was hast du da nur getan?	

Material

Schwarzes Tuch mit dem Aufbau der letzten Geschichte, Geldmünzen, grünes Tuch, Kerze, Strick, Leuchtschale, Holzschwert

Gut zu wissen

Über die Beweggründe für Judas’ Verrat gibt es viele Mutmaßungen, es bleibt hier offen.

Jesus wird hier noch sehr souverän geschildert, er verteidigt sich nicht, erhebt keine Vorwürfe und verhindert kraftvoll einen blutigen Schwerterkampf. Anders die Jüngerinnen und Jünger, die in der Dunkelheit fliehen.
Und ganz anders Judas, der einen Kuss – das Zeichen der Liebe – benutzt zu seinem Verrat.

Mögliche Themen der Kinder

Warum verrät der Judas denn den Jesus? – warum läuft Jesus nicht einfach weg? – Judas verrät ihn wirklich, wie gemein er ist – zu mir sind sie auch manchmal gemein – ja, Petrus, rette ihn mit dem Schwert, er darf gar nicht – Judas ist doof …

Praxisideen zur Vertiefung

KLANGGESCHICHTE

Die Geschichte von der Gefangennahme Jesu ist handlungsreich und dramatisch. Sie kann darum gut mit Geräuschen, Klängen, der Stimme nachempfunden werden: das Marschieren der eintreffenden Soldaten, der Kuss des Judas, die Empörung der Jünger, das Ansteigen der Aggressivität, die unter ihnen wächst. Der Schrei des Petrus, das Klirren des Schwertes, das auf den Boden fällt, das Lachen der Soldaten. Das wird alles einmal ausprobiert.
Anschließend liest jemand die Geschichte und die Kinder übernehmen die Klänge und Geräusche.

WIR ÄNDERN DIE GESCHICHTE

- Wie wäre es wohl gewesen, wenn Jesus Petrus nicht Einhalt geboten hätte?
- Wie wäre es, wenn Judas Jesus nicht verraten hätte. Hätten sie ihn auch gefunden? Was wäre anders gelaufen?

DIE LEUCHTSCHALE

Überlegen: Was meint ihr, warum die Leuchtschale immer da steht?
Aber es ist wichtig, darauf keine fertige Antwort zu geben.

jw

Durch das Kreuz ins Leben (3) – Petrus weint

Markusevangelium 14,66–72

Die Geschichte	Zur Gestaltung
Petrus ist auch einer der Begleiter von Jesus. „Rede nicht von einer schlimmen Zeit!“, hat er früher einmal zu Jesus gesagt, „mit dir fühlen wir uns stark und sicher. Und wir werden dich niemals verlassen.“ Große Worte, die er da gesagt hat. „Es wird anders kommen“, sagt Jesus, „du wirst behaupten, dass du mich nicht kennst.“ „Niemals!“	Das schwarze Tuch und die Gegenstände aus den beiden ersten Geschichten liegen in der Mitte
Sie sind dann alle nach Jerusalem gegangen und wurden begeistert empfangen.	Auf das Stadttor zeigen
Es war die Zeit des Paschafestes. Und sie haben es gemeinsam gefeiert. Brot und Wein haben sie geteilt beim Abendmahl.	Auf Brot und Wein zeigen
Da war das Unheil nicht mehr weit. Als Jesus im Garten war und betete, kam Judas mit Soldaten und hat ihn verraten. Petrus hat das alles miterlebt.	Auf den Garten zeigen und auf den Strick um die Kerze
Jetzt ist Jesus gefangen. Er wird zu den mächtigen Leuten geführt. Und zum Hohepriester.	Strick und Kerze in ein Haus in Jerusalem stellen
Die Soldaten haben sich vor das Haus gesetzt. Sie machen ein kleines Feuer an. Petrus hat alles beobachtet. Er ist hinter den Soldaten hergeschlichen. Er sieht das Feuer vor dem Haus. Er sieht die Soldaten, ein paar Frauen sind auch dazugekommen. Jesus sieht er nicht, der ist im Haus. Aber Petrus will Jesus nicht verlassen. Er setzt sich zu den Soldaten, aber ein wenig abseits.	Kleines rotes Tuch als Feuer stellen
„Was machen sie mit ihm? Warum nehmen sie ihn gefangen? Warum wehrt er sich nicht?“	
Die Gedanken gehen Petrus durch den Kopf. Plötzlich schreckt er hoch. Einer der Soldaten hat ihn angesprochen:	Eine Figur mit dunklem Umhang an das Feuer stellen

„He, du da, du bist doch einer von diesen Jesus-Begleitern!“ Petrus bekommt einen riesigen Schreck. Was passiert, wenn sie ihn erkennen?
„Nein!“, ruft er, „ihr müsst mich verwechseln. Das bin ich nicht.“

Eine von den Frauen steht auf. Sie schaut Petrus scharf an. „Na klar, ich erkenne dich wieder. Ich habe dich doch auch mit diesem Jesus gesehen!“

Eine zweite Figur mit dunklem Umhang dazustellen

Der Schrecken wird noch größer:
„Nein, nein!“, ruft er jetzt ganz laut, „das bin ich nicht.“

Doch dann steht noch jemand vor ihm: „Du sprichst auch noch so ähnlich wie Jesus. Klar gehörst du zu ihm!“
„Nein, nein, nein! Ich schwöre, ich kenne ihn doch gar nicht!“ Petrus schreit es heraus. Dann springt er auf und läuft weg.

Eine dritte Figur mit dunklem Umhang dazustellen

Niemand folgt ihm. Den Leuten am Feuer ist es egal. Aber Petrus ist es nicht egal. Er war sich so sicher gewesen und hatte doch kläglich versagt. Er lehnt sich an eine Mauer und weint bitterlich.
Und was wird aus Jesus?
Es ist eine schlimme Zeit.

Und was ist mit der Gotteskraft?

Auf die Leuchtschale zeigen

Material

Die Gestaltung der ersten beiden Geschichten nutzen, außerdem: rotes Tuch, drei Figuren mit dunklem Umhang

Gut zu wissen

Petrus scheitert hier mit seinem mutigen Vorsatz, Jesus nicht zu verlassen. Trotzdem wurde er später zum Wortführer der ersten Christengemeinden. Es ist beachtlich, dass die Bibel auch die schwachen Seiten ihrer Apostel nicht vertuschen will.

Aber: Was ist denn genau seine Schwäche? Ist es die Selbstüberschätzung vorher oder die Verleugnung in der konkreten Situation? Wäre es richtiger gewesen, sich zu Jesus zu bekennen und mit ihm in den sicheren Tod zu gehen?

Mögliche Themen der Kinder

Das ist mutig von Petrus, den Soldaten hinterherzugehen – oder ist es leichtsinnig? – ich wäre da nicht hingegangen – das wird ja immer gefährlicher – warum läuft er nicht einfach weg? – wie gut, dass die Soldaten ihn nicht fesseln – armer Petrus, jetzt weint er – was ist denn nun mit der Gotteskraft? …

Praxisideen zur Vertiefung

Zerreissübung

Petrus ist gekennzeichnet von Gegensätzen, er ist „zerrissen" zwischen Nachfolge und Lebenssicherung.
Wir machen eine Zerreißübung: Alle haben einen Bogen Zeitungspapier. Nacheinander werden die Bögen einmal zerrissen. Wir schweigen dazu, schließen die Augen, hören nur auf das Geräusch. Hinterher singen wir *„Das wünsch ich sehr"* oder ein anderes tröstliches Lied.

„Wo ich mich nicht getraut habe …"

Wir erzählen uns (natürlich freiwillig) von gefährlichen Situationen, in denen wir uns nicht getraut haben, etwas Bestimmtes zu tun. Wie ist es im Nachhinein? War es richtig, das nicht zu tun? Würden wir es jetzt anders machen?
Diese Austauschrunde kann auch gut vor der Erzählung stattfinden.

jw

Durch das Kreuz ins Leben (4) – Der Wandel

Markusevangelium 15,16 – 16,8

Die Geschichte	Zur Gestaltung
	Die Gestaltung der ersten drei Einheiten kann liegen bleiben, dann braucht man aber genügend Platz. Sonst wegräumen, nur das schwarze Tuch und die Kerze mit Strick bleiben. Ebenso die Leuchtschale
Und was wird aus Jesus in dieser schlimmen Zeit? Und was wird aus der Gotteskraft?	
Er ist gefangen, er wird zu den mächtigen Leuten gebracht und verhört. „Er hat Gott verlacht. Er sagt, er sei Gottes Sohn!“, so klagen sie ihn an. Sie schreien vor Entsetzen. „Dann muss er sterben!“ Die Soldaten lachen über ihn: „Er ist doch ein König, haha.“ Sie legen ihm ein rotes Tuch um, sie verneigen sich und lachen. Sie setzen ihm eine Krone auf, die ist nicht aus Gold, sondern aus Dornenzweigen und tut deshalb sehr weh. Sie lachen.	Rotes Tuch mit Dornenkrone
Pilatus heißt der mächtige Mann im Land. Sie bringen Jesus zu Pilatus. „Er hat Gott verlacht. Er muss sterben.“ Pilatus schaut ihn an. Jesus schweigt. „Ich könnte ihn freilassen“, sagt Pilatus, „Er hat doch nichts Schlimmes gemacht. Ich lasse ihn einmal mit der Peitsche schlagen und dann ist er frei.“ „Nein, nein!“, schreien da alle, „kreuzige ihn. Lass ihn sterben am Kreuz!“ Da befiehlt Pilatus, dass Jesus gekreuzigt werden soll.	Peitsche neben die Krone legen
Auf dem kleinen Berg Golgota werden drei Kreuze aufgestellt. An zwei Kreuzen hängen schon Männer, die Schlimmes getan haben. Auch Jesus wird dort gekreuzigt. Es kommen Menschen aus der Stadt, die schauen neugierig und lachen. „Er hat anderen geholfen, warum hilft er sich nicht selber?“ Ja, warum? Da wird es finster im ganzen Land, die Erde bebt, der	Ein Kreuz aufstellen, Kerze mit Strick dazustellen

Vorhang im Tempel zerreißt. Und Jesus schreit laut: „Gott, warum hast du mich verlassen?" – und er stirbt.

Kerze auspusten

Der Hauptmann der Soldaten ist kreidebleich geworden. „Das war kein Verbrecher", sagt er leise, „das war der Gottessohn. Legt ihn in das Grab des Ratsherrn Josef, so ist es angeordnet."

Das schwarze Tuch zusammenschieben, sodass eine Falte entsteht, aus der eine Höhle gebaut wird, die Kerze hineinstellen und einen Stein davorlegen,

Und was ist mit der Gotteskraft?

auf die Leuchtschale zeigen, erst später zur Höhle legen

Als drei Tage später an einem Sonntagmorgen die Sonne aufgeht, gehen drei Frauen zu der Grabstelle. Sie sind lange mit Jesus mitgezogen, sie wollen ihn noch einmal sehen, sie wollen ihn einreiben mit kostbaren Ölen, wie es damals üblich war. Doch wie soll das gehen, wo doch der Stein vor dem Grab liegt?

Die Leuchtschale anfassen, damit den Stein vom Grab zur Seite rollen
Die Kerze aus dem Grab nehmen, woanders hinstellen und anzünden

Doch nein, der Stein ist ja weggerollt worden. Was ist denn da passiert? Und das Grab ist ja leer, der tote Jesus liegt dort gar nicht mehr.
Und was ist das? Hell, leuchtend wie ein Engel! Und dieser Engel spricht: „Ich weiß, ihr sucht Jesus. Sucht ihn nicht bei den Toten. Sucht ihn nicht im Grab. Gottes Macht ist stärker als der Tod. Gott hat Jesus neues Leben gegeben. Er ist nicht mehr hier, er ist auferstanden."

Töne der Klangschale, dazu einzelne Worte leise wiederholen:
… auferstanden … den Lebendigen … Gottes Macht …

Die Frauen rufen: „Das ist ja unglaublich!" – „Wie kann denn so etwas sein?" – „Aber Gottes Macht ist stärker." – „Wie müssen es den anderen erzählen."

Die Frauen laufen los. Schnell zu den anderen, die noch in Jerusalem sind. „Wir haben den Engel gesehen. Gott hat Jesus neues Leben gegeben."

Klangschale auf ein goldenes Tuch stellen und noch einmal anschlagen

Aber die anderen lachen nur: „Dummes Geschwätz! Das glauben wir nicht.“ Erst später haben sie es begriffen.	Klangschale anhalten

Material

Material der letzten Einheiten, außerdem: rotes Tuch, Krone aus Dornen, kleine selbstgebaute Peitsche, ein Kreuz, das stehen kann, Stein, Klangschale, goldenes Tuch

Gut zu wissen

Die brutalen Einzelheiten der Kreuzigung werden nicht erzählt und schon gar nicht ausgeschmückt. Doch es soll auch nicht alles verschwiegen werden.
Pilatus wird in den Evangelien als „zerrissen“ geschildert, er findet keine Schuld an Jesus, wäscht sogar seine Hände „in Unschuld“ (in unserer Erzählung ausgelassen) und verhindert doch nicht die Kreuzigung. Seine Gedankengänge bleiben undurchsichtig.
Anders der Hauptmann, der am Kreuz ein Bekenntnis ablegt. Er wird manchmal als „der erste Christ“ bezeichnet.
Die ganze Passionsgeschichte bekommt ihre große Wendung in den Ereignissen am Ostermorgen. Die un-glaubliche Botschaft der Auferstehung wird zuerst den Frauen am Grab zugesprochen. Sie reagieren unterschiedlich: Im Markusevangelium wird berichtet, dass sie vor Furcht einfach weggelaufen sind, in anderen Evangelien sind sie voller Freude und Lob, in späteren Geschichten wird Jesus selbst erkannt. Die Ostertexte lassen einen breiten Raum für ihre Deutung zu.

Mögliche Themen der Kinder

Wie gemein, was sie mit Jesus machen – warum lachen sie denn noch über ihn? – wieso hat das Grab einen Eingang mit einem Stein davor? – wer hat den Stein weggerollt? – ja, hurra, Jesus ist gar nicht mehr tot – jetzt freuen sich bestimmt alle – manche kapieren das wohl nicht …

Praxisideen zur Vertiefung

Werden die beiden Geschichten zusammen erzählt oder getrennt, z. B. in der Kita vor der Osterpause und nachher?
Die folgenden Vorschläge bieten sich an, wenn die Passionsgeschichten vor Ostern und die Ostergeschichten erst nach Ostern erzählt werden.

Ein Kreuz wird geschmückt

Dazu werden einige kleine, trockene Zweige mit einfacher Kordel zu einem Kreuz zusammengebunden.

Das Kreuz wird anschließend (d. h. in der Einheit nach Ostern) mit Zweigen erweitert, an denen die ersten Blätter aufbrechen. Auch erste Frühlingsblumen können angefügt werden.

Bei längerer Pause (etwa beim monatlichen Kindergottesdienst) empfiehlt sich ein „Blumenkreuz". Dazu wird auf ein Tablett oder ein Backblech feinkrümelige Erde gestreut und in Kreuzform Blumensamen aufgebracht. Regelmäßiges und sparsames Gießen ist erforderlich. Später ist das Kreuz als bunter oder zumindest als grüner Kontrast auf der Erde zu sehen.
In größerem Maßstab lässt sich das Ganze auch auf einem Blumenbeet im Garten arrangieren.

Das Doppelbild

Die Kinder malen jeweils zwei Bilder: Eins zeigt ein Kreuz und ist in düsteren Farben gemalt. Das zweite zeigt ebenfalls das Kreuz, es ist aber dahinter sehr groß die Sonne zu sehen, die alles überstrahlt. Blumen des erwachenden Frühlings können das Bild ergänzen.
Beide Bilder werden mit der Rückseite aufeinander geklebt (natürlich so, dass beide noch zu sehen sind) und können im Laufe der Erzählung (auch bei den beiden nachfolgenden Geschichten) entsprechend umgewendet werden.
Die Kombination von Sonne und Kreuz gibt es übrigens bei vielen alten Kreuzdarstellungen zu sehen, dort ist die Sonne als Kreis um den Kreuzschnittpunkt zu sehen. Das geht auf die obige Geschichte zurück, die früh am Morgen, „als die Sonne aufgeht", beginnt.

jw

Durch das Kreuz ins Leben (5) – Das neue Leben

Johannesevangelium 20,11–18; Lukasevangelium 24,13–35

Die Geschichte	Zur Gestaltung
Auch Maria Magdalena geht zum Grab. Sie war lange mit Jesus umhergezogen. Und sie ist noch immer voller Trauer. Sie sitzt am offenen Grab und weint. Auch zu ihr haben die Engel gesprochen, aber sie ist so voller Trauer, dass sie nicht verstanden hat.	Bisherige Gestaltung, auch mit Klangschale und goldenem Tuch Figur mit dunklem Chiffontuch
Da kommt Jesus selber zu ihr und spricht sie an. „Warum weinst du?“ Aber Maria Magdalena ist so voller Trauer, dass sie auch Jesus nicht erkennt. Sie fragt: „Bist du der Gärtner hier? Wo hast du Jesus hingetan? Ich will zu ihm!“	Kerze von ferne holen und auf das goldene Tuch stellen
Da sagt Jesus ein Wort: „Maria!“	Klangschale
Und jetzt erkennt sie ihn. Sie springt auf. „Jesus! Mein Meister!“ Sie will ihm um den Hals fallen. Doch Jesus weicht zurück: „Fass mich nicht an. Ich habe neues Leben von Gott bekommen, und niemand soll mich berühren, bevor ich zu meinem Vater im Himmel gegangen bin.“ Aber Maria muss ihn nicht berühren. Sie hat ihn gehört.	Chiffontuch weg
Sie läuft zu den anderen und erzählt alles, was sie erlebt hat.	Figur nach „Jerusalem“
Doch viele der Jünger und Jüngerinnen sind gar nicht mehr in Jerusalem. Diese beiden Männer zum Beispiel sind auf dem Weg nach Hause. „Jesus ist tot“, so denken sie noch immer, „es ist alles umsonst gewesen.“ Es ist ihnen auch ganz egal, dass da ein fremder Mann	Zwei Figuren außerhalb Jerusalems stellen, mit dunklem Chiffontuch bedeckt
kommt und ein Stück des Weges mit ihnen mitgeht. Sie erzählen von der Kreuzigung. Doch dann horchen sie auf – der Fremde erzählt ihnen von seltsamen Worten in den heiligen Schriften und von der unauslöschlichen Gotteskraft. Es ist ihnen, als	Eine weitere Figur dazustellen

ob ihr Herz vor Sehnsucht brennt bei diesen Worten, es könnte doch sein, dass …	Auf die Leuchtschale zeigen
„Jetzt sind wir in Emmaus angekommen“, sagt der Fremde, „gute Nacht, ich gehe weiter.“ – „Nein!“, rufen sie, „bleibe bei uns, komm in unser Haus, iss mit uns zu Abend.“	Das Chiffontuch entfernen
Und er bleibt bei ihnen und setzt sich an ihren Tisch. Der Fremde greift zum Brot. Er bricht es einmal durch. Er spricht ein Dankgebet. Er sagt: „Esst alle beide von diesem Brot. Teilt es, es ist für euch gegeben, denkt an mich, wenn ihr es esst.“	Ein Brötchen auf einem weißen Tuch dazustellen, es durchbrechen und wieder hinlegen
Das kennen sie. Das haben sie doch schon einmal gehört, damals, als …	Leuchtschale zum Brötchen stellen
„Jesus!“, rufen sie, „Jesus, unser Meister, du bist es!“ Und genau bei diesen Worten verschwimmt das Bild und er ist nicht mehr da.	Jesus-Figur wegnehmen
„Aber er war da. Wir haben ihn gesehen.“ – „Wir haben ihn erkannt, als er das Brot gebrochen hat.“ – „Wir gehen zurück! Wir erzählen es den anderen.“	
Die anderen in Jerusalem haben ganz Ähnliches erlebt. Auch sie haben Jesus gesehen und erkannt.	In die Mitte das goldene Tuch mit Klangschale und brennender Kerze

Material

Gestaltungsmaterial der letzten Einheiten, außerdem: vier Figuren, zwei dunkle Chiffontücher, weißes Tuch, Brötchen, Leuchtschale

Gut zu wissen

Beiden Geschichten ist gemeinsam, dass Jesus selber auftritt und erkannt wird, bei Maria durch das gesprochene Wort und in Emmaus am Brechen des Brotes, d. h. bei einer Abendmahls-/Eucharistiefeier.

Die Emmausgeschichte hat eine eher unbekannte Parallelgeschichte im Johannesevangelium (Joh 21,1–11). Auch dort wird Jesus durch das Brotbrechen erkannt.

Dass auf dem Weg nach Emmaus den beiden Männern „das Herz brennt“, ist eine feine Beschreibung dessen, dass die Worte der Hoffnung und der Auferstehung nicht mit sachlichen Analysen zu verstehen sind, sondern mit dem brennenden Herzen.

Mögliche Themen der Kinder

Arme Maria, ganz doll traurig – sogar Jesus wird nicht erkannt – wenn ich weine, geht es mir auch so – wenn man mich ruft, kann ich aufhören zu weinen – geheimnisvoll: Jesus darf nicht berührt werden – jetzt wird Jesus wieder nicht erkannt – ich glaub, ich würde ihn erkennen – nein, nicht weggehen! – Brot durchbrechen, das kenn ich doch – die haben sich bestimmt sehr gefreut – schon wieder weg, wie geht das denn? …

Praxisideen zur Vertiefung

Namen flüstern

In einer ersten Runde werden verschiedene Namen laut und unfreundlich gerufen, als wollte man jemanden ausschimpfen. Möglichst Namen nehmen, die in der Runde nicht vorkommen, dann kann das Ganze recht lustig werden.
In einer zweiten Runde werden die Kinder mit eigenem Namen gerufen, und zwar leise und zärtlich, möglichst ins Ohr geflüstert.

Landschaft schmücken

Wir brauchen einige kleine Blumentöpfe mit blühenden Blumen (gibt es in der Osterzeit ja reichlich). Damit schmücken wir „Jerusalem", das schwarze Tuch, das Grab usw. Wenn der Platz dafür ausreicht, kann die ganze Gestaltung in der Osterzeit bis zum Feiertag Christi Himmelfahrt stehen bleiben und erinnert an Passion und Ostern. Dafür müssen die Blumen allerdings sorgsam gepflegt und auch ausgetauscht werden.

Standbilder

Jeweils eine Hälfte der Kindergruppe drückt die Stimmung mit einer Körperhaltung aus, die andere schaut zu. Danach kommt die andere Hälfte dran.
Dazu eignen sich folgende Situationen:

- trauriger Weg nach Emmaus
- ein Fremder erzählt, ihr Herz „brennt"
- er will weitergehen, sie wollen ihn zurückhalten
- beim Brotbrechen wird er erkannt
- er „verschwindet"
- ein fröhlicher Weg zurück nach Jerusalem

jw

Wie es weitergeht

Himmelfahrt – Jesus ist weg?

Apostelgeschichte 1,1–14

Die Geschichte	Zur Gestaltung
	Großes Tuch ausbreiten, die Holzfiguren (bis auf die Jesus-Figur mit dem gelben Umhang) daraufstellen
Die Jüngerinnen und Jünger von Jesus sind zusammen. Mit Jesus haben sie so viel Schönes erlebt! Jesus hat ihnen von Gott erzählt: Gott ist wie ein Freund, Gott ist wie eine Mutter, Gott beschützt! Gott ist da, wenn wir es brauchen! Es hat sich so schön angefühlt, wenn Jesus von Gott erzählt.	Jesus-Figur dazustellen und brennende Kerze
Aber dann ist plötzlich alles anders gewesen: Jesus ist gestorben. Alles schien vorbei zu sein. Und plötzlich an Ostern: auferstanden. Jesus lebt, aber anders als vorher. Und er trifft seine Jüngerinnen und Jünger immer mal wieder.	Jesus-Figur etwas abrücken von den anderen
„Jesus, wie können wir das verstehen? Was ist jetzt?" Wenn die Jüngerinnen und Jünger mit Jesus, dem Auferstandenen, zusammen sind, wollen sie viel von ihm wissen.	
Eines Tages sagt Jesus: „Nun werde ich ganz weggehen. Ich gehe zu meinem Vater, zu Gott. Da gehöre ich hin."	
„Oh, Jesus, sind wird dann ganz allein?", fragen sie. Da sagt Jesus zu ihnen: „Ihr seid nicht allein. Der Heilige Geist wird zu euch kommen. Manchmal merkt ihr es vielleicht gar nicht, aber ihr könnt sicher sein: Gott ist immer da! Ihr werdet allen von Gott erzählen können."	
Als Jesus das gesagt hat, ist er plötzlich weg.	Weißes Tuch auf die Jesus-Figur legen, sodass sie nicht mehr zu sehen ist; Kerze an die Seite schieben, sodass ein Abstand zur Figurengruppe entsteht
Die Jüngerinnen und Jünger blicken sich um. Wo ist Jesus? Weg! Wie von einer Wolke aufgenommen. Sie schauen in den Himmel. Nicht da! Oder doch da? Aber wo?	

Auf einmal merken sie: Da ist jemand bei ihnen! Zwei in weißen Kleidern.
„Schaut nicht nach oben! Dort oben findet ihr Jesus nicht. Schaut dahin, wo Menschen sind. Jesus wird wiederkommen."
Die Jüngerinnen und Jünger sehen sich an. „Wie sollen wir das verstehen: Jesus ist jetzt weg, aber er kommt wieder? Und heißt das: Jesus traut uns zu, dass wir es auch alleine schaffen? Weil wir wissen, dass wir nicht alleine sind?"

Sie gehen zurück in ihr Haus und bleiben zusammen. Gemeinsam beten sie zu Gott.

Zwei weitere brennende Kerzen neben die Figurengruppe stellen

Kerzen in die Mitte der Figurengruppe schieben
Jeder der Holzfiguren einen Stoffstreifen in der Umhangfarbe von Jesus umknoten
Jedem Kind einen Stoffstreifen reichen mit den Worten: „Gott ist da, auch, wenn du es nicht siehst"
Das Lied „Das wünsch ich sehr" singen

Material

Großes Tuch, mehrere Holzfiguren, eine davon hat einen gelben Umhang um, große Kerze, weißes kleines Tuch, zwei Kerzen, kleine Stoffstreifen im gleichen Stoff wie der Umhang in der Anzahl der Figuren und der Anzahl der Kinder

Gut zu wissen

Die Erzählung von der Himmelfahrt Jesu findet sich sowohl am Ende des Lukasevangeliums als auch am Anfang der Apostelgeschichte. Hier wird sie auf 40 Tage nach Ostern festgelegt, weshalb wir Christi Himmelfahrt immer am 40. Tag nach Ostern feiern.

Jesus ist drei Tage nach Ostern auferstanden und dann eine Zeit lang seinen Jüngerinnen und Jüngern begegnet, sagen biblische Geschichten. Es wirkt fast, als ob Jesus seinen Freundinnen und Freunden Zeit geben wollte, die eigentlich unfassbaren Ereignisse von Kreuzestod und Auferstehung langsam zu verstehen.
Dann, nach 40 Tagen, gibt er den Jüngerinnen und Jüngern den Auftrag, auf das Kommen des Heiligen Geistes zu warten, mit dem sie getauft werden sollen. Im Judentum – und Jesus und seine Jüngerinnen und Jünger waren ja Juden – galt die Vorstellung, dass die neue Zeit, auf die alle Jüdinnen und Juden warten, anbrechen wird, wenn der Heilige Geist kommt.

In der Apostelgeschichte ist von einer Wolke die Rede – ein Bild einerseits für Gott, andererseits steht die Wolke dafür, dass es nebulös bleibt, auf welche Weise Jesu Himmelfahrt geschieht.

Mögliche Themen der Kinder

Manchmal passiert etwas, das wir nicht verstehen – meine Eltern sind plötzlich weg – ich muss nicht alles verstehen – ich frage nach, wenn ich etwas wissen will – ich muss nicht alles durchschauen – auch, wenn mich jemand verlässt, bin ich nicht allein – ich kann es aushalten, zurückgelassen zu werden, weil jemand anderes da ist – ich darf Vertrauen entwickeln – Gott ist da – Gemeinschaft ist schön – ich bin nicht allein …

Praxisideen zur Vertiefung

Himmelsblick-Bilder

In der Himmelfahrtsgeschichte können Kinder entdecken, dass sich in ihr eigene Erfahrungen spiegeln (vgl. „Mögliche Themen der Kinder"). Dem können Kinder nachgehen, wenn sie sich in die Geschichte hineingestalten: Auf einem großen, festen Bogen gestaltet jedes Kind den Hintergrund in Blau-Grün-Tönen, in dem es einen feuchten Lappen in blaue und grüne Wasserfarbe taucht und über das Papier wischt. Während der Bogen trocknet, reißen die Kinder aus einem Stück Tonpapier eine Figur aus – sich selbst. Die schemenhafte Figur wird auf den Himmel-Erde-Hintergrund geklebt, und dazu können die Kinder den gelben Stoffstreifen aus der Geschichte kleben.

Aktionen „nicht allein"

Im Kita-Alltag gibt es viele Situationen, in denen Kinder sich erproben und ihre Grenzen ein Stück erweitern, indem sie etwas alleine machen. Die Zusage Gottes, nicht allein zu sein, erleben Kinder vor allem durch die Gegenwart ihrer Bezugspersonen. Die Himmelfahrtsgeschichte kann in Alltagserlebnisse mithineingenommen werden: Beim Balancieren über einen Balken oder Erklettern eines Klettergerüstes gibt die Hand eines Erwachsenen den nötigen Halt, wenn das Kind es braucht.
Die Verbindung zur Himmelfahrtsgeschichte kann durch das Lied „Das wünsch ich sehr" entstehen.

Ein Verabschiedungsritual für die Kleinsten

Die Situation der Jüngerinnen und Jünger – Jesus geht, aber sie sind nicht allein – ist vergleichbar mit der täglichen Erfahrung von Kindern im Krippen- und Elementaralter: Mutter oder Vater gehen, aber sie sind nicht allein. Dieses Bild kann zu einem religiösen Ritual für den Übergang werden: Das Elternteil nimmt das Krippenkind vor dem Verlassen der Kita noch einmal auf den Arm – wenn es älter ist, in den Arm – und sagt die

Worte aus der Geschichte zu ihm: „Du bist nicht allein. Gott ist da, wo immer du auch bist."

Dann nimmt die/der Erzieher*in das Kind zu sich und spricht genau die gleichen Worte noch einmal. Die sich wiederholende Handlung kann zum morgendlichen Ritual werden und damit dem Kind Sicherheit und Vertrauen geben.

mlp

Pfingsten – Gottes Geist ist da!

Apostelgeschichte 2

Die Geschichte	Zur Gestaltung
Zusammenbleiben!, denken die Jüngerinnen und Jünger. Wir müssen zusammenhalten, jetzt, wo Jesus nicht mehr da ist. Ganz viele sind sie, alle zusammen in einem Haus, so, wie Jesus es gesagt hat, bevor er zum Himmel aufgefahren ist.	Großes Tuch ausbreiten, Petrus-Figur und einige weitere Figuren eng zusammenstellen, ein langes Seil als Hausumrandung wie einen Schutzwall um sie legen
Auf einmal passiert etwas! Wie ein Rauschen geht es durch den Raum. Es ist, als ob ein Sturm braust. Als ob sie vom Sturm Gottes berührt werden, so spüren es die Freundinnen und Freunde.	Kinder auffordern, Sturmgeräusche zu machen
Sie sind Feuer und Flamme, ihre Gesichter leuchten. Auf einmal wissen sie:	Kerze in die Mitte stellen
„Das ist der Geist Gottes! Gott ist da! Auch wenn wir Gott nicht sehen – wir können es spüren: Gott ist da!" Sie sind begeistert und reden alle gleichzeitig, in verschiedenen Sprachen.	Figuren etwas auseinanderstellen
Es ist an diesem Tag ein großes Fest in der Stadt. Viele, viele Leuten sind da. Die Straßen sind voll. Das Rauschen des Sturmes lockt sie alle zu dem Haus. Sie hören die Jüngerinnen und Jünger von Gott erzählen. Obwohl sie unterschiedliche Sprachen sprechen, hören sie es in ihrer eigenen Sprache! „Was ist das, wie kann das gehen?", fragen einige. „Die sind betrunken", sagen andere.	Zusätzliche Figuren außen um das Seil stellen
Die Jüngerinnen und Jünger verstehen: Es ist nicht nur wichtig, dass sie zusammenbleiben. Es ist wichtig, dass sie zu den anderen Menschen gehen!	
„Den Menschen da draußen müssen wir von Gott erzählen!", ruft Petrus und läuft vor das Haus. Die anderen folgen. Petrus ist begeistert. Er erzählt von Gott. Und was sie alles mit Jesus erlebt haben. Und wie schön	Das Seil öffnen und Petrus-Figur zu den anderen Figuren außerhalb des Walles stellen

es sich anfühlt, mit Jesus zusammen zu sein. Und Gott in das Leben hineinzulassen. Jesus ist auferstanden!

Die Menschen verstehen, was er sagt. Sie lassen sich begeistern. „Was können wir tun? Wir möchten auch dazugehören!"
„Lasst euch taufen! Dann gehört ihr dazu, und Gott schenkt euch auch den Geist Gottes."
Viele lassen sich auf den Namen Jesu Christi taufen.

Mehrere Kerzen in die Menschengruppe draußen stellen

Und bis heute erzählen wir uns diese Geschichten von Gott und Jesus.

Zu jedem Kind eine Kerze stellen

Material

Großes Tuch, große Kerze, viele kleine Kerzen (in der Anzahl der Kinder + mindestens sechs), viele Holzfiguren, eine davon mit einem Stück Stoff als Petrus erkennbar machen, langes dickes Seil

Gut zu wissen

Am jüdischen Pfingstfest – dem Weizenerntefest der Juden, sieben Wochen nach dem Pessachfest – wird der von Jesus angekündigte Heilige Geist zu den Jüngerinnen und Jüngern gesandt, sagt die Pfingsterzählung in der Apostelgeschichte. Die Menschen, die an Gott glauben, werden mit einer Kraft ausgestattet, die größer ist als sie selbst. Sie müssen nicht alles selber leisten, sondern bekommen „etwas von außen" hinzu. Besondere Ereignisse gehören dazu: ein Brausen wie in einem Sturm ist zu hören, die Menschen haben so etwas wie „Feuerzungen" über ihren Köpfen – sie waren „Feuer und Flamme" – und das, was sie reden, verstehen alle ausländischen Menschen in ihrer je eigenen Sprache – wenn etwas „begeistert", versteht man sich auch ohne Sprache.
Mit dem Pfingstereignis und der Kraft durch den Heiligen Geist gelingt es den Jüngerinnen und Jüngern, ihre Erstarrung nach Tod, Auferstehung und Himmelfahrt Jesu abzuschütteln. Sie verstehen, dass die Sache Jesu weitergeht. Sie stecken andere mit ihrem Erzählen vom Reich Gottes an mit der Aufforderung, Buße zu tun und sich taufen zu lassen. Das Pfingstfest wird damit zum Beginn der Entstehung der Kirche.

Mögliche Themen der Kinder

Manchmal bin ich begeistert und „brenne" für etwas – wenn es super ist, können wir auch ohne gemeinsame Sprache zusammen spielen – andere begeistern mich mit dem, was sie sagen – es tut gut und macht Spaß, wenn mich jemand begeistert – ich möchte dazugehören – in Gemeinschaft ist vieles möglich – zusammenbleiben und miteinander Neues entdecken tut gut – manchmal fängt ganz plötzlich etwas Neues an – ich bin auch getauft, gehöre ich auch dazu? – ich bin nicht getauft, und nun? …

Praxisideen zur Vertiefung

Malen mit Sturm

Material: große feste Bögen, sehr flüssige Wasserfarbe

Die Kinder tragen auf große Bögen sehr flüssige Wasserfarbe auf, verschiedenfarbige dicke Kleckse an unterschiedliche Stellen auf dem Blatt. Dann pusten sie von unterschiedlichen Seiten auf die Farbe, sodass sie sich verteilt und bunte Bilder entstehen – Pfingstbilder: So wie Gottes Geist nicht zu sehen ist, aber wir etwas von ihm erleben können, so kann man in den Bildern schöne Ergebnisse des Pustens sehen, obwohl das Pusten selbst nicht zu entdecken ist.

Gottes Geist bewegt – mit Seidenpapier ausprobieren

Material: Seidenpapier in Gelb, Rot und Orange, Schaschlikstäbe, Kleber, Scheren

Gott bewegt die Menschen, sagt die Pfingstgeschichte. Gottes Geist kommt dabei von außen, nicht von uns selbst. Das können Kinder erleben, indem sie mit Seidenpapier basteln. Drei lange Papierstreifen in Rot, Gelb und Orange – die Farben erinnern an das Feuer in der Pfingstgeschichte – schneiden und an der Spitze eines Holzstabes befestigen.

Damit können die Kinder entdecken: Im Zimmer ohne Luftzug tut sich nichts, die Seidenpapierstreifen bewegen sich nicht. Erst wenn die Streifen draußen vom Wind erreicht werden, fangen sie an zu flattern, womöglich geraten sie ordentlich in Bewegung. So war es damals, zu Pfingsten, auch, als die Freundinnen und Freunde vom Geist Gottes erreicht wurden!

Sich Gehör verschaffen wie Petrus

Manchmal muss man sich Gehör verschaffen und sagen, was wichtig ist. So wie Petrus es gemacht hat. Wie kann das in der Kita geschehen? Wie können Kinder Gehör für Beschwerden, schöne Erlebnisse, Ansagen von Wichtigem bekommen? Kann es einen „Pfingstplatz" in der Gruppe geben, eine Kiste, auf die sich ein Kind stellt, wenn es etwas zu sagen hat, ein Podest, einen Stuhl …? Kann ein Zeichen verabredet werden, wenn ein Kind Gehör wünscht und auf den „Pfingstplatz" tritt? Die Pfingstgeschichte kann auf diese Weise ein in der Kita verankertes Beschwerdemanagement unterstützen. Selbstbewusstsein, Mut, für wichtige Dinge einzustehen, sind wichtige Vorstufen für Beschwerdemanagement.

mlp

Wie es weitergeht – Erste Gemeinden

Apostelgeschichte 2,42 – 4,22 und 9 und 16,11–15 sowie Gedanken aus den Briefen des Paulus

Die Geschichte	Zur Gestaltung
Petrus, Maria, Johannes und die anderen bleiben zusammen. „Jesus ist auferstanden und nicht mehr hier. Und wir leben jetzt als Gemeinde zusammen!" Was sie besitzen, teilen sie untereinander. Sie feiern Abendmahl und denken an Jesus und alles, was sie mit ihm erlebt haben. Es ist ein bisschen so, als ob Jesus noch bei ihnen ist.	Großes Samttuch in der Mitte ausbreiten Fünf oder sechs Holzfiguren dicht im Kreis zusammenstellen, in der Mitte etwas Platz lassen
Sie beten und reden mit Gott: „Gott, du tust uns so viel Gutes! Wir leben gerne mit dir im Herzen!"	Brennende Kerze in die Mitte des Figurenkreises stellen
Viele Menschen hören von Gott und Jesus und geben ihnen Platz in ihrem Leben. „Wir möchten auch dazugehören! Wir möchten uns taufen lassen!"	Schale mit Wasser in die Mitte stellen
Die Gemeinde wird immer größer. Viele Kranke werden gesund.	Weitere Holzfiguren in einem äußeren Kreis dazustellen
Aber die Gemeinde hat es nicht leicht. Oft werden sie vertrieben, manchmal mit Gewalt. „Verschwindet, wir wollen das nicht hören von eurem Jesus. Das hat nichts mit dem Gott zu tun, an den wir glauben!"	Schwarzes Tuch neben den Figurenkreis aufrecht hinstellen
Einer ist ganz besonders eifrig dabei, die Christinnen und Christen zu verfolgen. Er heißt Saulus. Saulus macht sich auf in die große Stadt. Er will dort die Christinnen und Christen verhaften. Auf dem Weg dahin passiert etwas: Auf einmal umstrahlt ihn ein sehr helles Licht vom Himmel. Saulus fällt zu Boden. Er hört eine Stimme: „Warum verfolgst du mich?" „Wer bist du, Herr?", fragt Saulus vom Boden aus. „Ich bin Jesus, den du verfolgst. Von jetzt an wirst du es anders machen. Du wirst den Menschen von mir erzählen. Du wirst sagen, dass ich Gottes Sohn bin."	Paulus-Figur abseits von den Figuren auf das Samttuch stellen

Saulus steht auf. Und ach: Er kann nichts sehen. Blind ist er! Seine Begleiter nehmen ihn an die Hand und bringen ihn in die Stadt. Drei Tage lang sieht er nichts.	Graues Chiffontuch über die Paulus-Figur legen
Bis Hananias kommt, einer von den Christen. „Jesus hat mich beauftragt. Du sollst wieder sehen können. Jesus sagt: Von nun an ist der Heilige Geist mit dir!“	Eine Holzfigur aus der Mitte nehmen und zu Paulus stellen
Saulus öffnet die Augen: Tatsächlich, er kann wieder sehen. Von jetzt an ist Saulus ein Freund von Jesus. Er nennt sich Paulus.	Graues Chiffontuch beiseiteziehen
Er beginnt, umherzureisen. Er erzählt den Menschen, was er von Jesus und Gott gehört hat.	Paulus-Figur in die Nähe der anderen Figuren stellen
Paulus hat es nicht leicht. Viele sind gegen ihn. Aber er hat auch viel Mut. Paulus merkt: Gott ist dabei, wenn er unterwegs ist. Auch, wenn es gefährlich wird. So kommt Paulus an viele Orte. Erst begleitet ihn sein Freund Barnabas, später Silas und noch andere.	
Die Menschen wollen hören, was Paulus von Gott und Jesus erzählt. Und Paulus sagt:	Langes Seil in einem weiten Kreis um die Figuren herumlegen, sodass noch viel Raum bleibt, um Dinge in den goldenen Kreis verteilt hinzuzulegen
„Gott macht keine Unterschiede zwischen den Menschen. Jeder ist geliebt von Gott.“	
„Alle Menschen sind gleich. Sie sind gleich viel wert und habe die gleiche Würde.“	Rotes Herz in den Kreis zur goldenen Kordel legen
„Gott schenkt Frieden. Frieden zwischen den Menschen und Frieden in einem selbst, im Herzen.“	Holzregenbogen dazulegen
„Gottes Liebe kann man sich nicht verdienen. Gott schenkt sie den Menschen. Das ist Gnade.“	Taube dazulegen
„Gott begleitet euch in eurem Leben. Es ist nicht immer alles einfach im Leben, aber Gott ist dabei und trägt euch, wenn es schwer wird.“	Schatzkiste oder verpacktes Geschenk dazulegen Kreuz dazulegen
Die Reisen des Paulus werden immer größer. Irgendwann kommt er nach Griechenland in die Stadt Philippi. Dort geht er an den Fluss außerhalb der Stadt. Hier sitzen viele Frauen zusammen und beten.	Paulus etwas abseits der Mitte, aber weiterhin im Kreis stellen
Eine von ihnen ist Lydia. Lydia ist eine reiche Kauffrau. Sie hört aufmerksam zu, was Paulus erzählt.	Lydia-Figur zu Paulus stellen

„Es fühlt sich an, als ob Gott mich wach gemacht hat für das, was du sagst. Ich möchte getauft werden. Und alle meine Leute um mich herum sollen auch getauft werden!"

Lydia und alle aus ihrem Haus werden getauft.

Teelicht zu Lydia stellen, weitere Teelichter hinzustellen

„Paulus, komm zu mir nach Hause. Ich möchte, dass du mein Gast bist."

Und Paulus geht mit und bleibt einige Zeit in ihrem Haus als Gast.

Dann reist er weiter, um den Glauben an Jesus und an Gott zu vielen Menschen zu bringen.

Viele kleine goldene Kordeln oder Stoffstreifen vom Kreis aus wie Strahlen nach außen in Richtung der Kinder legen

Material

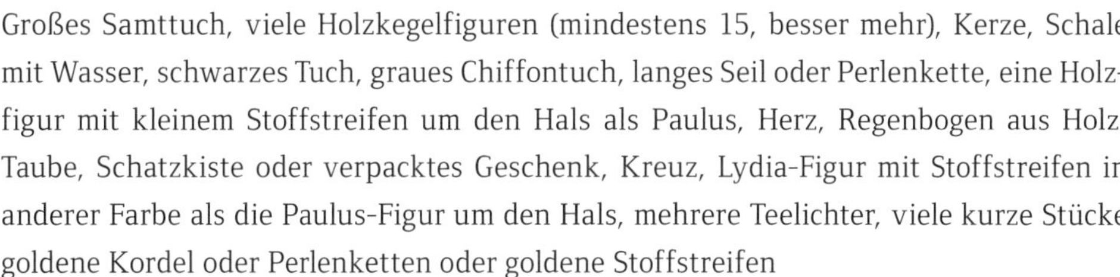

Großes Samttuch, viele Holzkegelfiguren (mindestens 15, besser mehr), Kerze, Schale mit Wasser, schwarzes Tuch, graues Chiffontuch, langes Seil oder Perlenkette, eine Holzfigur mit kleinem Stoffstreifen um den Hals als Paulus, Herz, Regenbogen aus Holz, Taube, Schatzkiste oder verpacktes Geschenk, Kreuz, Lydia-Figur mit Stoffstreifen in anderer Farbe als die Paulus-Figur um den Hals, mehrere Teelichter, viele kurze Stücke goldene Kordel oder Perlenketten oder goldene Stoffstreifen

Gut zu wissen

Diese Erzählung fasst zusammen, wie es weiterging und wie die ersten Gemeinden der Christinnen und Christen gegründet wurden: Sie lebten in Gütergemeinschaft zusammen und mussten sich oft im Geheimen treffen, weil sie aus Sicht der herrschenden Macht, der Römer, nicht von jüdischen Gemeinden zu unterscheiden waren, die sich nach Aufständen verstecken mussten.

Paulus als der große Gemeindegründer und Theologe spielt dabei eine entscheidende Rolle. Vom Christenverfolger wird er zum Apostel, der in langen Reisen umherzieht und viele Gemeinden gründet, indem er von Gott und Jesus erzählt. Wenn er weitergereist war, schrieb er Briefe an die jungen Gemeinden, mit denen er ihre Fragen beantwortete. Aussagen aus Paulusbriefen sind hier in die Geschichte eingebaut.

Der erste Mensch in Europa, der sich zum christlichen Glauben bekehren lässt, ist eine Frau. Lydia wird als Händlerin mit Purpur vorgestellt, einem wertvollen Färbestoff. Sie muss wohlhabend und einflussreich und die Gemeindeleiterin gewesen sein. Dass sie sich mit ihrem ganzen Haus taufen lässt, war durchaus üblich: Mägde und Knechte gehörten zur Hausgemeinschaft, die auch als Religionsgemeinschaft verstanden wurde. Die Religion, der der Hausvorstand angehörte, ging auch auf die Kinder und Bediensteten über.

Mögliche Themen der Kinder

Schön, dass die Freundinnen und Freunde von Jesus zusammenbleiben – so eine große Gemeinschaft, wie schön! – zusammen essen und alles teilen gefällt mir – ich würde nicht alles an die anderen abgeben wollen – wie kann man spüren, dass Jesus da ist, obwohl er nicht da ist? – Saulus ist böse, gut, dass er sich ändert – warum finden nicht alle gut, was Jesus sagt? – Paulus ist ganz schön mutig – Wenn Gott immer da ist und mich liebhat und mich trägt, warum merke ich es nicht? …

Praxisideen zur Vertiefung

In die Geschichte einsteigen

Die Kinder basteln sich selbst als Figur – mit Haaren, Kleidung und Gesicht aus einer Toilettenpapierrolle, PET-Flasche, Gefäß von einem Trinkjoghurt, aus einem Holzkegel …

Die Geschichte wird ein zweites Mal erzählt und wie oben beschrieben dargestellt. Nach dem letzten Satz stellen die Kinder ihre Figur mit hinein in die Szene, an den Ort, wo es für sie passt: in die Mitte oder an den Rand, vielleicht auch außerhalb der Goldkette oder zu Lydia (Achtung: Kerzen!). Es kann sich ein Gespräch anschließen:

Wie ist es jetzt für dich, dabei zu sein? Welches Gefühl ist das? Gibt es auch hier in der Kita, im Kindergottesdienst Situationen, wo ein ähnliches Gefühl auftaucht? Können wir etwas dazu tun, dass Gemeinschaft entsteht?

Teilen und gemeinsam essen

Ein gemeinsames Essen wird geplant. Jedes Kind bringt etwas mit, was es mit den anderen teilen kann. Die Kinder überlegen, was für sie zu einer gemeinsamen Essensfeier dazu gehört: Kerze? Lied? Gebet? Eine Runde, wie es jedem Kind gerade geht? Oder ...

Daraus kann ein Ritual entstehen, das die Kinder selbst entwickeln und sich öfter im Alltag oder zu besonderen Zeiten oder Kirchenjahresfesten wiederholen kann.

Diese Form nimmt die alte Idee der ersten Christinnen und Christen vom Agapemahl auf.

Gemeinschaft erleben und Vielfalt geniessen

Die Kinder sitzen im Kreis. Die goldene lange Kordel wird herumgegeben und zum Kreis gehalten. Alle Kinder legen sie gemeinsam zu ihren Füßen ab auf den Boden.

Ein Kind beginnt und geht einen Schritt in den goldenen Kreis hinein. Es erzählt davon, was es besonders ausmacht: etwas, das es gerne mag oder gut kann oder besonders ist an ihm. Alle Kinder, die das Gleiche gerne mögen oder gut können oder auf die das auch zutrifft, gehen ebenfalls in den Kreis hinein. Die Kinder legen einander die Arme um die Schultern.

Danach setzen sich alle wieder und das nächste Kind ist dran, einen Schritt in den Kreis zu gehen und etwas von sich zu erzählen, bei dem wieder andere hinzukommen.
Mit der Zeit kommt ein bunter Strauß von Besonderheiten zusammen, die gewürdigt werden und die Gemeinschaft stark machen.

mlp

Der Traum vom Frieden – Das Leben in der Christus-Gemeinschaft

Jesaja 9,1; Offenbarung 21,4; Micha 4,3; Offenbarung 21,6; Jeremia 29,11; Jesaja 11,6; Matthäusevangelium 28,20b

Die Geschichte	Zur Gestaltung
Die Menschen der ersten Gemeinden haben sich immer wieder getroffen. Wenigstens einmal in der Woche am Sonntag. Sie haben sich draußen getroffen, in der Natur, am Fluss, am Dorfplatz, bei den großen Felsen …	Großes Samttuch ausbreiten
Oder sie sind in ihre Häuser gegangen. Alle in das große Zimmer. Dort fühlten sie sich sehr zusammengehörig.	Den Umriss eines Hauses aus Bauklötzen bauen, viele Figuren hineinstellen, eine Kerze in die Mitte
Manchmal mussten sie sich heimlich treffen. Dann brannte in den Häusern kein Licht. Oder man traf sich in Höhlen oder an anderen versteckten Orten. Man vereinbarte Geheimzeichen, um diese Orte zu kennzeichnen.	Ein Fischzeichen auf das Tuch außerhalb des Hausumrisses legen
Später, als die Verfolgung aufhörte, wurden kleine Kirchen gebaut. Je größer die Gemeinden wurden, umso größer auch die Kirchen. Bald gab es riesige Dome und Kathedralen, eine mächtiger als die andere.	Ein Lied singen
Aber oft auch nur kleine Kapellen, wenn die Menschen im Ort sehr arm waren. Auch heute noch gibt es in unserem Land viele kleine und große Kirchen. Auch heute treffen sich dort regelmäßig Christinnen und Christen, um gemeinsam Gott zu loben und Gottes Geschichten zu hören.	
„Wir feiern das Abendmahl und teilen Brot und Wein, so wie es von Jesus erzählt wird. Wir denken an ihn und alle bekommen etwas von dem besonderen Brot.“ „Wir erinnern uns immer wieder, dass Gott die Welt geschaffen hat und uns geschenkt hat. Dass Gott unser	Brot und Wein aus der Passionseinheit auf das Tuch dazustellen

Leben begleitet und reich macht." Und sie singen und beten gemeinsam.

Und sie klagen Gott, dass die Natur in großer Gefahr ist, dass die Tiere leiden und das Wasser verschmutzt und die Luft ungesund geworden ist.
„Das müssen wir ändern!", rufen sie dann.

Blume dazulegen
Schwarzes Tuch, Tiere liegen darauf
Tiere werden aufgestellt

„Es soll gerecht zugehen in unserem Land!", so sagen sie dann, „den Armen soll geholfen werden und alle sollen genug zu leben haben. Und alle Menschen sind uns willkommen, auch die Kranken und die, die gar nichts können." Und viele geben von ihrem Geld, um die Not in der Welt zu lindern. Dann singen sie: „Sonne der Gerechtigkeit, gehe auf zu unsrer Zeit ..."

Drei Münzenhaufen dazulegen, gleich groß

Dann lesen sie gemeinsam in ihren heiligen Schriften und erinnern sich daran: Gott hat Frieden versprochen. Und dann fangen sie an zu träumen – die Kinder und die Erwachsenen – von dem, was Gott versprochen hat:

Bibel dazulegen

Eines Tages wird es nicht mehr dunkel sein, sondern hell. Gottes Licht kommt in die Welt.

Ein Teelicht dazustellen

Eines Tages wird es kein Leiden und keinen Schmerz mehr geben. Gott wird abwischen alle Tränen.

Weiteres Teelicht

Eines Tages wird man aus Pistolen und Gewehren einen Pflug bauen, um Getreide anzubauen und Brot für alle zu haben. Hunger und Krieg wird es nicht mehr geben.

Weiteres Teelicht

Eines Tages werden alle Menschen gut versorgt sein. Gott wird den Durstigen geben von der Quelle lebendigen Wassers – umsonst.

Weiteres Teelicht

Eines Tages werden ein Schaf und ein Wolf nebeneinander liegen und nichts wird passieren. Ein Panther wird bei einer kleinen Ziege liegen, und nichts wird passieren. Ein Löwe und ein Kalb werden nebeneinander gra-

Weiteres Teelicht

sen, ein kleines Kind wird auf sie aufpassen und sie werden friedlich zusammenleben.

Denn Gott sagt: Ich will Frieden für euch und nicht Leiden. Ich gebe euch Zukunft und Hoffnung.
Ihr dürft träumen, dass alles gut wird, sagen die alten Geschichten, und ihr könnt selbst daran mitwirken, dass eure Träume wahr werden.

Weiteres Teelicht

„Gott begleitet uns durch die Zeit, bis alles heil werden wird", sagen Menschen in den Kirchen. Schon Jesus hat es damals den Jüngerinnen und Jüngern gesagt: „Ich bin bei euch alle Tage, bis die Welt ganz heil wird."

Weiteres Teelicht
Unterschiedlich lange Stücke einer Goldkette als Strahlen legen, die nach außen weisen
Die Kinder können von ihren Träumen erzählen und dazu jeweils einen Muggelstein mit in das Bodenbild hineinlegen

So ist das in den Kirchen.

Meistens.

Material
Großes Samttuch, Bauklötze, Figuren, große Kerze, Fischzeichen, Brot und Kelch, eine Blume, ein schwarzes Tuch, einige Tierfiguren, eine Handvoll Münzen, eine Bibel, sechs Teelichte, unterschiedlich lange Stücke einer goldfarbenen Kette, Korb mit Muggelsteinen

Gut zu wissen
Gottes Verheißungen durchziehen den ganzen Glauben zunächst im Judentum und dann im Christentum. Gott hat Gutes mit den Menschen vor, das wird in vielen Geschichten erkennbar. In dieser Geschichte sind Verheißungen zusammengestellt aus Jesaja 9,1; Offenbarung 21,4; Micha 4,3; Offenbarung 21,6, Jeremia 29,11 und Jesaja 11,6.
Die Menschen zur Zeit des Alten Testaments warteten auf den Messias, der von Gott kommt und die Verheißungen vom Frieden und dem Wohlergehen aller Menschen Wirklichkeit werden lässt. Der das Reich Gottes auf Erden beginnen lässt. Christinnen und Christen glauben, dass Jesus der Messias ist und sich in ihm das Reich Gottes bereits ereignet hat. Zugleich wird es erst noch kommen. Auch wenn das „Wann" und das „Wie" offenbleiben, ist für den christlichen Glauben die Hoffnung auf Frieden, Gerechtigkeit und Bewahrung der Schöpfung und das Vertrauen darauf, dass Gott die Verheißungen erfüllen wird, wesentlich.

Mögliche Themen der Kinder

Ich streite mich auch oft – meine Eltern streiten dauernd – manchmal sind sie nicht nett zu mir und zu anderen – gut, wenn die Tiere gerettet werden – Frieden wäre schön – ich träume auch von ganz viel – manchmal träume ich auch schlecht – wie geht Frieden? – bin ich dann nie mehr traurig? – warum frisst der Wolf das Schaf nicht? – wäre es vielleicht etwas langweilig, wenn immer alles nur friedlich wäre? – muss ich jetzt immer ganz brav sein? – wenn Gott alles kann, warum macht Gott nicht einfach Frieden für alle? …

Praxisideen zur Vertiefung

TRÄUME MALEN

Auf einem sehr großen Bogen Packpapier malen alle zusammen Bilder von ihren Träumen. Was wünschen die Kinder sich? Wonach sehnen sie sich? Wenn ein Wunder geschieht und alles fühlt sich nach Frieden an, wie sieht das aus?
Das Bild kann in den Flur gehängt werden. Davor steht auf einem Tisch ein Krug, daneben eine Schale mit kleinen Holzblumen oder Sternen. Immer dann, wenn die Kinder bemerken: etwas von unseren Träumen auf dem Bild ist Wirklichkeit geworden, können sie eine Blume oder Stern in den Krug legen.

ÜBUNG ZUM FRIEDENFINDEN IN DER GRUPPE

Menschen können in Auseinandersetzungen besser ins Gespräch kommen, wenn sie in drei Schritten sagen, was sie bewegt:

- Ich sage, was los ist.
- Ich sage, wie es mir dabei geht.
- Ich sage, was ich mir wünsche.

Zum Beispiel:

- „Ich bin beim Hinauslaufen auf den Hof von Louisa geschubst worden."
- „Ich habe mich erschrocken, und es macht mir Angst, geschubst zu werden."
- „Ich möchte, dass wir ruhig und ohne zu drängeln nach draußen gehen."

Kinder können es sehr gut üben und für sich als hilfreiche Möglichkeit erleben, in Konflikten aufeinander zuzugehen und zu friedlichen Lösungen zu finden. Letztlich trägt auch diese Methode (angeregt durch die „gewaltfreie Kommunikation" von Marshall Rosenberg) zum Frieden bei.
Zum Einüben können dafür drei Sprechblasen aus Papier helfen, die an eine Wand gepinnt werden und die Kinder daran erinnern, wie es geht: Auf der ersten ist ein Blitz gemalt, auf der zweiten ein Gesicht, auf der dritten eine Wolke.

Wunsch-Kirche

Wir denken uns eine Kirche aus, die dem ganz nahekommt, was in den ersten Gemeinden geschehen ist. Wer soll „Mitglied“ in dieser Kirche sein? Auch arme Leute? Auch böse Leute? Soll die Kirche schön und groß sein, oder soll das Geld stattdessen armen Menschen gegeben werden?

Aus Bauklötzen wird die Kirche gebaut. Welche Räume gibt es für Kinder? Stehen in der Kirche Bänke oder ist alles eine freie Fläche? Gibt es um sie herum einen Garten zum Spielen oder einen Parkplatz?

Friedenslied: Wir haben einen Traum

2. Wir haben einen Traum. Und merken manchmal froh: Wo Streit ist, kehrt der Friede ein. Wir haben einen Traum.
3. Wir haben einen Traum. Und glauben fest daran: Schon jetzt wird Frieden Wirklichkeit. Wir haben einen Traum.
4. Wir haben einen Traum. Gott ist bei uns dabei. Gott schenkt uns seinen Frieden. Wir haben einen Traum.

mlp/jw